존파이퍼의 구원하는 믿음

What Is Saving Faith?: Reflections on Receiving Christ as a Treasure
by John Piper

Copyright ⓒ 2022 by Desiring God Foundation
Published by Crossway
a publishing ministry of Good News Publishers
Wheaton, Illinois 60187, U.S.A.

This edition published by arrangement
with Crossway through rMaeng2, Seoul, Republic of Korea.
All rights reserved.

This Korean edition copyright ⓒ 2023 by Word of Life Press, Seoul, Republic of Korea.

이 한국어판의 저작권은 알맹2를 통하여 Crossway와 독점 계약한 생명의말씀사에 있습니다.
신저작권법에 의하여 한국 내에서 보호받는 저작물이므로 무단전재와 무단복제를 금합니다.

존 파이퍼의 구원하는 믿음

ⓒ 생명의말씀사 2023

2023년 9월 22일 1판 1쇄 발행

펴낸이 ㅣ 김창영
펴낸곳 ㅣ 생명의말씀사

등록 ㅣ 1962. 1. 10. No.300-1962-1
주소 ㅣ 서울시 종로구 경희궁1길 6 (03176)
전화 ㅣ 02)738-6555(본사)・02)3159-7979(영업)
팩스 ㅣ 02)739-3824(본사)・080-022-8585(영업)

기획편집 ㅣ 유영란, 김민주
디자인 ㅣ 박소정, 김혜진
인쇄 ㅣ 영진문원
제본 ㅣ 보경문화사

ISBN 978-89-04-03183-2 (03230)

저작권자의 허락 없이 이 책의 일부 또는 전체를
무단 복제, 전재, 발췌하면 저작권법에 의해 처벌을 받습니다.

그리스도를 보배롭게 여기는 기쁨을 누리는

비길 데 없는 친구들

데이비드 리빙스턴과 캐런 리빙스턴에게

CONTENTS

서론: 우리의 질문은 무엇인가?　•11

1부　나는 왜 이 책을 쓰게 되었는가?
　　　　: 성경적, 신학적, 문화적, 역사적 고찰

01장　—　주재권 논쟁에서 조금 더 깊어진 질문　　　　•33

02장　—　우리 문화에 만연한 '자유 의지'　　　　　　•41

03장　—　내가 로마 가톨릭 신자가 아닌 이유　　　　•47

04장　—　정서적 요소가 공로가 아닌 이유　　　　　•57

05장　—　자극을 주는 교회사의 주장들　　　　　　•69

06장　—　'구원하는 충성'이라는 최근의 도전　　　•91

2부 구원하는 믿음이란 무엇인가?
: 600개의 렌즈로 살피는 일반적인 의미

07장 ——	예수님의 말씀에 대한 확고한 신뢰(설명 1-4)	• 113
08장 ——	예수님 그분 자체를 영접하는 것(설명 5)	• 121
09장 ——	그리스도의 영광에 대한 영적인 시각(설명 6)	• 127
10장 ——	바라는 것들의 실상(설명 7)	• 137
11장 ——	하나님을 기쁘시게 하는 모든 행위의 근원(설명 8)	• 147
12장 ——	하나님의 초자연적인 창조(설명 9)	• 155

왜 '그리스도를 보배로 받아들임'인가?
: 믿음의 본질에 관한 가장 중요한 설명

13장 —— 그리스도를 헛되이 받아들일 수도 있다	• 171
14장 —— 예수님은 자신을 보배로 제시하신다	• 179
15장 —— 그리스도를 아는 것이 가장 귀하다	• 185
16장 —— 예수님을 보배로 보지 않을 수 없다	• 193

 ## 구원하는 믿음은 왜 정서적인가?
: 성경에 나타난 신자의 마음의 변화

17장 —— 구원하는 믿음은 기쁨의 실상을 맛본다	• 211
18장 —— 구원하는 믿음은 복음의 진리를 사랑한다	• 225
19장 —— 구원하는 믿음은 사랑으로 세상을 이긴다	• 239
20장 —— 구원하는 믿음은 그리스도께 만족한다	• 247

5부 이 믿음은 복음을 어떻게 전하는가?
: 전도와 회개와 확신에 대한 성경적 이해

21장 ── 예수님 그분 자체를 가장 즐거워하며 전한다 · 275

22장 ── 보배를 받아들이는 비용을 계산하도록 한다 · 289

23장 ── 보배를 거부하는 대가에 대해 경고한다 · 297

24장 ── 회개는 보배가 바뀌는 마음의 혁신이다 · 305

25장 ── 정서적인 믿음을 권하는 것이 가능한가? · 317

26장 ── 정서적인 믿음은 확신을 약화시키지 않는가? · 331

결론: 구원하는 믿음의 목표는 하나님의 영광이다 · 343
부록: 여러 논평에 대한 응답과 도전 · 353

나는 심히 눈이 멀고 무감각하여 주님을 사랑할 수 없었습니다.
언약의 약속들이 저와는 상관이 없었습니다.
예고나 갈망도 없었고, 자격이 없었음에도
나의 보배, 나의 즐거움을 주님에게서 발견했습니다.
나는 주님께 간청하거나 주님을 기쁘시게 할 아무런 공로가 없습니다.
발휘할 지혜나 능력도 없습니다.
하지만 주님이 자비를 베푸셔서 나를 얼마나 기뻐하시는지,
이것이 주님의 즐거움이며, 주님은 나의 기쁨이십니다.

서론

: 우리의 질문은 무엇인가?

오래전부터 진지한 그리스도인들이 구원하는 믿음을 단순한 의지의 결정이 아니라 정서(affections)와 관련된 경험으로 묘사하는 이유는 무엇일까? 왜 존 칼빈(John Calvin)은 구원하는 믿음을 "따스한 받아들임"과 "경건한 정서"라고 말할까?[1] 왜 헨리 스쿠걸(Henry Scougal)은 구원하는 믿음을 "영적인 일들에 대한 감동적인 확신"이라고 부를까?[2] 왜 페트루스 판 마스트리흐트(Peter van Mastricht)는 구원하는 믿음을 "기쁨으로 영접함"이라고 부를까?[3] 그리고 왜 조나단 에드워즈(Jonathan Edwards)는 "사랑이 구원하는 믿음의 핵심"이라고 말할까?[4]

---

1) 다음 책들을 참고하라. John Calvin, *Commentaries of the Epistles of Paul to the Galatians and Ephesians*, William Pringle 번역 (Bellingham, WA: Logos Bible Software, 2010), 262; 그리고 John Calvin, *Institutes of the Christian Religion*, Henry Beveridge 번역, 2 vols. (Edinburgh: Calvin Translation Society, 1845), 3.2.8.

2) Henry Scougal, *The Life of God in the Soul of Man* (Fearn, Ross-Shire, UK: Christian Focus, 2001), 53; 헨리 스쿠걸, 『인간의 영혼 안에 있는 하나님의 생명』, 김태곤 역, 생명의말씀사, 2007.

3) Petrus van Mastricht, *Faith in the Triune God*, Joel R. Beeke 편집, Todd M. Rester와 Michael T. Spangler 번역, vol. 2, Theoretical-Practical Theology (Grand Rapids, MI: Reformation Heritage, 2019), 9; 페트루스 판 마스트리흐트, 『이론과 실천 신학 2. 삼위일체 하나님에 대한 믿음』, 박문재 역, 부흥과개혁사, 2021.

4) Jonathan Edwards, *Writings on the Trinity, Grace, and Faith*, Sang Hyun Lee와 Harry S. Stout 편집, vol. 21, *The Works of Jonathan Edwards* (New Haven, CT: Yale University Press, 2003), 448. 이것은 우리가 씨름할 가장 논란이 많은 진술 가운데 하나이다. 그러나 우리가 씨름하는 것이 정말로 에드워즈가 의도한 것인지 이 책 전체를 통해 확인해보자. 에드워즈가 이 문장에서 말하는 **사랑**은 사람에 대한 사랑이 아니라 하나님에 대한 사랑을 의미한다. 에드워즈는 하나님에 대한 사랑을 하나님의 계명에 순종하는 것으로 생각하지도 않는다. 에드워즈는 사랑을 '드리는 은혜'로 생각하지도 않는다. 만일 당신이 "믿음은 받는 은혜인 반면 사랑은 드리는 은혜이다"와 같은 문장을 에드워즈에게 사용한다면, 에드워즈를 오해하는 것이다. 이 문장에서 **사랑**은 전적으로 '받는 은혜' 즉 하나님을 지극히 귀중하게 받아들이는 것이다. 이것이 이 책 전체에서 사랑을 구원하는 믿음의 일부로 고려할 때마다 내가 **사랑**이라는 단어를 사용하는 방식이다. 특히 18장과 19장을 보라.

내 생각에, 구원하는 믿음을 가졌다고 하는 수많은 사람들에게 이런 목소리들은 마치 낯선 외국어처럼 들릴 것이다. 어쩌면 성숙하고 연륜이 있는 성도들은 믿음에 대한 이 고상한 개념에 도달했을지 모른다. 그러나 많은 그리스도인이 이렇게 반응한다. 구원은 그렇게 이루어지지 않는다. 그것은 '구원하는' 믿음이 아니며, 구원하는 믿음과 다른 것이다. 구원하는 믿음은 그리스도를 구주로 받아들이는 결단이다. 아니, 당신이 정말로 진심이라면 그리스도를 구주**이자** 주님으로 받아들이는 것이다. 구원하는 믿음은 정서에 대한 것이 아니라 의지에 대한 것이다. "너희가 섬길 자를 오늘 **택하라**"(수 24:15). 나는 이런 반응은 물론 이들이 지닌 구원하는 믿음의 개념은 불충분하며, 또한 많은 사람에게 치명적이라고 생각한다.

그러면 구원하는 믿음이란 무엇인가? 단순히 이론적으로만 아니라 우리의 실제 삶의 경험에서 이 질문은 화급한 문제이다. 긴급하고 심각하며 개인적인 문제이다. 나는 구원하는 믿음을 갖고 있을까? 나는 구원을 받았을까? "너희는 그 은혜에 의하여 **믿음으로 말미암아** 구원을 받았으니"(엡 2:8). "**믿는** 자는 영생을 가졌나니"(요 6:47). 나도 거기에 포함될까? 나는 '구원하는 믿음'을 갖고 있을까?

믿음은 정말 경험인가?

나는 구원하는 믿음의 '경험'에 대해 묻고 있다. 믿음의 의식적인 동력은 무엇일까? 머리에 있는 이성 같은 것일까? 마음에 있는 정서 같은 것일까? 믿음을 경험한다는 것은 무엇일까?

어떤 사람들에게는 '경험'이라는 말 자체도 걸림돌이 된다. '경험'이라는 말이 신비적이거나 감정적인 고저를 의미한다고 생각하기 때문에 믿음과 완전히 구분하기를 원한다. 예를 들어, 제임스 패커(J. I. Packer)는 이렇게 말했다. "믿음은 인정과 신뢰, 확신과 관련이 있으며, 믿음 자체는 경험이 아니다."[5] 비록 패커는 내가 존경하는 사람들 가운데 하나지만, 나는 이 문장을 좋아하지 않는다![6] 우리가 '경험'이라는 말의 의미를 명확히 했더라도 실질적인 차이가 있었을지는 의문이다.

'경험'이라는 말을 쓸 때 내가 염두에 두는 것은 어떤 특정한 강도의 감정이나 어떤 특정한 수준의 정신적인 명료함, 또는 어떤 신비한 사건이 아니다. '경험'이라는 말로 내가 의미하는 것은 믿음이 우리 안에서 생긴다는 것, 믿음이 생길 때 그것은 의식적인 사건이라는 것, 그리고 우리가 그 일에 관여한다는 것일 뿐이다. 또한 내 말의 의미는 우리가 그 일에 '도덕적으로' 관여한다는 것이다. 즉 우리가 그 일에 관여한다는 것은 재채기나 두통에 걸리는 것과 같은 경험이 아니다. 믿음과 연관해 내가 사용하는 '경험'이라는 단어는 감기에 걸렸을 때의 오한처럼 우리를 휩쓸고 가는 비도덕적인 감각이 아니다. 그것은 마음과 의지에서 일어난다. 마음의 생각 및 의지의 경향과 관련이 있다. 무언가를 인식하는 것이나 찬동하거나 반대하는 것이 내가 말하는 경험에 속한다.[7]

나는 성경이 믿음의 경험에 대해 우리에게 무엇을 말하는지 알고 싶다. 믿음의 본질은 무엇일까? 믿음은 이론이 아니다. 관념도 아니다. 믿음은 마음과 가슴으로 '경험하는' 것이며, 그렇지 않으면 우리는 구원받지 못한다. 이 점이 중요하다.

---

5) J. I. Packer, *Knowing Christianity* (Downers Grove, IL: InterVarsity Press, 1999).
6) 2020년 7월 17일에 세상을 떠난 패커 박사에게 내가 바친 헌사를 보라. "Reformation Theology in the Hands of a Servant," July 18, 2020, Desiring God 웹사이트, https://desiringgod.org/.
7) 결단과는 다른 경험으로서의 믿음에 대한 더 자세한 고찰은 25장을 보라.

'정서'는 무엇을 의미하는가?

구체적으로 나는 구원하는 믿음의 본질에 어떤 정서적인 요소가 있는지 알고 싶다. 즉 구원하는 믿음은 그리스도에 대한 사랑이나 존경, 흠모, 보배롭게 여김, 애호, 기쁨, 만족, 감사, 공경 같은 요소를 포함하는가? 이 단어들은 모두 정서와 관련이 있다. 이 단어들은 인간 영혼의 경험, 즉 내가 '정서'라고 부르는 것들을 나타낸다. 그리고 나는 이 책에서 구원하는 믿음이 그 본질 자체에 참으로 정서적인 요소, 정서적인 차원이나 측면을 가지고 있다고 주장할 것이다.

'정서'나 '정서적'이라는 말을 쓸 때 내가 염두에 두는 것은 어떤 신체적인 행위도, 심지어 마음이나 정신의 '자연적인' 행위도 아니다. 내가 생각하는 마음의 경험은 정신적인 인식이나 인지, 신념이나 확신, 결단이나 결심을 넘어선다. 이 단어들은 어떤 것도 그 자체로 정서가 아니다. 이 책에서 구원하는 믿음을 정서적인 것이라고 이야기할 때는 단순히 자연적인 것을 가리키지 않는다. 나는 자연적인 정서가 아니라 '영적인' 정서를 말하고 있다.

자연적인 감정은 영적인 정서가 아니다. 그러나 영적인 정서는 감정의 영적인 형태이다. 즉 마음이 움직인다. 사고나 관념이나 결심을 넘어서는 어떤 '느낌'이 일어난다. 하지만 그것은 단순히 '자연적인' 느낌이 아니다. 헨리 스쿠걸로 하여금 "영적인 일들에 대한 감동적인 확신"이라는 문구를 사용하게 한 그런 것이다.[8]

'정서적'이나 '정서'라는 용어를 사용할 때 나는 그것을 성령님의 특별한 역사로 생각하고 있다. 나는 고린도전서 2장 14절의 관점에서 생각하고 있다. "**자연에 속한**[개역개정은 '육에 속한'으로 번역함.-역주] 사람은 하나님의 영에

---
8) 서론 주2를 보라.

속한 일들을 받아들이지 아니합니다. 그런 사람에게는 이런 일들이 어리석은 일이며, 그는 이런 일들을 이해할 수 없습니다. 이런 일들은 **영적으로만 분별되기 때문입니다**"(새번역). 다시 말해 내가 말하는 사랑과 기쁨과 만족은 단순히 '인간의 자연적인 경험'이 아니다. 그것은 하나님의 선물이다. 성령님의 역사이다. 그러나 틀림없이 경험이며, 그렇기에 틀림없이 정서다.

이런 말을 하는 것은 내가 발견한 점들을 속단하려는 것이 아니라 단지 용어를 명확히 하려는 것이다. 만일 내가 사용하는 용어가 잘못됐다면, 성경이 나를 바로잡아주기를 나는 기쁘게 바란다. 그렇지만 나는 용어를 둘러싼 모호함과 혼란을 피하고 싶다. 그리고 나는 '정서'라는 명사와 '정서적'이라는 형용사가 오해되기 쉽다는 것을 알고 있다.

문제는 영적인 정서의 '열매'에 대한 것이 아니다

더 정확히 말하자면, 나는 구원하는 믿음이 그리스도에 대한 '사랑'이나[9] 그분의 영광에 대한 '기쁨', 그분의 완전하심에 대한 '만족', 그분의 가치를 '보배롭게 여김' 같은 정서를 '수반하는지' 묻는 것이 아니다. 이런 정서가 구원하는 믿음의 '결과'인지를 묻는 것도 아니다. 믿음의 발휘 자체에 이런 정서적인 실재가 있는지를 묻는 것이다. 즉 이런 정서는 믿음의 본질에 속하는가? 이런 정서 가운데 어떤 것은 구원하는 믿음에 '필수적'이기에, 만일 그런 정서가 없다면 우리는 구원하는 믿음을 갖지 못한 것인가? 나는

---

9) 첫째, 내가 이 문맥에서 '사랑'이라는 용어를 그리스도에 대한 우리의 적극적인 순종을 가리키는 말로 사용하지 않는다는 것(서론 주4를 보라)과 둘째, 그리스도에 대한 마음의 사랑을 구원하는 믿음과 같은 것으로 간주하지 않는다는 것은 18장과 19장에서 분명해질 것이다. 구원하는 믿음은 언제나 정서적인 요소 이상이다. 다음 문장이 강조하듯이, 질문은 이것이다. 그리스도에 대한 마음의 사랑에는 성경이 구원하는 믿음에 필수적이라고 말하는 어떤 차원이 있는가?

이 질문에 대한 답이 '그렇다'라는 것을 성경을 통해 보여주려고 노력할 것이다. 구원하는 믿음에는 필수적인 정서적 요소들이 있으며, 그런 요소들이 없는 믿음은 구원하지 못한다.

그러므로 '최종'[final, 저자는 이 단어를 '참된', '확정적'이란 의미로 사용하고 있다. 즉 어떤 단계를 가리킨다기보다, "구원이 확실한가?"(칭의와 성화를 종합적으로 보아서)를 강조하는 의미이다.-편집자주] 구원을 위해서는 어떤 영적인 정서가 필요한지 보여주는 것만으로는 충분하지 않다. 참된 믿음의 필연적인 '열매'이자 '확증'인 영적인 정서가 있는 것은 사실이다. 예를 들어 최종 구원을 위해서는 그리스도에 대한 사랑이 절대적으로 필요하다. "아들이나 딸을 나보다 더 사랑하는 자도 내게 합당하지 아니하며"(마 10:37)라고 하신 예수님의 말씀이라든지, "만일 누구든지 주를 사랑하지 아니하면 저주를 받을지어다"(고전 16:22)라고 한 바울의 말을 지적할 수 있다. 이 말씀들과 다른 많은 말씀은 그런 영적인 정서가 '최종' 구원에 필수적이라는 것을 보여준다.

그러면 영적인 정서가 필수적인 이유는 그것이 구원하는 믿음의 '결과'와 '확증'이기 때문인가, 아니면 구원하는 믿음의 '일부'이기 때문인가? 이런 정서가 최종 구원에 필수적이라는 사실을 보여주는 일은 중요하다. 그러나 그것은 나의 주된 관심사가 아니다. 나는 단지 영적인 정서가 미치는 영향뿐만 아니라 어떤 영적인 감정이 구원하는 믿음에 '필수적'인지 알고 싶다. 이는 또 다른 설명을 요구한다.

'믿음'이 구원하는가, '그리스도'께서 구원하시는가?

'구원하는' 믿음을 말할 때 나는 믿음이 구원자이신 예수 그리스도의 자리를 어떻게든 빼앗았다고 말하려는 것이 아니다. "그리스도 예수께서 죄인을 구원하시려고 세상에 임하셨다"(딤전 1:15). 그리스도 주님이 우리의 구주이시다. "오늘 다윗의 동네에 너희를 위하여 구주가 나셨으니 곧 그리스도 주시니라"(눅 2:11). 믿음은 결코 우리의 구주라고 불리지 않는다.

그렇지만 예수님은 여러 사람에게 "네 믿음이 너를 구원하였다"(ἡ πίστις σου σέσωκέν σε, 마 9:22; 막 5:34; 10:52; 눅 7:50; 8:48; 17:19; 18:42)라고 말씀하셨다. 이 문구는 보통 "네 믿음이 너를 **치유했다**" 또는 "네 믿음이 너를 **낫게 했다**"로 번역된다. 물론 예수님은 '믿음'이 치유했다고 말씀하신다. 그러나 이 표현의 요점은 '예수님'이 치유자이시라는 것이다. 예수님의 말씀의 의미는 사람의 수단인 믿음을 통해 예수님이 친히 치유하셨다는 것이다. 이것이 내가 믿음이 구원한다고 말할 때 의미하는 것이다. 예수님이 구원하시는데, 예수님은 성령님이 주시는 사람의 수단인 믿음을 통해 구원하신다.

따라서 믿음은 우리의 칭의의 '근거'가 아니라 '수단적' 원인이다. 그리스도의 피와 의를 포함해, 오직 그리스도만이 '근거'이시다. 믿음은 받는 '수단'이다. 불완전한 비유이지만, 믿음은 알약을 삼키는 것과 같은 방식으로 구원한다. 그런데 알약(삼키는 행위가 아니라)에는 병균을 죽이는 물질과 건강을 주는 힘이 들어 있다. 믿음은 그리스도를 받아들이고, 그리스도께서 구원하신다. 이런 의미에서 믿음이 구원한다.

내가 야고보서 2장 14절에 나오는 "그 믿음이 능히 자기를 구원하겠느냐"라는 질문을 하고 있다고 말할지 모르겠다. 야고보가 하는 말의 의미는 선한 행위를 낳지 않는 믿음이 사람을 구원할 수 있느냐는 것이다(약 2:26). 그러나 나는 '선한 행위'를 낳지 않는 믿음이 구원할 수 있는지를 묻는 것이 아니다. 나는 예수님을 보배롭게 여기는 것 같은 정서적인 요소를 포함하지 않은 믿음이 구원할 수 있는지를 묻고 있다.

독립된 단어의 불충분성

오랫동안 나는 '믿음'과 '확신'과 '신뢰'로는(또는 어떤 한 단어로는) 구원을 얻기 위해 요구되는 것이 무엇인지 밝히기에 충분하지 않다는 점 때문에 고민해 왔다. 어쩌면 이렇게 이의를 제기할 수도 있다. "하지만 그 단어들은 바로 성경이 구원 얻는 법을 설명하기 위해 사용하는 단어들입니다. '주 예수를 믿으라 그리하면 너와 네 집이 구원을 받으리라'(행 16:31). 당신은 하나님이 구원의 방법을 가장 잘 전달하는 법을 모른단 말입니까?"

아니, 내 말은 그런 말이 아니다. 성경에서 이 단어들은 독립된 단어가 아니라는 뜻이다. 이 단어들은 하나님의 감동으로 된 진리라는 아름다운 건물에 박혀 있는 벽돌들이다. 숙련된 벽돌공이 벽돌들을 조립하여 만드는 디자인을 우리가 보지 못한다면, 단어 자체는 그 벽돌공이 의도한 바를 전달하지 못한다. 다시 말해, 성경 문맥에서 '믿음'과 '확신'과 '신뢰'가 사용된 방식을 탐구하지 않는 한, 우리는 이 단어들의 의미를 알 수 없다.

우리 자신의 경험도 그런 문맥들을 더 깊이 있게 탐구하라고 요구한다. 경험은 우리에게 차이점들을 탐구하라고 가르친다. 우리는 여러 가지 믿음과 여러 방식의 신뢰가 있다는 것을 알고 있다. 예를 들어 우리가 사랑하지도 존경하지도 않고, 심지어 곁에 있고 싶지도 않은 사람을 목숨을 걸고 '신뢰'하는 것이 가능한 일이며, 때로는 필요하기도 하다는 점을 경험을 통해 안다. 입버릇이 더럽고 부정직하며 음탕하지만 실력이 뛰어나고 자기 분야에서 최고인 매우 유능한 외과의사와 친절하고 정직하며 순수하지만 실제 경험은 거의 없는 젊은 외과의사 가운데 누구를 '신뢰'하며 우리의 뇌 수술을 맡기겠는가? 우리는 목숨을 걸고 호색한을 신뢰할 것이다. 이것은 무엇을 의미하는가?

무언가가 가정되어 왔다

구원하는 믿음을 설명하는 전통적인 방식은 언제나 무언가를 '가정해왔다.' 여러 세기 동안 신학자들은 구원하는 믿음이란 그리스도께서 호색한인 외과의사처럼 유능하다는 확신 이상이라고 '가정해왔다.' 전통적으로 믿음을 설명할 때 '노티티아'(*notitia*, 지식)와 '아센수스'(*assensus*, 지적 동의)와 '피두키아'(*fiducia*, 진심에서 우러나온 신뢰)라는 세 가지 단어를 사용했는데, 거기에는 예수님을 신뢰한다는 것은, 경멸스럽지만 지옥에서 건져낼 유능한 구원자를 신뢰하는 것 '이상'이라는 가정이 포함되어 있다. 구원하는 믿음의 핵심을 묘사하기 위해 '피두키아'(신뢰)라는 단어를 사용한 사람들 가운데 누구도 예수님을 싫고, 존경스럽지 않고, 바람직하지 않으며, 불쾌하고, 혐오스럽게 보는 그런 신뢰를 의도하지 않았다. 그들은 "구원하는 믿음은 그리스도를 그런 식으로 경험하지 않는다"고 말했을 것이다. 사려 깊은 그리스도인들은 독립된 단어인 '믿음'과 '믿는다'의 뜻이 모호하여 설명이 필요하다는 사실을 늘 알았다. 또한 그들은 이 단어들을 설명하고 의미를 밝히기 위해 하나님이 고안하신 성경 본문 가운데서 그 의미를 이해하려고 노력해왔다. 나는 그 본문들 가운데 일부(빠짐없이 다는 아니다)를 통해 구원하는 믿음의 정서적인 차원이 믿음의 온전한 의미의 일부임을 보여주려고 노력할 것이다.

보배롭게 여김은 그저 하나의 정서가 아니다

나는 구원하는 믿음의 정서적인 본질을 요약하는 기본 표현으로 "그리스도를 보배롭게 여김"이라는 말을 사용한다. 나는 '보배롭게 여기다'라는 동사가 '보배'라는 명사에 상응하는 경험을 나타내는 적합한 표현이라고 생각한다. 나는 마태복음 13장 44절의 "천국은 마치 밭에 감추인 **보화**와 같으니"와 고린도후서 4장 7절의 "우리가 이 **보배**를 질그릇에 가졌으니"와 같은 본문에서 말하는 보배의 본질이 그리스도라고 주장할 것이다.

"그리스도를 보배롭게 여김"이 구원하는 믿음의 정서적인 본질을 '요약하는' 기본적인 표현이라고 말할 때 내가 의미하는 바는 구원하는 믿음의 본질에 속하는 정서는 단 하나가 아니라 다양하다는 사실이다. "그리스도를 보배롭게 여김"이 그리스도의 위대함과 아름다움과 가치의 여러 측면을 포괄하기 때문에 우리의 마음은 "그리스도를 보배롭게 여김"을 다양하게 경험한다.

먼저 기쁨에 찬 보배롭게 여김이 있다. 우리 앞에 놓인 기쁨의 실재를 우리가 맛보기 때문이다(히 11:1; 12:2). 굶주림의 충족 같은 보배롭게 여김도 있다. 그리스도께서 생명의 떡이시기 때문이다(요 6:35, 51). 갈증 해소의 즐거움 같은 보배롭게 여김도 있다. 그리스도께서 생수의 근원이시기 때문이다(요 4:10-11). 어둠 뒤의 빛에 대한 사랑 같은 보배롭게 여김도 있다. 그리스도께서 하나님의 영광의 광채이시기 때문이다(요 1:14; 3:19). 진리에 대한 사랑 같은 보배롭게 여김도 있다. 복음이 담고 있는 그리스도만이 귀중한 참 실재이시기 때문이다(살후 2:10-12). 이 목록은 알려진 그리스도의 영광스러운 점들만큼 더 늘어날 수 있다. 구원하는 믿음은 알려진 그리스도의 영광스러운 점들 모두를 보배롭게 여긴다. 모두가 귀중하다. 모두가 보배다. 그러나 각 경우에 경험하는 감정이 다 똑같지는 않다. 이것이 구원하는 믿음이 그리스도를 받아들이는 방식이다.

모든 탁월함에서 보배로우신 그리스도

예수님이 우리의 보배이시라는 말이 오해를 부르지 않도록 이 말이 함축하는 중요한 의미를 설명해 보겠다. 예수님이 보배이시라는 내 말은 그리스도께서 그분의 다른 역할이나 탁월하심에 '더하여' 보배이시라는 의미가 아니다. 그분의 모든 역할과 탁월하심에 있어 보배이시라는 의미이다. 우리는 그리스도를 구주와 주님과 보배로 받아들임에 대해 막연하게 이야기할 수 있다. 하지만 이 말은 그리스도의 '가치'가 구주와 주님 역할에 더해 그리스도께서 하시는 세 번째 역할 같은 것이라는 의미가 아니다.

오히려 우리의 보배이신 예수님께 초점을 맞출 때 우리는 예수님의 '모든 것'을 포함한다. 보배로우신 구주, 보배로우신 주님, 보배로우신 지혜, 보배로우신 의, 보배로우신 친구, 보배로우신 생수, 보배로우신 하늘의 떡 등. 보배이신 그리스도는 그리스도의 일면이 아니다. 그리스도의 무한한 가치 전체를 이루는 그리스도의 모든 차원(그리스도의 모든 것)이다.

이 책에서 나는 구원하는 믿음이 그리스도를 보배롭게 여기는 정서적 차원을 가지고 있다고 주장할 것이다. 그리스도를 보배로 받아들이지 않는 사람은 그리스도를 이용한다. 이것은 구원하는 믿음이 아니다. 많은 사람이 그런 것을 구원하는 믿음이라고 생각하는 것은 비극이다.

가장 귀한 보배?

때로 이 책에서 나는 구원하는 믿음이 그리스도를 우리의 '가장 귀한' 보배로 받아들인다고 말할 것이다. 또 어느 때는 단순히 그리스도를 우리의 보배로 받아들이는 것에 대해 언급할 것이다. 구분하려는 것이 아니다. 구원하는 믿음은 언제나 그리스도를 최고의 가치를 지닌 분으로 본다. 우리는 그리스도를 이렇게 받아들여야 한다. 그리스도를 제이, 제삼의 보배로 받아들이는 것은 구원하는 믿음이 아니다. 모욕이다.

예수님은 우리가 이 세상 어떤 것보다 그리스도를 보배롭게 여기지 않을 때 얼마나 마음이 상하시는지 설명하고자 이야기를 들려주셨다.

"이르시되 어떤 사람이 큰 잔치를 베풀고 많은 사람을 청하였더니 잔치할 시각에 그 청하였던 자들에게 종을 보내어 이르되 오소서 모든 것이 준비되었나이다 하매 다 일치하게 사양하여 한 사람은 이르되 나는 밭을 샀으매 아무래도 나가 보아야 하겠으니 청컨대 나를 양해하도록 하라 하고 또 한 사람은 이르되 나는 소 다섯 겨리를 샀으매 시험하러 가니 청컨대 나를 양해하도록 하라 하고 또 한 사람은 이르되 나는 장가 들었으니 그러므로 가지 못하겠노라 하는지라 종이 돌아와 주인에게 그대로 고하니 이에 집 주인이 노하여 그 종에게 이르되 빨리 시내의 거리와 골목으로 나가서 가난한 자들과 몸 불편한 자들과 맹인들과 저는 자들을 데려오라 하니라"(눅 14:16-21).

부동산과 소유와 가족, 이런 것들을 보배이신 그리스도보다 더 좋아하는 것은 그리스도를 노하시게 한다. 그것은 그리스도께는 모욕이요, 우리에게는 멸망이다. 물론 이야기는 거기서 끝나지 않는다. 더 나아지는 점도 있고 나빠지는 점도 있다. 집주인의 진노는 측은히 여기는 마음이 담긴 지상명령으로 바뀐다. 내가 제안하는 것을 내 백성이 보배롭게 여기지 않는다면 "빨리 시내의 거리와 골목으로 나가서 가난한 자들과 몸 불편한 자들과 맹인들과 저는 자들을 데려오라…… 길과 산울타리 가로 나가서 사람을 강권하여 데려다가 내 집을 채우라"(눅 14:21, 23). 그러나 주님을 보배롭게 여기지 않는 자들에게는 심판이 임한다. "내가 너희에게 말하노니 전에 청하였던 그 사람들은 하나도 내 잔치를 맛보지 못하리라"(눅 14:24).

구원하는 믿음은 그리스도를 보배로 받아들인다. 그러나 밭이나 소나 배우자 다음가는 보배로 받아들이는 것이 아니다. 그리스도를 이런 것들보다 가치 있게 여긴다. 그렇지 않으면 그분을 거절하는 것이다. 그리스도를 많은 유용한 보배 가운데 하나로 받아들이는 것은 백해무익하다. 마치 그리스도께서 이용당하기를 개의치 않으신다는 듯한 인상을 주기 때문이다. 그렇지 않다. 그리스도를 우리의 가장 귀한 보배로 받아들이거나 전혀 그렇지 않거나 둘 중 하나이다. "아버지나 어머니를 나보다 더 사랑하는 자는 내게 합당하지 아니하고"(마 10:37). "너희 중의 누구든지 자기의 모든 소유를 버리지 아니하면 능히 내 제자가 되지 못하리라"(눅 14:33). "또한 모든 것을 해로 여김은 내 주 그리스도 예수를 아는 지식이 가장 고상하기 때문이라"(빌 3:8). 이 책은 이런 본문들이 구원하는 믿음의 특성들을 묘사한다는 논증이다.

이 책의 흐름

서론에 이어 이 책의 1부는 내 관심이 자라난 여섯 가지 근원을 다룬다. 내 삶의 어떤 경험과 논쟁과 의문들이 구원하는 믿음의 본질을 분명히 밝히는 일에 대한 헌신을 내게 불러일으켰을까? 그런 다음 2부는 신약을 통해 구원하는 믿음을 일반적이고 넓은 의미에서 정의하는 데 할애한다.

3부에서는 문제의 핵심을 향해 나아가, 구원하는 믿음이 참으로 그리스도를 우리의 가장 귀한 보배로 받아들이는 것인지 묻는다. 4부는 이 책의 절정으로, 3부의 질문을 더 선명하게 한다. 그리스도를 우리의 보배로 받아들인다는 것은, 구원하는 믿음이 참으로 정서적인 요소, 즉 그리스도를 보배롭게 여기는 것으로 요약되는 정서적인 요소를 포함한다는 뜻인가? 그리스도를 보배로 받아들인다는 것은 그리스도를 보배롭게 여기는 것을 의미하는가?

마지막으로 5부에서는 전도 및 구원의 확신에 대해 함축하는 점들을 다룬다. 구원하는 믿음이 무엇보다 그리스도를 보배롭게 여기는 것을 포함한다면, 이는 우리가 사람들을 믿음에 초대하는 방식에 어떤 영향을 미치는가? 또한 우리 자신이 "동일한 부지런함을 나타내어 끝까지 소망의 풍성함에 이르"는(히 6:11) 방식에 어떤 영향을 미치는가?

결론에서는 이 책의 요점을 내가 '기독교 희락주의'(Christian Hedonism)를 분명히 밝히고 권면하는 데 평생 기울인 노력과[10] 하나님께 만족하는 구속받은 백성 가운데서 영광을 받으시는 하나님의 궁극적인 목적에 연결시킨다.

하나님이 당신을 인도하셔서 이 책을 계속 읽게 하신다면, 당신이 "모든 것을 분간하고, 좋은 것을 굳게 잡"게(살전 5:21, 새번역) 되기를 기도한다.[11] 나는 이 말씀이 모든 것을 성경으로 분간하라는 의미라고 생각한다. 나는 내

---

10) '기독교 희락주의'의 의미에 대한 서론은 'Desiring God' 웹사이트에서 볼 수 있다. "What Is Christian Hedonism?," August 1, 2015, https://www.desiringgod.org/. 내가 기독교 희락주의를 제시하는 기초적인 책은 *Desiring God: Meditations of a Christian Hedonist* (Colorado Springs, CO: Multnomah, 2011); 존 파이퍼, 「하나님을 기뻐하라」(최신개정판, 박대영 역, 생명의 말씀사, 2020)이다.

11) "모든 것을 분간"하려는 노력의 하나로, 나는 높은 수준의 경험과 성경적인 지혜, 학문적인 엄밀함을 지닌 여러 존경받는 형제들에게 피드백을 받기 위해 이 책의 초고를 보냈다. 그들 가운데 여덟 사람이 의미심장한 답변을 적어 보냈다. 나는 그들의 도움이 되는 조언 덕분에 많은 설명을 추가했다. 어떤 이들은 내가 말하는 바가 모호하거나 심지어 오직 믿음으로 말미암은 칭의라는 소중한 교리와 모순된다고 염려했다. 나는 3장과 4장이 그런 염려를 없애주기를 바란다. 그러나 보다 직접적인 응답이 도움이 될 수도 있기에, 간략한 응답과 도전을 부록으로 추가했다.

가 어떤 권위를 갖고 있다고 주장하지 않는다. 나는 성경이 하나님의 말씀이며, 따라서 참되다고 믿는다. 성경은 사실을 전달한다. 나는 성경에 충실하려고 노력해왔다. 주님이 은혜를 베푸셔서 모든 지혜와 총명을 당신에게 넘치게 하시기를 바란다(엡 1:8).

What is
Saving
Faith?

1부

나는 왜 이 책을 쓰게 되었는가?
: 성경적, 신학적, 문화적, 역사적 고찰

주재권 논쟁에서 조금 더 깊어진 질문
우리 문화에 만연한 '자유 의지'
내가 로마 가톨릭 신자가 아닌 이유
정서적 요소가 공로가 아닌 이유
자극을 주는 교회사의 주장들
'구원하는 충성'이라는 최근의 도전

이 책을 쓰도록 나를 압박한 모든 것 가운데 가장 큰 영향을 미친 것은 매일 성경을 읽는 평생의 습관이었다. 이 책의 1장에서 6장까지는 내게 동기를 부여한 신학 논쟁과 문화적 압력, 역사적 영감, 현대의 도전을 설명한다. 그러나 이 장들에 있는 어떤 것도 하나님이 자기 자녀들에게 구원하는 믿음을 주실 때 그들 안에 무엇을 일으키시는지 알려는 갈망을 내게 가득 부은 것이 성경 읽기였다는 단순한 사실에 미치지 못한다. 나는 그리스도를 믿을 때 내 마음과 생각이 어떤 일을 하는지 이해하기를 원한다.

그렇다. 이 말은 구원하는 믿음이 무엇인지에 대한 분명하고 완전한 이해가 없이도 우리가 구원하는 믿음의 경이를 경험할 수 있다는 사실을 암시한다. 그리스도인이 되기 위해 신학자가 될 필요는 없다. 우리가 설명할 수 있는 것만을 경험할 수 있다면, 누구도 그리스도인이 될 수 없을 것이다. 회심은 하나님이 베푸시는 기적이다. 이 기적으로 인해 구원하는 믿음이 생겨난다. 구원하는 믿음의 경험이라는 경이를 깨달으려면 영원을 쏟아야 할 것이다.

따라서 해마다 성경을 읽으면 질문이 쌓여 간다. 언제나 답보다 질문이 더 많다. 분명히 많은 답이 있다. 놀라운 답이 있다. 우리가 하나님을 영화롭게 하고 하나님의 뜻을 행하는 데 필요한 모든 답이 있다. 그러나 매일 새로운 질문이 생겨난다.

- 예수님, 주님은 주님이 가장 귀한 보배이시며(마 13:44) 주님을 영접하는 것은 믿음이 하는 일이라고(요 1:12) 말씀하십니다. 그러면 주님을 그런 보배로 받아들이는 믿음은 어떤 믿음입니까?

- 주님은 주님께 나아와 마시고 다시는 목마르지 않는 것으로 믿음을 묘사하십니다(요 6:35). 이때 주님이 믿음과 영혼의 만족에 대해 말씀하시는 것은 무엇입니까?

- 바울, 당신은 믿음(심지어 산을 옮길 만한 믿음)이 있을지라도 우리 삶에 아무 소용이 없을 수 있다고 했는데 그 말은 무슨 의미입니까?(고전 13:2)

- 바울, 당신은 우리가 복음을 "헛되이" 믿을 수 있다고 했는데 그 말은 무슨 의미입니까?(고전 15:2)

- 바울, 당신이 "진리를 믿지 않음"과 "불의를 좋아함"을 대조하는 이유는 무엇입니까?(살후 2:12)

- 바울, 믿음의 은사가 그리스도의 영광을 볼 수 있는 새로운 능력이고 (고후 4:6), 또 우리의 마음에 "눈"이 있다면(엡 1:18), 당신이 우리가 믿

음으로 행하고 보는 것으로 행하지 않는다고 말한 이유는 무엇입니까?(고후 5:7)

• 바울, 어째서 믿음은 사람들로 서로 사랑하게 하는 놀라운 힘을 갖고 있습니까?(갈 5:6; 딤전 1:5) 믿음으로 하지 않는 모든 일은 어째서 죄입니까?(롬 14:23) 사람들을 필연적으로 사랑하게 만드는 믿음은 대체 무엇입니까?

• 바울, 당신은 아브라함이 믿음이 견고해져서 하나님께 영광을 돌렸다고 말합니다(롬 4:20). 그러면 우리가 하나님의 약속을 믿으면서도 그분을 창피해하고 지겹게 여기면 하나님이 영광을 받지 않으신다는 말은 타당합니까?

• 요한, 어떻게 믿음이 세상을 이기며 힘겨운 계명들을 행복한 순종으로 바뀌게 합니까?(요일 5:3-4)

• 마지막으로, 그리스도를 높이는 위대한 책 히브리서를 쓴 사람이 누구이든, 당신이 구원하는 믿음을 "바라는 것들의 실상"(히 11:1)이라고 정의한 것은 어떻게 해석해야 합니까? 나도 옛날 사람들처럼 '휘포스

타시스'(ὑπόστασις)를 "실상"으로 번역하지 말고 '확신'으로 번역해야 합니까?

나는 방금 '마지막으로'라는 말을 썼다. 이 열 가지 질문만으로도 이 책이 어디에서 비롯되었는지를 알려주기에 충분하기 때문이다. 이 책은 질문하는 습관을 갖고 평생 성경을 읽는 데서 나온 것이다.

물론 우리는 모든 질문에 대해 책을 쓰지는 않는다. 그런데 하나님은 어떤 질문들을 떠올리게 하셔서 책을 쓰게도 하신다. 그리고 그런 하나님의 행위는 진공 상태에서 일어나지 않는다. 이는 우리가 이 책을 쓰도록 촉구하며 영향을 미쳐온 신학적 논쟁과 문화적 압력, 역사적 영감, 현대의 도전으로 향하게 한다. 이제부터 그것을 살펴보려고 한다.

01장

What is Saving Faith?

주재권 논쟁에서
조금 더 깊어진 질문

나이가 들수록, 그리고 하늘나라가 가까워질수록 내 마음에 근심이 더해지는 이유는 많은 사람이 자신을 그리스도인이라고 밝히지만 진정한 그리스도인이라는 증거를 거의 제시하지 못하기 때문이다. 신생의[1] 급진적이고 기적적인 특성과 하나님 나라에 들어가는 일의 절대적인 필요성(요 3:3, 5)을 곰곰이 생각할수록 더욱 괴로운 것은 그리스도 안에서 새로운 피조물이 되는 일에 무신경해 보이는 자칭 그리스도인이 매우 많기 때문이다.

"내가 너희를 도무지 알지 못하니"

자신이 지옥에서 벗어나 천국에 속한 사람이라고 생각하지만 실제로는 그렇지 않은 수많은 사람이 있을 수 있다고 생각하면 내 슬픔이 커진다. 이

---

1) 물론 '신생'(new birth, 거듭남)은 영원한 과거의 선택(엡 1:4)에서 부활 때의 영화(롬 8:30; 빌 3:21)와 영원한 미래에까지 걸쳐 있는 더 크고 놀라운 하나님의 구원 사역의 일부이다. 신생에 대한 더 자세한 논의는 다음을 보라. John Piper, *Finally Alive: What Happens When We Are Born Again* (Fearn, Ross-Shire, UK: Christian Focus, 2001); 존 파이퍼, 『존 파이퍼의 거듭남』, 전의우 역, 두란노, 2009.

사람들에게는 그리스도께서 변화의 중심에 계시지 않고 사고와 감정의 가장자리에 계신다. 이 사람들은 심판 날에 예수님이 이렇게 말씀하시는 것을 듣게 될 것이다. "내가 너희를 도무지 알지 못하니…… 내게서 떠나가라"(마 7:23).

이 다가오는 재앙의 근원을 곰곰이 생각해보면서 나는 구원하는 믿음에 대한 널리 퍼진 오해에는 어느 정도 원인이 있다는 확신을 떨쳐버릴 수 없었다. 이런 오해는 단지 명목상의 그리스도인들만이 아니라 확신에 찬 '그리스도인들'에게 그들의 오류를 알려주지 않는 목회자들에게도 있었다. 물론 그리스도의 심판 날에 명목상의 그리스도인들에게 닥칠 이 임박한 충격을 알아챈 사람은 나만이 아니다. 많은 사람이 경보를 울려왔다. 비록 원인에 대한 그들의 진단이 내가 이 책에서 다루는 것과 똑같지는 않을지라도, 많은 사람이 교회에 다니는 불신자들에게 이 치명적인 질병에 대해 경고해왔다.

맥아더가 적시에 날린 경고

예를 들어 나의 목회 첫 10년인 1980년대에 이 문제는 이른바 '주재권 구원'(lordship salvation) 논쟁의 형태를 띠었다. 우리가 구원을 얻으려면 예수님을 구주로 믿어야 할 뿐만 아니라 주님으로 복종해야 하는가? 이런 접전 가운데서 출판된 가장 중요하고 성경적인 지혜를 담은 책이 존 맥아더(John MacArthur)의 『주님 없는 복음』(*The Gospel according to Jesus*)이다.[2]

---

2) John MacArthur, *The Gospel according to Jesus* (Grand Rapids, MI: Zondervan, 1988); 존 맥아더, 『주님 없는 복음』, 황을호 역, 생명의말씀사, 2017.

이 책은 내가 방금 표명한 기독교 명목주의라는 위기에 대한 반응이었다. 맥아더는 이렇게 묻는다. "구원을 얻지 못했으면서 자신이 구원을 얻었다고 믿는 착각에 빠진 사람이 얼마나 많은지 누가 알겠는가?"[3] 나는 이 책이 출판되자마자 금을 찾는 욕심쟁이처럼 책을 읽었다. "이 책에 대한 나의 개인적인 반응을 말하자면, 기뻐서 책을 내려놓을 수 없었다."[4] 이 논쟁을 살짝 엿볼 수 있도록, 당시 내가 쓴 찬사의 첫 단락을 소개한다.

현대 청교도인 제임스 패커와 제임스 보이스(James Boice) 두 사람이 "전천년설 세대주의자"(25쪽)라고 자인하는 이를 위해 열정적인 서문을 써준 것을 보면 이 공동의 적이 심상치 않음이 틀림없다. 어떤 경고음이 이 특이한 연합을 만들어냈는가? 대답은 이렇다.

"세대주의 진영에서 들려오는 커다란 목소리들은 그리스도께서 주님이심을 부인하고도 그리스도를 구주로 영접할 수 있다는 가르침을 공표하고 있다"(27쪽). 그런 목소리 가운데 하나는 이렇게 말한다. "그리스도를 당신의 삶의 주님으로 모시지 않고도 구원을 얻는 것은 불행하지만 가능한 일이다"(204쪽).

루이스 스페리 체이퍼(Lewis Sperry Chafer)는 "신약은 구원을 얻지 못한 사람들에게 구원의 조건으로 회개를 요구하지 않는다"(161쪽)고 말했다. 『라이리 스터디 바이블』(The Ryrie Study Bible)은 회개가 구원의 조건이 되는 경우 회개는 "믿음에 그릇 부가된 것"이라고 말한다(161쪽).

---

3) MacArthur, The Gospel according to Jesus, 79; 맥아더, 『주님 없는 복음』.
4) John Piper, "Putting God Back into Faith: Review of The Gospel according to Jesus, by John MacArthur," February 1989, Desiring God 웹사이트, https://www.desiringgod.org/.

따라서 (이런 견해에 따르면) 구원하는 믿음과 순종 사이에는 필연적인 연관성이 없다. 믿음은 근본적으로 복음의 사실들에 대한 순간적인 마음의 동의이다(170쪽). 열매는 믿음의 진정성을 확인하는 정당한 시금석이 아니다.

결과적으로 불순종하는 많은 명목상의 그리스도인은 단순한 "신자" 범주에 속하게 되는데, 이는 자기 삶에 "예수님을 주님으로 모시고 있는" 2단계 그리스도인을 가리키는 "제자" 범주와 대조된다(30쪽). 제인 하지스(Zane Hodges)는 이렇게 말한다. "하나님 나라에 들어가는 것이 제자 됨에 달리지 않은 것은 참으로 다행스러운 일이다"(196쪽).[5]

웨인 그루뎀의 '값없는 은혜'

맥아더가 이의를 제기했던 견해가 사라졌다고 생각하지 말아야 한다. 그 논쟁이 있은 지 30년 후인 2016년에, 오늘날 그 견해가 복음주의 교회에 침입하는 것에 부담을 느낀 웨인 그루뎀(Wayne Grudem)이 『'값없는 은혜' 신학: 복음을 손상하는 다섯 가지 방법』("Free Grace" Theology: 5 Ways It Diminishes the Gospel)이라는 새로운 책을 출판했다는 점을 주목해야 한다.[6] 그루뎀과 맥아더는 둘 다 성경의 가르침을 충실하게 보여준다. 맥아더는 이렇게 말한다. "구원하는 믿음의 특징은 예수 그리스도의 주재권에 복종하는 것이다." "그리스도의 주되심을 거부하는 사람들은 그분을 구주로 대할 수 없

---

5) Piper, "Putting God Back into Faith." 구원하는 믿음과 관련하여 회개에 대한 나의 이해는 24장을 보라. 인용한 글의 쪽 번호는 MacArthur, *The Gospel according to Jesus*(원서)의 쪽 번호이다.

6) Wayne Grudem, *"Free Grace" Theology: 5 Ways It Diminishes the Gospel* (Wheaton, IL: Crossway, 2016).

다."[7] "믿음은 순종하고, 불신앙은 거역한다. 삶의 열매는 그 사람이 신자인지 불신자인지를 드러낸다."[8]

이와는 다른 나의 질문

그 책들과 당신이 지금 읽고 있는 이 책은 차이점이 있다. 맥아더도 그루뎀도 내가 제기하는 질문을 탐구하지 않았다. 구원하는 믿음의 본질은 그리스도를 지극히 가치 있는 분으로 보배롭게 여기는 것을 포함하는가? 즉 구원하는 믿음은, 죄의 뿌리를 반드시 잘라내고 기꺼운 순종의 열매를 맺는 이유의 열쇠일 수 있는, 정서적인 차원을 포함하는가? 이는 맥아더나 그루뎀을 비판하려는 의도가 아니다. 나처럼 두 사람은 웨스트민스터 신앙고백 11장 2항이 가르치는 개혁주의의 교훈에 굳게 서 있다.

이런 식으로 그리스도와 그분의 의를 받아들이고 의지하는 믿음은 의롭다 하심을 받는 유일한 수단이다. **그렇지만 믿음은 의롭다 하심을 받는 사람 안에 홀로 있지 않고, 다른 모든 구원하는 은혜를 항상 동반한다. 그러므로 믿음은 죽은 믿음이 아니며, 사랑으로써 역사한다.**

다시 말해 우리는 의롭다 하심을 받는 유일한 믿음이 사랑으로써 역사하는 믿음이라는 데 의견이 일치한다. 이 사랑을 바울은 "네 이웃 사랑하기

---

7) MacArthur, *The Gospel according to Jesus*, 209, 10; 맥아더, 『주님 없는 복음』.
8) MacArthur, *The Gospel according to Jesus*, 178; 맥아더, 『주님 없는 복음』.

를 네 자신 같이 하라"(갈 5:14; 참조. 5:6)라는 말로 요약한다.9) 이는 맥아더와 그루뎀이 모두 강조하는 것이다. "사랑으로써 역사하는" 믿음이 아니라면, 그것은 구원하는 믿음이 아니다. 즉 그리스도를 사랑을 불러일으키시는 주님으로 받아들이지 않는다면, 그때 그리스도께서는 죄를 덮어주는 구주가 아니시다.

그러나 맥아더도 그루뎀도 구원하는 믿음이 거룩한 행실을 낳는 '이유'에는 초점을 맞추지 않는다. 더 정확히 말하자면, 두 사람은 "변화시키는 힘을 가진 구원하는 믿음의 본질은 무엇인가?" 하는 질문에 초점을 맞추지 않는다. 그러나 이 질문이 이 책의 원동력이다. 구원하는 믿음은, 하나님의 은혜로 말미암아, 성경이 분명히 밝히는 대로 변화시키는 힘을 부여하는 '그리스도에 대한 정서적인 받아들임'을 포함하는가? 그리고 이 정서적인 받아들임은 그리스도를 우리의 가장 귀한 보배로 영접하는 것인가?

『장래의 은혜』보다 더 깊이 들어가기

주재권 논쟁이 최고조에 달한 이후 5년 동안 이 질문들에 대한 답이 내 생각 속에서 구체화되었다. 1995년에 나는 『장래의 은혜』(*The Purifying Power of Living by Faith in Future Grace*)라는 책을 출판했다.10) 이 책은 맥아더와 그루뎀이 다루었던 같은 쟁점을 다루려는 나의 노력이었는데, 다만 구원하는 믿음이 '어떻게' 반드시 삶의 거룩함을 낳는지에 초점을 맞추었다. 나는 구

---

9) 갈라디아서 5장 6절에 대한 나의 이해는 11장을 보라.
10) John Piper, *The Purifying Power of Living by Faith in Future Grace* (Sisters, OR: Multnomah, 1995). 개정판은 *Future Grace: The Purifying Power of the Promises of God*, Colorado Springs (CO: Multnomah, 2012)라는 제목으로 출판되었다. [국내에서는 『장래의 은혜』(개정판, 차성구 역, 좋은씨앗, 2021)라는 제목으로 출간됨.-역주]

원하는 믿음의 중심에 깊은 정서적인 차원이 있다고 주장했다. 즉 하나님이 그리스도 안에서 우리에게 '약속하신' 모든 것을 포함하여 '하나님이 지금 예수님 안에서 우리에게 베푸시는 모든 것에 대한 만족', 곧 성령님이 주시고 성령님이 북돋우시는 만족이 있다고 주장했다. 이 그리스도 안에 있는 만족은 단지 구원하는 믿음의 '결과'가 아니라 '본질'에 속한다.[11] 『장래의 은혜』는 구원하는 믿음의 경험이 죄의 권세를 깨뜨리며 이웃을 사랑하는 능력을 준다는 것을 보여주기 위한 것이었다.

이제 이 책을 통해서는 믿음이 정서적인 차원을 갖고 있다는 주장에 대해 더 철저한 해석학적 근거를 제시하고, 그런 정서적인 차원이 어떤 것인지 명확히 밝히려고 한다.

---

11) '단지'라는 말을 쓴 것은, 갈라디아서 5장 22절에 나오는 성령의 열매처럼, 참으로 믿음에서 **기인하거나** 생기는 '기쁨'(일종의 만족)이 있다는 성경의 가르침을 확언하기 위해서이다. 그러나 '단지'라는 말을 쓴 것은 또한 이어지는 지면들에서 우리가 보게 될 '기쁨'이나 '즐거움', '만족', '보배롭게 여김' 같은 것에 대해 성경이 가르치는 다른 요점들도 구원하는 믿음의 실제 차원이라는 것을 확언하기 위해서이다.

02장

What is Saving Faith?

우리 문화에 만연한 '자유 의지'

나는 믿음의 본질을 왜곡하는 가정들을 가진 종교적 환경에서 자랐다. 즉 나는 현대 서구세계에서 자랐다. 이 환경은 기독교의 비초자연화(de-supernaturalizing)가 특징이다. 서구에서는 지난 이백 년 동안 믿음의 개념이, 현대 사고(세속적 사고와 종교적 사고 모두)의 많은 부분을 지배하는, 인간의 자기 결정권이란 관점에 영향을 받아 왔다. 이는 구원하는 믿음의 정서적인 측면에 대한 나의 관심의 두 번째 뿌리로 나를 데려간다.

궁극적인 자기 결정권에 대한 요구

우리가 숨 쉬는 공기에는, 인간에게 궁극적인 자기 결정권이 없다면 인간은 자기 생각이나 감정이나 행위에 대한 책임을 질 수 없다는 가정이 스며들어 있다. 보통 이 가정은 숭상받는 '자유 의지'의 깃발 아래 번창한다.

'자유 의지'라는 용어는, 복음주의의 많은 부분을 포함해, 우리 문화에서 신성불가침의 구성요소이다. '자유 의지'는 좀처럼 정의되지 않는다. 그러나 자유 의지에 대한 지배적인 확신은 인간 영혼에게 유일하게 의미 있는 자유는 궁극적인 자기 결정권을 가진 자유라는 것이다. 다시 말해 진정으로 인간답고 자유로워지려면, 내가 하나님을 믿느냐 아니냐에 있어 하나님의 의지가 아니라 나의 의지가 결정적이어야 한다는 뜻이다.

우리 문화에 만연한 이런 가정은 구원하는 믿음의 참된 본질과 그 믿음이 어떻게 발생하는지에 대한 이해를 방해하는 중요한 장애물이다. 이런 가정은 누군가가 구원하는 믿음을 가지라는 말을 들었다면, 그 안에 이를 발휘할 능력이 있어야 한다는 뜻이라고 말한다. 나는 회심하는 순간에 하나님을 결정적으로 의지할 수 없다. 그렇지 않으면 나는 요구되는 믿음을 가질 책임이 없다. 만일 하나님이 나를 믿으라고 부르신다면, 구원하는 믿음이 발휘되는 순간에 그 믿음은 하나님의 힘이 아닌 결정적으로 나의 힘이어야 한다. 이것이 궁극적인 자기 결정권이란 가정이 요구하는 바다.

정서적인 믿음은 자기 결정권에 대한 위협이다

그러므로 구원하는 믿음이 마음의 정서적인 변화를 포함할 수 있다는 의견은 사람들 대부분에게 직관적으로 잘못된 것으로 여겨진다. 그냥 '그럴' 수가 없다. 우리는 우리 마음의 정서를 직접적으로 통제할 수 없다. 사람들은 내 '의지'는 내가 통제하지만 내 '정서'는 통제할 수 없다고 말한다. 그러므로 하나님은 예수님 안에서 만족하거나 예수님을 기뻐하거나 돈과 명성보다 예수님을 더 보배롭게 여기는 것과 같은 특정한 정서를 경험하라고 내게 명령하실 수 없다. 내게 그런 정서를 요구하실 수 없다. 그런 정서가 일어나게 할 방법이 내게 없기 때문이다.

이는 사람들 대부분이 여기에 대해 충분히 생각하고 그런 말을 한다는 이야기가 아니다. 궁극적인 자기 결정권이란 가정('자유 의지'의 기치 아래 번지는)이 너무나 넓고 깊게 퍼져 있어서 사람들 대부분이 잠재 의식에서 그런 가정을 용인하게 된다는 말이다.

구원하는 믿음이 정서적인 차원(보배롭게 여기거나 소중히 여기거나 만족하는 것과 같은)을 포함한다는 내 의견은 본능적으로 배제된다. 인간은 자기 정서를 바꿀 능력이 없고, 따라서 요구되는 구원하는 믿음을 경험할 수 없다. 그것은 너무 어려운 일이다. 나는 불가능한 것을 요구하는 셈이다.

믿음을 제어할 수 있는 결정으로 재정의함

그러나 하나님은 분명히 믿음을 요구하신다. 믿으라고 명령하신다. "주 예수를 **믿으라**"(행 16:31). 그런 까닭에 궁극적인 자기 결정권이란 가정은 지난 여러 세기 동안 수많은 목회자와 복음 전도자들이 자기 결정적인 자유 의지에 맞는 복음 전도 방식을 발전시키게 했다. 복음에 대한 구원의 응답은 그야말로 듣는 이의 결정적인 통제 가운데 있어야만 한다. 그렇지 않다면 어떻게 그에게 "복음에 복종"하라는(살후 1:8; 벧전 4:17), 즉 믿으라는 요청을 할 수 있겠는가?

이는 복음 전도의 일차적인 초점을 '결정'에 맞추게 했다. 사람들을 그리스도께 인도하면서 우리는 그리스도에 대한 찬반 '결정'을 요구한다. 그래서 구원하는 믿음(사람이 구원을 얻기 위해 반드시 가져야 하는)은 점점 더 실행 가능한 결정으로 간주된다. 적어도 그리스도를 보배롭게 여기거나 그리스도 안에서 만족하는 것보다 훨씬 더 명백하게 실행 가능하다고 간주된다. 그런 영적인 정서는 우리가 직접 통제할 수 없을 뿐만 아니라 또한 알아보거나 입증하기가 어렵다. 그런 변화를 요구하는 것은 복음 전도자의 사역을 사람들의 마음에서 일어나는 기적적인 변화에 더 의존하게 만들고 성공 여부를 즉시 분별하기 어렵게 한다.

나는 자기 결정권 가정이 오래전부터 이렇게 구원하는 믿음을 실행 가능한 결정으로 이해하게 만든 그런 기독교 신앙 가운데서 자랐다. 그러나 나는 자기 결정권 가정이 흔히 만들어낸 그런 신앙을 영속시키고 싶지 않다. 하나님께 감사하게도, 내 주변의 많은 사람은 그들이 가진 암묵적인 신학적 가정보다 훨씬 더 나았다. 그러나 비초자연화된 믿음에 끌리는 것은 실행 가능성에 대한 끌림이었을 뿐만 아니라 치명적인 결과를 낳고 말았다.

믿음은 제어할 수 있는 것이 아니라 기적이다

나는 구원하는 믿음이 기적이라고 믿는다. 구원하는 믿음은 하나님의 선물이다(엡 2:8; 빌 1:29). 죄로 죽은 사람들은(한때 우리 모두가 그랬다) 이 기적을 행할 수 없다. 하나님이 우리를 죽은 자 가운데서 살리셔야만 한다(엡 2:5). 우리가 하나님을 거역하여 영적으로 죽었으며 눈이 멀었다는 사실은 우리의 책임을 면제해주지 않는다. 우리는 믿어야 할 책임이 있고, 믿기 위해서는 거듭나야만 한다. "예수께서 그리스도이심을 믿는 자마다 하나님께로부터 난 자니"(요일 5:1).

믿음은 우리가 거듭났다는 살아있는 표지이다. 신생의 기적은 믿음을 일으킨다. 그러므로 하나님 앞에서 책임을 지려면 믿음이 실행 가능한 결정이어야 한다는 주장을 성경은 허용하지 않는다. 믿음은 내가 실행할 수 있기에 앞서 하나님이 주셔야만 한다. 궁극적인 자기 결정권은 성경적인 가정이 아니다.

우리는 모두 어디 출신인지에 영향을 받는다. 나도 당연히 그렇다. 회심의 초자연적인 성격을 깎아내리고, 구원하는 믿음의 행위에 있어 사람을 결정적인 존재로 격상시키며, 믿음을 실행 가능한 결정으로 바꾸어버린 환경에서 자랐기에, 나는 구원하는 믿음의 본질을 파헤치고 싶은 욕구를 수십 년 동안 느껴왔다. 믿음의 정서적인 요소는 무엇일까? 구원하는 믿음은 그리스도를 정서적으로 받아들이는 것일까? 구원하는 믿음은 그리스도를 보배로 받아들이는 것일까? 참으로 그것은 그리스도를 보배롭게 여기는 것일까?

03장

내가 로마 가톨릭 신자가 아닌 이유

내가 구원하는 믿음의 정서적인 측면에 끌리는 세 번째와 네 번째 이유는 어떤 의미에서 한 가지이다. 나는 구원하는 믿음이 어떻게 유서 깊은 개신교 교리인 오직 믿음으로 말미암은 칭의를 훼손하지 않으면서 그리스도를 보배롭게 여기는 것 같은 정서적인 차원을 가질 수 있는지 이해하기를 원한다. 오직 믿음으로 말미암은 칭의를 인간의 행위로 말미암은 칭의(즉 미덕으로 여겨지는 믿음으로 말미암은 칭의)로 바꾸는 공로적인 미덕을 믿음 속에 슬그머니 끼워 넣지 않으면서, 내가 성경에서 발견하는 구원하는 믿음의 정서적인 측면을 인정할 방법이 무엇일까?

그러나 이 한 가지 질문과 씨름하는 것은 나로 하여금 두 전선에서 싸우게 했다. 먼저 나는 로마 가톨릭이 이 문제를 다루는 방식에 동의하지 않는다. 그리고 샌디먼주의(Sandemanianism)가 이 문제를 다루는 방식에도 동의하지 않는다.

로마 가톨릭은 구원하는 믿음을 정서적인 것으로 다루는 데 문제가 없다. 왜냐하면 구원하는 믿음을 미덕으로, 칭의-성화의 일부로 생각하기 때문이다. 내가 칭의와 성화에 하이픈을 붙인 것은 로마 가톨릭이 성화를 칭의의 일부로 여기기 때문이다.[1] 반면 로버트 샌디먼(Robert Sandeman, 1718-1771)은 구원하는 믿음에서 모든 정서적인 차원을 제거하고, 구원하는 믿음을 "그리스도께서 하신 일에 대한 순수한 동의"로 간주하여 이 문제를 해결했다.[2]

내가 성경을 읽어 보니 이 두 견해는 모두 옳지 않았다. 그래서 구원하는 믿음에 대한 나의 이해는 내가 이 두 견해와 충돌하게 했다. 이것이 내가 구원하는 믿음의 정서적인 본질의 문제를 다루게 된 세 번째와 네 번째 이유이다. 이 두 가지 이유 가운데 하나는 이번 장에서, 다른 하나는 다음 장에서 다룬다.

구원하는 믿음은 선한 것이다

세 번째 이유는 믿음으로 말미암은 칭의에 대한 로마 가톨릭의 이해와 관련이 있다. 내가 이 문제를 다뤄야 하는 이유는 구원하는 믿음에 대한 나의 논의를 로마 가톨릭에게 구애하는 것처럼 생각할 사람들이 있기 때문이다. 절대로 그렇지 않다. 그러면 로마로 가는 길에 들어서지 않으면서, 구원하는 믿음을 정서적인 차원을 갖는 것으로 다룰 방법은 무엇일까?

나는 구원하는 믿음이 선한 것이라는 점을 부인함으로 이 문제를 해결하지 않는다. 내가 보기에 구원하는 믿음의 정서적인 측면(그리스도를 보배롭게 여

---

1) 나는 칭의란 진정한 최초의 구원하는 믿음에 대해 하나님이 우리를 의롭다고 선언하시는 영원하고 단회적인 행위라고 규정한다. 또 성화는 우리의 마음과 생각과 행위에서 우리를 거룩하게 하시는 성령님의 지속적인 사역이라고 정의한다. 칭의와 성화의 관계에 대한 로마 가톨릭의 이해에 대한 다른 시각은 다음을 보라. John Piper, "No Love Lost: How Catholics (and Some Protestants) Go Wrong on Good Works," February 26, 2018, Desiring God 웹사이트, https://www.desiringgod.org/.
2) 참조. Wayne Grudem, *"Free Grace" Theology: 5 Ways It Diminishes the Gospel* (Wheaton, IL: Crossway, 2016), 34n10.

기는 것 같은)은 사실 일종의 미덕이다. 다시 말해 나쁜 것이 아니다. 그것은 선한 것이다. 우리의 믿음은 하나님을 기쁘시게 한다(히 11:6). 사실 나는 믿음에 대한 성경의 거의 모든 묘사에 대해 그렇게 말할 수 있다고 생각한다. 구원하는 믿음은 결코 악덕이 아니다. 절대로 악한 것이 아니다. 어떤 사람이 구원하는 믿음을 가지고 있다면, 그것은 좋은 것이다. 그러나 이것은 우리가 자신의 미덕이나 선함으로 의롭다 하심을 받는다는 것을 의미하지 않는다. 내 주장은, 하나님이 우리를 의롭다 하실 때 우리의 믿음에 있는 어떤 미덕을 고려해 의롭다고 선언하시는 것이 아니라는 뜻이다.

가톨릭의 타당한 우려

마르틴 루터(Martin Luther)와 존 칼빈(John Calvin) 같은 개혁자들이 오직 믿음으로 말미암은 칭의를 전했을 때, 로마 가톨릭은 이 교리가 순종이나 거룩함, 사랑이 없는 삶을 낳을까 봐 두려워했다. 로마 가톨릭의 트렌트공의회(1545-1563) 문서에서 그들의 우려를 들을 수 있다.

> 아무리 많이 의롭게 된 사람일지라도 누구도 자신이 계명 준수를 면제받는다고 생각하지 말아야 한다(11장).

> 만일 어떤 사람이 복음에서 명령하는 것은 믿음뿐이며, 다른 것들은 중요하지 않고, 명령도 금지도 하지 않고 그건 자유라고 말하거나, 십계명은 그리스도인들과 아무런 관련이 없다고 말한다면, 그는 파문을 받아야 한다(법규 19).

만일 어떤 사람이, 그가 아무리 완전히 의롭게 되었더라도, 의롭게 된 사람은 하나님과 교회의 계명을 지킬 의무가 없다고 말한다면…… 그는 파문을 받아야 한다(법규 20).[3]

이런 진술들은 오직 믿음으로 말미암은 칭의에 대한 비성경적인 관점을 경계하는 타당한 경고들이다. 구원하는 믿음으로 말미암아 참으로 의롭다 하심을 받은 사람은 순종이 특징이어야 하며, 순종을 특징으로 한다는 것은 사실이다. 달리 말해 성화는 언제나 칭의에 뒤따라온다. 예외란 없다. 행위가 없는 믿음은 죽은 것이다. 그런 믿음은 의롭다 하심을 얻지 못한다(갈 5:6; 약 2:14, 26).

칭의와 성화의 융합은 해답이 아니다

로마 가톨릭 교회는 칭의와 성화를 융합함으로 이 둘의 연결고리를 확보하려고 시도했는데, 개혁자들은 이 방법을 복음의 상실로 간주했다. 예를 들어 트렌트공의회는 '의화 교령'(Decree on Justification)에서 이렇게 말한다(로마 가톨릭은 'justification'을 '칭의'가 아니라 '의화'로 옮김.-역주).

의화는…… 단순히 죄를 용서받는 것뿐만 아니라 또한 속사람의 성화와 쇄신이다(7장).

---

[3] The Council of Trent: The Sixth Session, J. Waerworth 번역 (London: Dolman, 1848), 30-53, June 21, 2021에 접속함, https://history.hanover.edu/.

이것이 내가 말하는 칭의와 성화의 융합이다. 그렇게 되면, 로마 가톨릭의 경우, 우리의 칭의는 성화와 마찬가지로 점진적이다. 칭의는 자라날 수 있다. 우리는 '더욱 의롭게' 될 수 있는데, 이는 칭의가 거듭남을 통해 은혜로 이루어지는 우리 자신의 선함의 정도에 달려 있기 때문이다.

그들은 하나님과 교회의 계명들을 준수하여 믿음과 선행의 협력을 통해, 그리스도의 은혜로 받은 **그 의로움을 증진시키며**, 계속해서 **더욱 의롭게 된다**(10장, 강조는 저자 추가).[4]

따라서 로마 가톨릭은 구원하는 믿음을 성화의 일부로 본다. 트렌트공의회는 이렇게 말한다. "믿음은, 소망과 자애(charity)가 거기에 덧붙지 않는 한, 사람을 그리스도와 완전히 연합하게 하지 못하며 그리스도의 몸의 살아 있는 지체가 되게 하지도 못한다"(7장). 이 진술의 의미는 "소망과 자애"가 단순히 믿음의 열매로 따라오는 것이 아니라 믿음의 구성요소로 추가된다는 것이다. 로마 가톨릭은 믿음이 사랑으로 '형성된다'고 말한다. 사랑(이웃에 대한 사랑을 포함하여)은 믿음의 일부이다. 이것이 로마 가톨릭이 "그리스도 예수 안에서는 할례나 무할례나 효력이 없으되 **사랑으로써 역사하는 믿음뿐이니라**"라는 갈라디아서 5장 6절을 이해하는 방식이다.

로마 가톨릭 신학은 전통적으로 갈라디아서 5장 6절의 사랑을 하나님과 이웃에 대한 사랑으로 이해하며, 그런 사랑이 믿음에 의롭게 하는 효능을 부여한다고 주장한다. 이 믿음을 형성하는 사랑은 내가 이 책에서 구원하는 믿음의 일부로서 그리스도를 보배롭게 여김에 대해 말할 때 이야기하는

---

4) '더욱 의롭게 된다'는 당혹스러운 문구는 의화를 '의로워지는' 것이라고 하는 로마 가톨릭의 견해에 들어맞는다(성령님에 의한 의의 '분여'). 반면에 개혁주의 견해는 칭의란 '의롭다는 선언'이라는 것이다(그리스도의 완전한 의의 '전가').

사랑이 절대로 아니다. 나는 이웃에 대한 사랑을 의롭다 하심을 받는 믿음의 일부로 보지 않는다. 이웃 사랑은 믿음의 열매이지 구원하는 믿음의 본질이 아니다.

　나는 우리가 어떤 의미에서 그리스도에 대한 사랑을 그리스도를 보배롭게 여기는 것이라고 말할 수 있는지 탐구할 것이다. 그런데 내가 그리스도를 사랑하는 것을 그리스도를 보배롭게 여기는 것이라고 말할 때, 그리고 어떤 의미에서는 의롭다 하심을 받는 믿음의 일부라고 말할 때, 나는 갈라디아서 5장 6절을 근거로 하지 않는다. 사실 나는 갈라디아서 5장 6절의 주된 초점이 하나님이나 그리스도에 대한 사랑에 있지 않고 이웃 사랑에 있다고 생각한다. 내 생각에는, '사랑으로써 역사하는 믿음'을 말할 때 사도 바울이 의미하는 것은 믿음이 다른 사람들에 대한 사랑을 낳는 실재라는 것이다.[5]

　그러므로 로마 가톨릭은 믿음이 어떻게 칭의와 성화를 낳는지에 대해 말하지 않는다. 오히려 하나님이 영혼에 주입하신 다른 모든 은혜와 마찬가지로, 믿음은 칭의(그리고 성화)의 일부라고 말한다. 가톨릭에서는 칭의와 믿음이 별개가 아니기에 믿음으로 의롭다 하심을 얻지 못한다. 오히려 거저 주시는 의화(칭의)의 은혜(트렌트공의회 의화 교령 8장)는 세례를 통해 성례전적으로 주어지며, 이는 사랑이 형성하는 믿음의 미덕에 달려 있다. 이러한 방식을 통해 로마 가톨릭은 칭의와 믿음과 삶의 거룩함 사이의 연결 관계를 유지하려 한다. 이것들은 하나로 융합되어 있으므로 분리할 수 없다.

---

5) 믿음이 어떻게 하나님을 기쁘시게 하는 모든 행위의 뿌리인지에 대한 논의와 갈라디아서 5장 6절에 대한 더 자세한 논의, 내가 이 구절의 '사랑'이 하나님이나 그리스도에 대한 사랑이 아니라 이웃 사랑을 가리킨다고 생각하는 이유에 대해서는 11장을 보라.

개신교도(Protestants)는 반대해야(protest) 옳다

나는 이렇게 칭의와 성화를 하나로 묶어 구원하는 믿음을 이해하는 것은 성경의 가르침이라고 생각하지 않는다. 나는 개신교 종교개혁자들의 반대가 옳았다고 생각한다. 여기서 나의 목표는, 내가 성경에서 발견한 구원하는 믿음의 정서적인 차원이 오직 믿음으로 말미암은 칭의에 대한 전통적인 개혁주의의 이해를 훼손하지 않는다는 점을 독자가 분명히 이해하게 하는 것이다.[6]

성경은 칭의가 하나님 보시기에 '경건하지 않은' 이들이 경험하는 하나님의 행위라고 가르친다. 다시 말해 칭의는 경건함의 '주입'이 아니라 경건하지 않은 사람을 하나님이 의롭다고 '여기시는 것'이다.

> "일하는 자에게는 그 삯이 은혜로 여겨지지 아니하고 보수로 여겨지거니와 일을 아니할지라도 **경건하지 아니한 자를 의롭다 하시는** 이를 믿는 자에게는 그의 믿음을 의로 여기시나니"(롬 4:4-5).

이 말씀은 '믿음'이 경건하지 않은 행위라는 의미가 아니다. 이는 사람이 "하나님에게서 태어나"(요일 5:1, 새번역) 영적인 죽음에서 살아 있는 신앙으로 옮겨질 때, 바로 그 순간에 의롭다 하시는 하나님의 행위는 '미덕으로서의 믿음'이 아닌 '그리스도를 받아들이는' 믿음을 고려하여 그리스도 안에서 신자를 의롭다고 여기시는 것임을 의미한다(참조. 롬 3:24-25).

---

6) 칭의에 대한 나의 이해를 다룬 자세한 설명과 변호는 다음을 보라. John Piper, *Counted Righteous in Christ: Should We Abandon the Imputation of Christ's Righteousness?* (Wheaton, IL: Crossway, 2002); *The Future of Justification: A Response to N. T. Wright* (Wheaton, IL: Crossway, 2007); 존 파이퍼, 『칭의 논쟁 – 칭의 교리의 미래는 어떻게 될 것인가?』, 신호섭 역, 부흥과개혁사, 2009. 또한 이 단락 여러 부분의 출처인 다음을 참조하라. Piper, "No Love Lost."

바울은 빌립보서 3장 8-9절에서 우리 자신의 의와 우리가 오직 믿음으로 말미암아 그리스도와 연합함으로 갖는 의를 구분하려고 노력한다.

> "나는 그리스도 때문에 모든 것을 잃었고, 그 모든 것을 오물로 여깁니다. 나는 그리스도를 얻고, **그리스도 안에** 있는 사람으로 인정받으려고 합니다. 나는 율법에서 생기는 **나 스스로의 의가 아니라**, 그리스도를 믿는 믿음으로 말미암아 오는 의 곧 **믿음에 근거하여, 하나님에게서 오는 의**를 얻으려고 합니다"(새번역).

여기서 우리가 "그리스도 안에"서 얻는 의는 우리가 "그리스도를 믿음으로 말미암아"(개역개정) 얻는 의와 같은 것이다. 그러므로 우리는 하나님이 우리를 그리스도와 연합하게 하시는 수단이 믿음이며, 그리스도와 연합함으로써 우리가 전가를 통해 우리 자신의 것이 아닌 의를 누리게 된다고 이해한다.

오직 믿음, 오직 그리스도에 근거한 칭의

그러므로 나는 "[하나님이] 경건하지 아니한 자를 의롭다" 하신다고 말할 때(롬 4:5) 바울이 시사한 바는 칭의는 성화가 아니라는 것이라고 추론한다. 칭의는 경건함이 생겨나는 과정이 아니다. 칭의는 하나님이 내게 의를 분여하시거나 주입하셔서 내가 의를 행하게 하시는 것이 아니다. 칭의는 즉각적인 무죄 선고이자 정당성을 입증하는 행위이다. 칭의는 하나님이 그 자체로는 의롭지 않은 사람을 완전하게 의롭다고 여겨주시는 즉각적인 행위이다. 하나님이 이 칭의를 선언하시는 근거는 우리에게 있지 않고 그리스도께 있다. 이것이 믿음, 즉 구원하는 믿음으로 말미암은 칭의이다.

그러므로 나는 로마 가톨릭이 믿음과 칭의를 연결하는 방식을 따르지 않는다. 그러나 나는 또한 구원하는 믿음이 "그리스도께서 하신 일에 대한 순수한 동의"라고 말하는 샌디먼주의자들의 방식도 따르지 않는다. 로마 가톨릭은 미덕으로서의 믿음을 칭의와 융합시키고, 그것을 성화와 융합시킴으로써 오류를 범한다. 샌디먼주의는 믿음에서 정서적인(따라서 미덕의) 측면을 제거함으로써 오류를 범한다. 로버트 샌디먼을 다루는 것은 칭의와 관련하여 구원하는 믿음의 본질에 대한 나의 관심에 매우 유익했다. 따라서 다음 장에서는 이 문제를 다룬다.

04장

정서적 요소가
공로가 아닌 이유

구원하는 믿음과 칭의의 관계가 로마 가톨릭이 말하는 것과 다르다면, 또 정서적인 요소를 가진 구원하는 믿음이 죄가 아니라 참으로 선한 것이라면, 그것은 칭의의 '근거'에 미덕을 슬그머니 끼워넣는 것이 아닐까? 혹은 구원하는 믿음의 '선함'이 어떻게 칭의의 '수단'인 믿음을 공덕으로 오염시키지 않을 수 있을까? 이 장은 내가 구원하는 믿음의 정서적인 본질을 파고드는 네 번째 이유, 즉 믿음 자체가 미덕이 되며 정서적인 요소들을 포함하는데 어떻게 칭의가 오직 믿음으로 말미암는지를 다룬다. 나의 결정적인 통찰은 샌디먼주의를 다루며 명확해졌다. 더 정확히는, 내가 앤드루 풀러(Andrew Fuller)의 방식을 따라 샌디먼주의를 다루었을 때 명확해졌다.

샌디먼주의에 대한 설명

대부분의 독자는 샌디먼주의가 무엇인지, 앤드루 풀러가 누구인지 모를 것이다. 내가 이 250년 된 견해(오늘날 대부분 사람이 들어본 적도 없는)를 꺼내 드는 이유는 샌디먼주의에 답하는 동안 구원하는 믿음의 정서적인 본질이 오직 믿음으로 말미암은 칭의를 훼손하지 않는 이유를 발견하기 때문이다. 다시 말해 샌디먼주의에 대한 답은 로마 가톨릭에 대한 답이기도 하다. 앤드루 풀러(1754-1815)가 로버트 샌디먼(1718-1771)에게 한 대답은, 구원하는 믿음이 "그리스도께서 하신 일에 대한 순수한 동의" 이상인 동시에 오직 믿음으로 말미암은 칭의를 훼손하지 않는 이유, 또는 내가 로마 가톨릭으로 돌아서지 않는 이유에 대한 열쇠를 제공했다.

내가 설명할 수 있는지 보자. 아주 중요한 통찰을 얻기 위해 잠깐 몇 세기 전으로 돌아가 보았으면 한다. 샌디먼주의는 스코틀랜드 목사인 로버트 샌디먼의 이름을 딴 것인데, 그는 칭의를 위해 "유일하게 필요한 것은 그리스도께서 하신 일에 대한 순수한 동의"라고 주장했다.[1] 다시 말해 로마 가톨릭은 구원하는 믿음이 결코 선행을 빠뜨리지 않는다는 점을 확실히 하려고 노력하는 반면, 샌디먼주의는 구원하는 믿음에 어떤 선행도 섞이지 않게 하려고 노력한다. 나는 이 두 가지 우려를 모두 나누려 한다. 그렇게 하는 것이 성경적이다.

로마 가톨릭은 경건을 칭의의 일부로 삼음으로써 경건을 보존하려고 노력했다. 샌디먼주의는 구원하는 믿음에서 정서적인 차원을 일체 배제함으로써 경건하지 않은 자들에 대한 칭의(롬 4:5)를 보존하려고 노력했다. 샌디먼주의자들은 경건이 칭의의 일부가 되면 칭의라는 진리가 소실될 것을 염려했다.

---

1) Wayne Grudem, *"Free Grace" Theology: 5 Ways It Diminishes the Gospel* (Wheaton, IL; Crossway, 2016), 34.

앤드루 풀러의 통찰력 있는 대응

영국 침례교 목사이자 신학자인 앤드루 풀러는 유명한 선교사 윌리엄 캐리(William Carey)의 든든한 지원군이기도 했는데, 그는 샌디먼주의에 대해 가장 정곡을 찌르는 교정안을 제시했다. 풀러는 이렇게 설명한다.

> [샌디먼주의의 구별되는 특징과 관련이 있는 것은] 의롭다 하심을 받는 믿음의 본질이다. 샌디먼은 (의롭다 하심을 받는 믿음을) 순수한 진리에 대한 순수한 믿음이라고 계속 주장한다. 이런 정의를 통해 샌디먼은 믿음이 낳는 결과를 제외한, **의지와 정서에 관련된** 모든 것을 믿음에서 배제하는 것으로 보인다. 그는 이렇게 말한다. "그리스도의 인격과 사역에 대해 올바른 개념을 갖는 모든 사람, 또는 그의 개념이 그리스도에 대한 증언과 일치하는 사람은 의롭다 하심을 얻으며 순전히 그 개념으로 말미암아 하나님과 화목하게 된다."
>
> 샌디먼은 이 개념을 진리가 마음에 새겨진 결과로 여기면서, 마음의 활동을 부인한다. 샌디먼은 이렇게 말한다. "우리가 오직 믿음으로 말미암아 의롭다 하심을 받는다고 주장하면서 동시에…… 믿음이 인간의 마음에 의해 발휘되는 것이라고 단언하는 사람은, 어떤 의미로 그런 말을 했든지, 의심할 여지 없이 우리가 인간의 마음이 하는 행위로 의롭다 하심을 받는다고 주장하는 것이다."[2]

---

2) Andrew Fuller, *Strictures on Sandemanianism*, in *The Complete Works of Andrew Fuller* (Harrisonburg, VA: Sprinkle, 1988), 2:266-67; 강조는 저자 추가. 이 단락에 나오는 풀러에 대한 여러 문단은 다음 책의 내용을 고쳐 쓴 것이다. John Piper, *Andrew Fuller: Holy Faith, Worthy Gospel, World Missions* (Wheaton, IL: Crossway, 2016).

'정서'라는 단어를 주목하라. 샌디먼의 목표는 "**의지와 정서에 관련된** 모든 것을 (구원하는 믿음에서) 배제하려"는 것이다. 왜인가? 샌디먼은 구원하는 믿음에 의지나 정서가 포함되면 믿음이 인간의 선행이나 미덕이나 경건이 되며, 믿음으로 말미암은 칭의는 인간의 미덕, 즉 행위로 말미암은 칭의를 의미하게 된다고 생각하기 때문이다.

샌디먼의 견해가 내 관심을 끈 이유를 알 수 있을 것이다. 사실 나는 성경에서 구원하는 믿음의 정서적인 측면을 발견한다. 만일 샌디먼이 옳다면, 내 견해는 오직 믿음으로 말미암은 칭의를 훼손하는 격이 될 것이다. 그러므로 나는 로마 가톨릭과 샌디먼주의 모두에게 답하기를 원한다. 서로 다른 측면에서 그들은, 구원하는 믿음에 그리스도를 보배롭게 여기는 것 같은 정서적인 차원이 포함된다는 나의 말을 듣고는 "딱 걸렸어!"라고 외칠 준비가 되어 있다. 가톨릭 신자들은 내가 자기들 진영에 속했다고 생각하기 때문에 "딱 걸렸어!" 할 것이다. 샌디먼주의자들은 내가 기독교를 떠났다고 생각하기 때문에 "딱 걸렸어!" 할 것이다.[3]

로버트 샌디먼의 주장의 근간이 되는 본문

샌디먼이 자신의 견해를 뒷받침하는 주된 근거는 로마서 4장 5절에 나오는 "경건하지 아니한"이라는 용어의 의미이다. "일을 아니할지라도 **경건하지 아니한 자를 의롭다 하시는 이를 믿는 자에게는 그의 믿음을 의로 여기시나니.**" 샌디먼은 "경건하지 아니한"이라는 말은 구원하는 믿음에 경건

---

[3] 샌디먼은 주류 청교도 저자들, 플라벨(Flavel), 보스턴(Boston), 거스리(Guthrie), 얼스킨(Erskines) 같은 사람들이 "지옥으로 가는 경건한 길"을 마련해주고 있다고 볼 정도로 자신의 견해를 너무 진지하게 대했다. Fuller, *Strictures on Sandemanianism*, 566.

이나 미덕의 특성이 없음을 의미하는 것이 틀림없다고 주장한다. 만일 그런 특성이 있다면 믿음으로 말미암아 의롭다 하심을 받는 우리가 경건하지 않다고 불리지 않을 것이기 때문이다. 이런 이유로 샌디먼은 믿음이 진리에 대한 수동적인 확신이며, 마음은 조금도 미덕이 되는 방식으로 활동하지 않는다고 주장한다. 그러므로 영혼의 경건한 행위가 전혀 없는 불경건과 믿음은 공존할 수 있다.[4] 따라서 샌디먼은 로마서 4장 5절이 참되며 자신의 견해를 뒷받침한다고 말할 것이다.

풀러의 결정적인 통찰

이 주장에 대한 앤드루 풀러의 응답은 이 책의 가장 중요한 통찰 가운데 하나를 제공한다. 나는 기꺼이 풀러의 공로를 인정한다. 물론 다른 사람들도 그것을 알았다. 그러나 풀러는 다른 어떤 사람보다 더 명확하게 내가 그것을 볼 수 있도록 도와주었다. 풀러의 근본적인 요점은 구원하는 믿음이 사실은 죄가 아니라 영혼의 선한 활동이라는 것이다. 그러나 **우리를 의롭다 하실 때 하나님은 믿음을 미덕으로 보시는 것이 아니라, 우리의 칭의의 유일한 근거가 되는 의를 지니신 그리스도를 받아들이는 것을 믿음으로 보신다**는 것이다. 나는 여기에 동의한다. 풀러가 하는 말을 직접 들어보자.

> 이 용어(로마서 4장 5절의 "경건하지 아니한")는…… 이 구절에서 당사자가 당시에 가진 실제 마음 상태를 표현하기 위한 것이 아니라, 그에게 칭의의 복을 주실 때 하나님이 생각하시는 그 사람의 특성을 표현하기 위

---

4) Fuller, *Strictures on Sandemanianism*, 568.

한 것이다. 죄인의 현재 마음 상태가 어떠하든지(그가 교만한 바리새인이든지 겸손한 세리이든지), 자신에 대한 저주를 얼마쯤 상쇄할 만한 것이나 하나님이 그를 받아들이실 근거로 작용할 만한 전혀 없다면, 그는 무가치하며 경건하지 않기에 의롭다 하심을 받는다 해도 전적으로 중보자의 의에 힘입어 의롭다 하심을 받는 것이 틀림없다.5)

풀러는 나침반 비유를 들어 하나님이 믿음을 의롭게 하는 것으로 여기실 때 고려되거나 참작되지 않지만 믿음이 가질 수 있는 어떤 특성(그리스도를 보배롭게 여기는 정서적인 차원 같은)을 우리가 이해하도록 돕는다.

(믿음에) 어떤 거룩함이 있든지, 우리를 의롭게 하는 의가 되는 것은 거룩함이 아니라 그리스도의 순종이다. 자석(나침반)에 어떤 다른 속성이 더해지든지, 선원을 안내하는 것은 변함없이 북쪽을 가리키는 속성이다. 믿음이 다른 어떤 속성을 가지고 있더라도, 의롭게 하는 것은 그리스도를 받아들이고 우리를 그리스도와 연합하게 하는 속성이다.6)

"특별히 받는 은혜"

이것이 이 책에 담긴 내 생각의 토대이다. 구원하는 믿음을 칭의를 위한 인간 편의 수단으로 여기실 때 하나님은, 믿음의 거룩함이나 경건함, 아름

---

5) Andrew Fuller, *Expositions Miscellaneous*, in *The Complete Words of Andrew Fuller* (Harrisonburg, VA: Sprinkle, 1988), 3:715.
6) Andrew Fuller, *Memoirs, Sermons, Etc.*, in *The Complete Words of Andrew Fuller* (Harrisonburg, VA: Sprinkle, 1988), 1:281.

다움이나 미덕이 죄인을 완전히 의롭다 하는 은혜를 공로로 얻게 하거나 가져온다는 듯이, 그런 특성들에 초점을 맞추지 않으신다. 오히려 하나님은 "특별히 받는 은혜"인 믿음에 초점을 맞추신다.

"특별히 받는 은혜"는 앤드루 풀러가 사용하는 용어인데, 그는 이렇게 설명한다.

> 칭의가 믿음으로 말미암는 이유는 우리가 믿음으로 그리스도를 받기 때문이다. 따라서 칭의는 다른 어떤 은혜가 아니라 오직 믿음으로 말미암는다. 믿음은 다름 아닌 **특별히 받는 은혜**이다.
> 우리가 회개나 사랑이나[7] 다른 어떤 은혜로 의롭다 하심을 받는다는 말을 듣는다면, 그 말은 우리에게 있는 어떤 선함을 고려하여 우리에게 그 복을 주신다는 개념을 전달할 것이다. 그러나 믿음으로 말미암은 칭의는 그런 개념을 전달하지 않는다. 반대로, 그것은 생각을 곧바로 그리스도께로 이끌어간다. 이는 마치 어떤 사람이 구걸하며 산다는 말을 그 사람이 거저 받는 것으로 산다는 개념으로 이끌어가는 것과 같다.[8]

그러므로 샌디먼이 틀렸다는 것이 밝혀졌다. 믿음이 정서적인 차원을 가질 수 있다는 사실은 칭의가 행위로 말미암는다거나 우리의 미덕에 근거한다는 것을 입증하지 않는다. 로마서 4장 5절의 불경건한 자에 대한 칭의는 불경건한 자가 믿음이라는 "특별히 받는 은혜"를 경험하는 것을 배제하지

---

7) 내가 이해하기로, 풀러는 의롭다 하심을 받는 믿음에서 모든 종류의 사랑이 배제된다고 말하는 것이 아니다. 배제되는 것은 '받는 은혜'가 아니라 '드리는 은혜'로 생각되는 사랑이다. 사랑으로 구원을 베푸시는 그리스도를 겸손하게 '받는 것'이라고 생각되는 사랑은 배제되지 않는다. 따라서 나는 이 점에 대해 내가 풀러와 의견이 다르다고 생각하지 않는다.
8) Fuller, *Memoirs, Sermons, Etc*, 282; 강조는 저자 추가.

'않는다.'⁹⁾ 우리가 로마서 4장 5절에서 말하는 불경건한 자의 칭의에 대해 생각할 때 중요한 것은 우리의 믿음에 영적인 정서(그리스도를 보배롭게 여기거나 그리스도 안에서 만족하는 것 같은)가 없다는 것이 아니다. "무엇이든지 우리가 가진 것을 하나님이 우리를 받아들이시는 근거로 여기지 않는 것, 즉 '그를 위하여 모든 것을 잃어버리고 배설물로 여기는 것'이 중요한데, 이는 우리가 '그(그리스도) 안에서 발견되기' 위해서다."¹⁰⁾

믿음은 선한 것이다. 히브리서 11장 6절은 "믿음이 없이는 하나님을 기쁘시게 하지 못하나니"라고 말한다. 그러므로 분명히 믿음은 하나님을 기쁘시게 한다. '그러나' 풀러가 말하는 대로, "믿음이 의롭게 하는 것은 그런 면 때문이 아니라 믿음이 우리를 그리스도와 연합시키고 그리스도에게서 의를 끌어내기 때문이다."¹¹⁾

그러므로 믿음이 그리스도를 '가장 귀한 보배'로 받는(영접하는) 것이라 해서 "특별히 받는 은혜"가 아닌 것은 아니다.

---

9) 본문에 대한 과도한 논쟁으로 독자에게 부담을 주지 않기 위해, 로마서 4장 5절에 대한 앤드루 풀러의 견실한 해석상의 관찰 소견 두 가지를 첨부한다. (1) "사도가 자신의 논증에 대한 예시로 선택하는 사례인 아브라함이나 다윗도 언급된 당시에는 하나님의 원수였다. ...... 그러나 사실은, 아브라함이 하나님을 믿었고 그것이 그에게 의로 여겨졌다고 했을 때 (아브라함은) 여러 해 동안 하나님을 믿는 사람이었고 하나님을 참되게 예배하는 사람이었다(창 12:1-31; 15:6; 히 11:8). 그러므로 이것은 '일을 아니할지라도 경건하지 아니한 자를 의롭다 하시는 이를 믿으며' 여러 해 동안 하나님과 동행한 사람의 이야기다. 이는 '일을 아니할지라도'라는 사도의 말은 악한 게으름을 뜻하는 것이 아니라, 행위는 하나님이 받아들이시는 근거가 아님을 뜻한다는 분명한 증거이다"(Fuller, *Expositions Miscellaneous*, 717). (2) "당시에 '경건하지 아니한'이라는 용어는 하나님과 '실제적인 적대 관계'에 있던 상대를 묘사할 때 외에는 전혀 사용되지 않았다는 설이 있다. 나는 이것이 오류라고 생각한다. 그리스도께서는 '경건하지 않은 자'를 위해 죽으셨다고 말씀하신다. 그러면 그리스도께서는 '당시에' 실제로 그분의 원수였던 사람들만을 위해 생명을 바치셨는가? 만일 그렇다면, 그리스도께서는 구약의 어떤 성도를 위해서도, 당시에 살아 있던 어떤 경건한 사람을 위해서도, 심지어 그분의 사도들을 위해서도 죽지 않으셨다. 진실로 말할 수 있는 것은 당시의 인물들이 어떤 사람들이었든지, 그리스도께서는 경건하지 않은 그들을 위해 죽으셨다. 따라서 그리스도는 '경건하지 아니한 자를 의롭다 하시는' 것이다"(Fuller, *Strictures on Sandemanianism*, 404).
10) Fuller, *Strictures on Sandemanianism*, 406.
11) Fuller, *Strictures on Sandemanianism*, 572.

가톨릭과 샌디먼 사이로 안내하는 빛

풀러의 통찰은 이 책에서 내가 하는 주장의 토대이다. 로마 가톨릭과 샌디먼주의의 오류들 사이의 좁은 길을 따라가도록 우리를 안내하는 빛이다. 풀러의 통찰은 칭의가 하나님이 우리 '안에서' 하시는 일이 아니라, 우리가 오직 믿음을 통해 그리스도와 연합할 때 하나님이 우리를 '위해' 하시는 일이라는 것을 보여줌으로써 가톨릭으로부터 보호한다. 믿음이란, 칭의라고 불리는 성화가 일부 주입된 것이 아니다. 믿음이란, 그분의 의를 우리의 의로 간주하게 하신 그리스도를 받아들이는 것이다. 그리스도의 의가 없다면 우리는 불경건한 자로서 멸망할 것이다.

이러한 통찰은 오직 믿음으로 말미암은 칭의를 훼손하지 않는 정서적인 측면을 믿음이 가질 수 있다는 것을 보여줌으로써 샌디먼주의(순전히 지적인 '믿음')로부터 우리를 보호한다. 정서적인 믿음이 오직 믿음으로 말미암은 칭의를 훼손하지 않는 이유는 하나님이 믿음의 정서적인 측면의 어떤 덕성도 고려하지 않으시고, 하나님과 우리의 바른 관계의 유일한 근거이신 '그리스도와 우리를 연합하게 하는' 믿음만을 고려하시기 때문이다.

풀러의 통찰은 아주 중요하며 매우 지대한 영향을 미치는 것이기에, 풀러의 말을 한 번 더 들려주고 싶다. 풀러는 신약 설교자들의 메시지를 이렇게 칭송한다.

그들이 취한 입장의 근거는 "누구든지 율법 책에 기록된 대로 모든 일을 항상 행하지 아니하는 자는 저주 아래에 있는 자라"(갈 3:10)는 것이었다. 그러므로 그들은 "우리를 위하여 저주를 받은" 분이 아닌 다른 어떤 방법으로는 죄인이 의롭다 하심을 받는 것은 불가능하다고 추론했다. 그러므로 죄인이 믿기 전이나 믿을 때나 믿은 후에 어떤 거룩함을 갖는다고 할지라도, 그 무엇도 하나님이 그를 받아들이시는 근거로는 전혀 중요하지 않다는 분명한 결론에 이르게 된다.[12]

그러므로 믿음이 그리스도를 정서적으로 받아들이는 것(영접!)인가 하는 문제에 내가 끌린 네 번째 이유는 (세 번째 이유와 마찬가지로) 오직 믿음으로 말미암은 칭의라는 성경 교리를 훼손하지 않으면서 구원하는 믿음의 정서적인 본질을 발견하고자 하는 갈망 때문이었다. 나는 믿음을 칭의의 주입된 요소로 만들지 않고, '경건하지 않은 자'의 칭의를 부인하지도 않으면서, 구원하는 믿음의 정서적인 측면을 인정하는 성경적인 방법을 찾기 원했다.

이백 년 전의 앤드루 풀러가 내 인도자가 되어 믿음으로 말미암은 칭의를 더 분명하고 깊게 이해하도록 해주었듯이, 교회사의 다른 사람들도 그렇게 해주었다. 실제로, 탁월한 개신교 신학자들이 여러 세기 동안 구원하는 믿음에 대해 자극을 주는 진술들을 해왔다는 점이 내가 구원하는 믿음의 정서적인 본질을 탐구하는 다섯 번째 이유라고 말할 수 있다. 5장에서는 이 멘토들을 만나볼 것이다.

---

12) Fuller, *Strictures on Sandemanianism*, 393.

What is
Saving
Faith?

05장

자극을 주는
교회사의 주장들

구원하는 믿음의 정서적인 본질에 대해 성경을 탐구하도록 나를 이끄는 다섯 번째 요소는 개신교 사상사의 위대한 목소리들이 이 방향을 가리켜왔다는 점이다. 앞서 서론에서 언급한 오래전에 죽은 멘토들이 나를 자극하고 도와준다.

로마 가톨릭 사상가들이 믿음의 구성요소로서의 정서에 대해 하는 말은 내가 하는 말과 아주 다른 의미이기 때문에 거의 언급할 필요가 없다. 가톨릭 전통은 그 문제로 나를 이끌어가지 않는다. 나는 이미 로마 가톨릭이 믿음을 다루는 방법이 칭의에 대한 성경의 가르침을 훼손한다는 것을 보여주었다.[1] 그러므로 나는 로마 가톨릭 전통에 거의 매력을 느끼지 못한다. 그러나 구원하는 믿음의 정서적인 차원을 다루는 개신교 신학자들은 나를 자극하여 이것이 그러한가 알아보도록(행 17:11) 성경으로 나아가게 한다.

---

1) 3장을 보라.

구원하는 믿음의 세 요소

개신교 전통에서 구원하는 믿음의 본질을 설명하는 가장 일반적인 방법은 세 가지 요소에 초점을 맞추는 것이다. 이 세 요소는 지식(노티티아, notitia)과 동의(아센수스, assensus)와 신뢰(피두시아, fiducia)인데, 흔히 그 어원인 라틴어 이름으로 불린다.[2] 여러 세기에 걸친 개신교 사상사를 돌아보면, 우선 헤르만 바빙크(Herman Bavinck, 1854-1921)는 이 세 요소와 그것들이 구원과 어떻게 관련되는지를 다음과 같이 설명했다.

> 비록 믿음이 일종의 지식(노티티아)과 지적인 동의(아센수스)로 여겨졌지만, 믿음은 무엇보다도 의지적인 신뢰(피두시아)였다. 믿음은 하나님이 존재하시며 용서와 구원이 그리스도 안에 있다는 것에 대한 일반적인 신념이 아니라, 용서와 구원이 나에게도 개인적으로 주어졌다는 특별한 확신이었다.[3]

여러 세기 동안 믿음을 설명하기 위해 복수의 '요소들'이나 '측면들'이 사용되어 왔다. 이는 이 책에서 내가 던지는 질문이 별난 것이 아니라는 사실을 보여준다. 나는 구원하는 믿음의 정서적인 '차원'이나 '요소'나 '측면'에

---

[2] 벤저민 워필드(Benjamin Warfield)는 이렇게 말한다. "개신교 신학자들은 일반적으로 믿음 자체가 '노티티아', '아센수스', '피두시아'라는 세 가지 요소를 포함한다고 설명해왔다. …… 물론 이 요소들을 모두 믿음에 포함된 것으로 여겨야 하는지, 아니면 그 가운데 어떤 것은 믿음의 예비 단계나 믿음의 결과로 취급해야 하는지에 대해서는 신학자들 사이에 이견이 있다. 그러나 대체로 개신교 신학자들은 우리가 믿음이라고 부르는 정신 활동 안에 이 요소들이 모두 포함되어 있다고 간주해왔다. 그리고 그들이 그렇게 보는 것은 분명히 옳았다." *Works of Benjamin B. Warfield: Studies in Theology*, vol. 9 (Bellingham, WA: Logos Bible Software, 2008), 340-41. 헤르만 바빙크는 개신교 전통에서 이 세 요소의 기원을 찾아 멜란히톤(Melanchthon)까지 거슬러 올라간다. Herman Bavinck, John Bolt와 John Vriend, *Reformed Dogmatics: Holy Spirit, Church, and New Creation*, vol. 4 (Grand Rapids, MI: Baker Academic, 2008), 113; 헤르만 바빙크, 『개혁교의학 4』, 박태현 역, 부흥과개혁사, 2011.

[3] Bavinck, Bolt와 Vriend, *Reformed Dogmatics*, 110-11.

관해 묻고 있다. 이것은 교회가 믿음의 본질을 정의하면서 오랫동안 시도해온 일이었다. 즉 교회는 성경이 구원하는 믿음의 구성 '요소'로 밝히는 것이 무엇인지를 탐구해왔다.[4]

세 요소로는 충분하지 않다

그러나 개신교 신학자들이 구원하는 믿음을 세 요소만 가지고 설명하는 데 만족해왔다고 생각하는 것은 잘못이다. 성경에서 보는 대로, 믿음의 범위는 너무나 넓어서 '지식'과 '동의', '신뢰'만으로는 정의할 수가 없다. 더욱이 이 세 요소가 각각 실제 경험에서 실제로 무엇을 의미하는지에 대한 더 세밀하고 깊은 질문이 제기될 수 있다.

따라서 나는 중요한 기독교 신학자들이 구원하는 믿음의 세 요소 외에 더 발견한 것이 무엇인지 살펴보려 한다. 예를 들어, 프란키스쿠스 투레티누스(Francis Turretin, 1623-1687)는 구원하는 믿음에 있어 영혼의 여섯 가지 행위를 발견했으며, 헤르만 비치우스(Hermann Witsius, 1636-1708)는 여덟 가지를 발견했다. 그리고 구원하는 믿음의 본질에 대해 가장 면밀하게 생각해온 사람들의 글을 읽으면 읽을수록 그들이 모두 구원하는 믿음의 '정서적인' 요소들을 지적하고 있다는 공통점은 더욱 분명해진다.[5]

---

[4] 내가 이 책에서 전통적인 세 요소인 지식, 동의, 신뢰에 보배롭게 여김을 네 번째 요소로 더하고 있다는 말은 정확하지 않다. 내 제안을 더 정확히 하자면, '지식'이 구원하는 것이 되려면 그리스도를 보배로 아는 지식이어야 하고, '동의'가 구원하는 것이 되려면 그리스도를 보배라고 인정하는 동의여야 하고, '신뢰'가 구원하는 것이 되려면 그리스도를 보배롭게 여기는 신뢰여야 한다는 것이다.

[5] 물론 여기서 선정한 역사상의 목소리들은 제한적이며, 더 많은 목소리가 있다. 하나만 예를 들어본다. "복음적인 믿음은 이해와 의지의 행위이다. 그것은 복합적이며, 그리스도에 대한 영적인 인식과 **그분에 대한 정서적인 사랑**을 포함한다." William Greenough Thayer Shedd, *Dogmatic Theology*, Alan W. Gomes 편집, 3rd ed. (Phillipsburg, NJ: P&R, 2003), 788; 강조는 저자 추가.

역사의 물결을 헤치고 나아가기에 앞서, 이 책에서 이 장이 하는 역할을 상기시키려 한다. 이 장의 첫 번째 문장은 이것이다. "구원하는 믿음의 정서적인 본질에 대해 성경을 탐구하도록 나를 이끄는 다섯 번째 요소는 개신교 사상사의 위대한 목소리들이 이 방향을 가리켜왔다는 점이다." 다시 말해 나는 내 견해를 뒷받침하기 위해 이 역사상의 목소리들을 언급하는 것이 아니다.

물론 그들이 내 견해를 뒷받침해준다고 생각한다. 그러나 요점은 그것이 아니다. 요점은 그들이 믿음에 대해 말하는 방식이 믿음에 정서적인 요소가 있는지 알아보기 위해 나를 성경으로 나아가도록 자극한다는 것이다. 이 말은 이 역사상의 목소리들 가운데 일부에 대해 설령 내가 잘못 알았다 할지라도, 그것이 내가 성경에서 발견하는 사실의 타당성을 좌우하지 않는다는 점을 의미한다. 이 목소리들은 주장이 아니다. 성경이 주장하는 것을 찾도록 자극하는 유인이다.

칼빈: "경건한 정서"

존 칼빈(1509-1564)부터 시작하자. 『에베소서 주석』(*Commentary on Ephesians*)에서 칼빈은 "믿음으로 말미암아 그리스도께서 너희 마음에 계시게 하시옵고"(엡 3:17)라고 간구하는 바울의 기도를 통해 믿음의 본질을 숙고한다. 칼빈은 이렇게 말한다.

믿음으로 우리는 그리스도께서 우리를 위해 고난을 받으시고 죽은 자 가운데서 살아나신 것을 인정할 뿐만 아니라, 그리스도께서 자신에 대해 하시는 제안을 받아들여 그분을 우리의 구주로 **소유하며 즐거워한다.**…… 한마디로 믿음은 멀리서 바라봄이 아니라 그리스도에 대한 **따스한 받아들임**이다. 그렇게 함으로 그리스도께서 우리 안에 거하시며, 우리는 하나님의 성령으로 충만해진다.[6]

어떤 사람들은 칼빈이 말한 '그리스도를 소유하며 즐거워하는 것'은 '믿음으로' 경험하는 것이지 믿음 자체에 속하는 것이 아니라고 트집을 잡을지 모른다. 그러나 칼빈이 "믿음은…… 그리스도에 대한 따스한 받아들임**이다**"라고 말할 때 우리는 믿음의 본질에서 '그리스도를 즐거워하는 것'을 배제하기 어렵다. 칼빈은 믿음이 "따스한 받아들임"을 '낳는다'고 말하지 않고, 믿음은 "따스한 받아들임**이다**"라고 말한다.

『기독교 강요』에서 칼빈은 '동의'의 의미를 탐구한다. 현실에서 우리가 경험하는 동의는 실제로 어떠한가? 칼빈은 이렇게 대답한다.

> 동의 자체는…… '머리보다는 마음, 지성보다는 정서에 속한 문제이다.'…… 이 문제에 대해서는 의심의 여지가 없으므로, 우리는 경건한 정서가 동의에 부수적으로 더해져서 믿음이 형성된다고 주장하는 것은 터무니없는 말이라고 한마디로 결론 내린다. 왜냐하면 '적어도 성경이 묘사하듯이, 동의 자체가 경건한 정서'이기 때문이다.…… 그러므로 '믿음을 경건한 정서와 분리하는 것은 불가능하다.'[7]

---

[6] John Calvin과 William Pringle, *Commentaries of the Epistles of Paul to the Galatians and Ephesians* (Bellingham, WA: Logos Bible Software, 2010), 262; 강조는 저자 추가.

[7] John Calvin, *Institutes of the Christian Religion*, Henry Beveridge 번역, 2 vols. (Edinburgh: Calvin Translation Society, 1845), 3.2.8.

"즐거워하다", "따스한 받아들임", "경건한 정서", 믿음을 정의하는 이 문구들은 나로 하여금 칼빈이 본 것이나 보지 못한 것을 보도록 눈을 크게 뜨고 성경으로 나아가게 한다.

투레티누스: "더없이 귀한 보배를 받아들임"

프란키스쿠스 투레티누스(1623-1687)는 존 칼빈이 죽은 지 59년 뒤에 태어났다. 투레티누스는 거의 40년 동안 제네바에서 목사로 섬겼으며, 그 후에는 제네바대학교에서 신학 교수로 있었다. 투레티누스는 그의 저서 『변증신학 강요』(Institutes of Elenctic Theology)에서 구원하는 믿음의 경험에서 발견하는 행위를 적어도 여섯 가지를 밝힌다.[8]

투레티누스는 믿음이 지식과 동의와 신뢰로 이루어진다는 일반적인 견해를 인정하면서도 "우리가 그것들을 더 명확하게 다룬다면" 믿음을 더 잘 이해하게 될 것이라고 말한다. "더 명확하게"라는 말은 믿음의 요소들을 단지 셋이 아니라 여섯으로 분해하는 것을 의미한다. "이런 믿음의 행위들은 그 다양한 관계에 따라 한 가지가 아니라 다양하고 복합적이다"(561).[9]

---

[8] Francis Turretin, *Institutes of Elenctic Theology*, James T. Dennison Jr. 편집, George Musgrave Giger 번역, vol. 2 (Phillipsburg, NJ: P&R, 1992-1997), 561-64; 투레티누스 인용의 모든 쪽 번호는 이 책의 쪽 번호이다. '변증'(elenctic)이라는 이 특이한 단어는 가르치거나 설득하거나 깨닫게 하거나 누군가를 새로운 위치에 데려다 놓는 것과 관련이 있다.

[9] '믿음의 행위'라는 용어는 모호하다. 일반적인 어법으로는 그리스도의 원수에게 복음을 전하기 위해 목숨을 내는 것 같은 용감한 행위를 가리킬 수 있다. 그러나 이 장에서 이런 믿음의 인물들의 사고 속에 있는 믿음의 본질을 논할 때 이 말이 의미하는 바는 그것이 '아니다.' 내가 이 장에서 사용하는 '믿음의 행위'라는 용어는 믿음에서 '비롯된' 행위가 아니다. 그보다는 믿음 자체가 본질적으로, 그 자체로서 하는 일이다. 어떤 이들은 믿음의 '본질'의 여러 측면과 믿음의 '행위'의 여러 측면을 구분하지만 나는 그렇지 않다고 자인한다. 나는 정말로 어떤 차이도 발견하지 못한다. '믿음의 행위'를 말하는 것이 이상하다는 사실에서 모호성이 발생하는 이유는 우리가 이 말을 '영혼의 행위'라는 말처럼 듣기 때문이다. 영혼은 인지 능력과 의지 능력을 지녔기에, 영혼은 영혼의 행위와 동일하지 않다. 영혼은 영혼이 믿는 행위에 앞서 존재한다. 그러나 믿음은 그렇지 않다. 믿음은 영혼의 행위들 가운데 하나이다. 그러므로 믿음은 행위이다.' 믿음은 행위를 '하지' 않는다. '믿음의 행위'라는 말이 헷갈리는 이유가 이 때문이다. 그러므로 '믿음의 행위'라는 용어를 사용할 때 내

첫 번째 믿음의 행위는 '지식'(노티티아)이다. "진리가 믿음의 대상이므로…… 진리는 무엇보다도 그것을 이해하는 **지식**을 요구한다"(561). 둘째로 우리는 "우리가 아는 것을 참되며 하나님이 주신 것으로 받아들이는 **이론적인 동의**"를 경험한다(561). 셋째로 우리는 "복음이 참될 뿐만 아니라 선하며, 따라서 우리가 사랑하고 갈망하기에 가장 합당하다고 판단하는 **신뢰 깊은 실제적인 동의**"를 경험한다(562). 넷째로 믿음은 "우리가 그리스도 안에서 사죄와 구원을 찾으면서…… 그리스도를 갈망함으로 의지하는…… **피신 행위**이다"(562). 믿음의 다섯 번째 행위는 대단히 중요하다. 투레티누스는 이를 "의롭게 하는 믿음의 공식적이고 주요한 행위"라고 부른다. 이에 대한 그의 설명은 정서적인 실재로 가득하기에 더 자세히 인용해 본다.

> 다섯 번째는 **그리스도를 영접하는** 행위인데…… 이 행위로 우리는 영혼의 갈망을 통해 그리스도를 찾을 뿐만 아니라…… 또한 그분을 받아들인다. 하나님이 복음을 통해 죄 많은 영혼에게 하나님 자신의 아들을 값없이 주시므로…… 영혼은 **주어지는 지극히 좋은 것, 즉 헤아릴 수 없는 보배**를 받아들이지 않을 수 없으며, 그분을 얻기 위해 모든 것을 팔고(마 13:44), 그리스도를 의지하며, **그분을 거부하기보다는 다른 어떤 것이든 잃어버릴 준비가 되어 있다**. 이것이 의롭게 하는 믿음의 공식적이고 주요한 행위이며, 보통 **영접**이라고 부른다. "영접하는 자"("곧 그 이름을 믿는 자들", 요 1:12). (563; 강조는 저자 추가)

가 가리키는 것은 믿음의 '본질'을 구성하는 여러 행위이다. 믿음의 본질은 믿음의 여러 행위이다. 그런데 신학자들은 믿음이 활동하지 않을 때 믿음이 존재하는지 질문해왔다. 예를 들어 우리가 자고 있을 때 우리는 믿고 있는(믿음을 가지고 있는) 것일까? 아니면 우리가 어려운 수학 문제를 푸느라 골몰하고 있을 때는? 어떤 사람들은 이 시점에서 믿음의 '습성'이라는 개념을 제안해왔다. 내가 이 개념을 가장 잘 이해하는 대로 말하자면, 믿음의 '습성'은 우리가 거듭날 때 받는 새로운 본성과 같은 것이다. 이 새로운 본성은 우리가 의식할 때 믿음의 지속적인 실재를 확실히 인식하게 한다.

만일 투레티누스가 옳다면, 내가 왜 그렇게 이 책을 쓰려고 열망하는지 알 수 있을 것이다. 그리스도인이 되는 것은 무엇을 의미하는가? 그리스도를 믿는 것을 의미한다. 그러나 믿는 것은 그리스도께서 우리를 지옥에서 구출하셔서 우리의 미래를 산불보다는 골프장처럼 만드실 수 있다고 단언하는 순수한 결단에 의한 것이 아니다. 그것은 구원하는 믿음이 아니다. 그리스도인이 되는 것(의롭다 하심을 받고 마침내 구원을 얻는 것)은 "그리스도를 받아들임"이다. 받아들임! 마치 두 손가락으로 탑승권을 받아 슬쩍 보여주고는 비행이 끝나면 버리듯이 하지 말라. 믿음은 그저 손가락으로 그리스도를 잠시 '받는' 것이 아니다. 구원하는 믿음은 그리스도를 "주어진 지극히 좋은 것, 즉 헤아릴 수 없는 보배"로 영혼을 다해 받아들이는 것이다. 믿음은 영접이다. 그리스도를 가장 귀한 소유의 수호자로 영접하는 것이 아니라, 내가 그분을 얻기 위해서는 "어떤 것이든 잃어버릴 준비가 되어" 있는 가장 귀중한 소유 자체로 받아들이는 것이다. 이것이 그리스도인이 된다는 의미이다. 그렇다. 나는 투레티누스가 옳다고 생각한다.

투레티누스의 여섯 번째 믿음의 행위는 단순히 우리 자신의 마음속에서 일어난 일을 주시하며 우리가 믿음에 이르게 된 것에 경탄하는(믿는) 행위이다. 투레티누스는 이것을 "믿음의 감각에서 발생하는 '성찰 행위'"라고 부르는데, "그리스도를 영접한 영혼은 이를 통해⋯⋯ 자기가 믿는다고 결론 지으며, 또한 믿기 때문에, 그리스도께서 분명히 나를 위해 죽으셨고 그분과 그분의 모든 복이 내게 속해 있으며 내가 그분과 함께 틀림없이 행복해질 것이라고 결론짓는다"(563).

이런 우리 자신의 믿음의 (성찰하는) 주시와 그것이 우리 삶에 주는 확증은 로마서 5장 3-5절에 나오는 바울의 주장, 그리고 베드로후서 1장 9-11절에 나오는 베드로의 주장과 다르지 않다. 믿음의 삶은 그리스도를 먹으며 사는 것이지만, 또한 믿음의 삶 자체의 존재와 열매에 의해 확증되고 강화된다.

비치우스: "그리스도에 대한 굶주림과 목마름"

헤르만 비치우스(1636-1708)는 네덜란드 목사이자 신학자로서 프라네커르와 위트레흐트, 레이던의 대학교에서 가르쳤다. 비치우스는 우리가 믿음을 단순히 하나의 행위가 아닌 영혼의 다양한 행위로 생각해야 할 이유를 이렇게 설명한다.

> (구원하는 믿음은) 어떤 특정한 하나의 행동이나 습성이 아니며 영혼의 어떤 특정한 능력에 국한되어서도 안 된다. 그것은, 혼란 없이 달콤하고 행복하게 결합하여 서로를 증진하고 서로 도와주는, 다양한 행위로 이루어진 복합체이기 때문이다. 그것은 전인의 변화를 가져오고, 영적인 삶 전체의 샘이며, 최종적으로는 영혼 전체가 그리스도 안에서 하나님을 지향하는 거룩한 활력이며 활동이다. 그러므로 그것의 전체 범위는 어느 단일한 한 개념으로 명확하게 이해할 수 없다.[10]

나는 이것이 옳다고 생각한다. 그런데 혹시 우리가 전도할 때 어떤 사람이 구원을 얻도록 그리스도를 믿게 하려면 믿음의 '모든' 차원을 제시해야 한다고 생각하는 사람이 있을지 모르겠다. 그러나 이것은 그런 의미가 아

---

10) Herman Witsius, *The Economy of the Covenants between God and Man: Comprehending a Complete Body of Divinity*, William Crookshank 번역, vol. 1 (London: T. Tegg & Son, 1837), 337. 비치우스 인용의 모든 쪽 번호는 이 책의 쪽 번호이다.

님을 서둘러서 밝히고 싶다. 전도할 때 우리는 흔히 "주 예수를 믿으라 그리하면 너와 네 집이 구원을 받으리라"(행 16:31)라고 말한다. 그런 다음 예수님이 누구신지, 예수님이 하신 일이 무엇인지를 철저하게는 아니나 그 순간에 가장 지혜롭게 여겨지는 대로 설명한다. 우리는 그 사람의 마음과 생각이 깨닫는 진리의 실상에 맞는 방식으로 그의 마음이 그리스도를 영접하게 하시는 성령님을 신뢰한다.

그러나 그리스도를 알고 믿고 사랑함의 넓이와 길이와 높이와 깊이를 발견하기 위해 수십 년을 쏟고 있는 목회자와 성숙한 그리스도인들, 즉 우리는 믿음의 여러 차원의 다양성과 관계를 숙고하지 않고도 성경의 수많은 구절을 삶에 제대로 적용할 수 있다는 듯 여겨서는 안 된다. 사실 구원하는 믿음이라는 다이아몬드의 다양한 면들을 더 깊이 이해하면 할수록 우리는 더 기꺼이, 그리고 더 기쁘게 효과적으로, 단순하고 이해하기 쉽게 복음을 불신자들과 나눌 수 있다.

이런 마음으로, 비치우스가 말한 구원하는 믿음의 여덟 측면을 인용해 보겠다.

1) "믿음이 함축하거나 전제하는 첫 번째 행위는 믿어야 할 것에 대한 '지식'이다"(340).
2) "이 지식에는 반드시 '동의'가 결합되어야 하는데, 이것이 믿음의 '두 번째' 행위이다. 동의를 통해 사람은 그가 아는 것들을 진리라고 받아들이고 인정한다"(341).
3) "이 동의에 따라오는 것이 **그렇게 알고 인정하는 진리에 대한 사랑**이며, 이것이 믿음의 세 번째 행위이다. 이에 대해서는 데살로니가후서 2장 10절에서 말하고 있다"(344; 강조는 저자 추가).

이처럼 이 시점에서 비치우스는, 데살로니가후서 2장 10절에서 말하는, 복음을 통해 선포되는 것에 대한 '사랑'을 소개한다. "(그들은) 멸망하고 있는데, 이는 그들이 '진리에 대한 사랑'을 받아들이지 않아 구원을 얻지 못했기 때문이다"(저자의 번역). 비치우스는 이 사랑이 "믿음의 세 번째 행위"라고 말한다. 그런 다음 잠시 멈추어 단서를 단다.

비치우스는 이렇게 말한다.

> 엄밀하게 말하면, 사랑은 믿음과 구분되는 것이 사실이다. 그러나 이 두 가지 미덕 또는 은혜의 행위는 '서로 너무나 복잡하게 얽혀 있어서 우리가 어떤 사랑의 행위를 개입시키지 않고는 믿음을 설명할 수도 없고 발휘할 수도 없다.'……
> 만일 누가 이 사랑을…… 믿음이 명령하는 행위라고 부른다면, 그렇게 하는 것을 참으로 환영한다. …… 설령 그렇게 하는 것이 불가능하다고 주장할지라도, 믿는 영혼은 믿음을 발휘하는 동안 그리스도 안에 있는 진리를 진실하게 사랑해야 하며…… 그 진리를 기뻐해야 한다. 그들이 알고 있는 진리가 거짓이기를 바라는 마귀나 악인들과는 진혀 달라야 한다(345).

다시 말해 비치우스는 복음을 참이라고 아는(그러나 복음을 미워하는) 마귀와 복음이 참인 것을 알고 사랑과 기쁨으로 복음을 받아들이는 신자의 차이를 가리키는 단서를 데살로니가후서 2장 10절에서 발견한다. 데살로니가후서 2장 10절을 문자 그대로 옮기면, 불신자가 멸망하는 "이유는 그들이 자신을 구원해줄 진리에 대한 사랑을 '받아들이지' 않았기 때문이다." 복음의 진리에 대한 사랑을 "받아들이는" 이것이 믿음의 본질적인 부분인지 아닌지는 뒤에서 논의할 것이다.[11] 지금은 비치우스가 내게 자극을 주어서 이 중대한 문제를 추구하게 했다고 말하는 것으로 충분하다.

4) 비치우스는 네 번째 믿음의 행위를 "그리스도에 대한 굶주림과 목마름"이라고 밝힌다(345).

5) "이 굶주림과 목마름에는 칭의와 성화를 위해, 즉 완전한 구원을 위해 '그리스도를 주님으로 영접함'이 따라온다. 이것이 믿음의 다섯 번째 행위이자 참으로 공식적이고 주요한 행위이다"(345).

6) 그런 다음, 비치우스는 이 믿음의 행위들을 명확하고 뚜렷하게 구분할 수 없다고 밝히면서 이렇게 말한다. "만일 믿는 영혼의 이 행위…… 그리스도를 의지하여 그분과 머무는 것을, 그리스도를 영접하는 행위와 세밀하게 구분하여 그 뒤에 오는 것으로 본다면, 나는 반대하지 않을 것이다. 그러므로 이것을 여섯 번째 믿음의 행위라고 부르자"(346).

7) "그렇게 그리스도를 영접하고 그분을 의지하는 때에 신자는 그분을 구주로 여길 뿐만 아니라 또한 주님으로 여긴다. 이는 신자가 그리스도 전체를 영접하며, 그리스도를 있는 그대로 영접하기 때문이다. 그런데 그리스도께서는 구주이실 뿐만 아니라 다름 아닌 주님이시다. 그렇다. 그분은 또한 주님이시지 않고는 구주가 되실 수 없다.…… 그리고 이런 우리의 '그리스도에 대한 복종', 즉 우리가 일곱 번째 믿음의 행위로 간주하는 복종이 모든 참된 순종의 끊임없는 원천이며 샘이다"(347).

---

[11] 긍정적인 해석에 대해서는, 데살로니가후서 2장 9-12절과 진리에 대한 사랑으로서의 믿음을 다루는 18장을 보라.

비치우스가 그리스도의 주재권에 대한 우리의 복종을 구원하는 믿음에 후속하는 경험이 아니라 믿음 자체의 일부로 다룬다는 점에 주목하라. 비치우스는 믿음을 "특별히 받는 은혜"(앤드루 풀러의 표현을 사용하자면)로 보존함으로써 그렇게 한다. 다시 말해 비치우스는 구원하는 믿음이 "그리스도 전체"를, 즉 그리스도를 "있는 그대로" "영접한다"고 주장한다. 그리고 "그리스도는 구주이실 뿐만 아니라 다름 아닌 주님이시다." 따라서 이런 의미에서 그리스도에 대한 복종은 그리스도를 주님으로 '영접하는 것'이다. 이는 복종이 구원하는 믿음(특별히 받는 은혜)의 일부라는 것을 의미한다.

8) 투레티누스와 마찬가지로, 비치우스는 구원하는 믿음에 대한 설명을 영혼의 '성찰'이라고 묘사하는 믿음의 요소로 끝맺는데, 이는 하나님이 유발하신 다른 모든 믿음의 측면을 돌아보는 것이다. 이 성찰 행위의 기능은 추론을 통해 그 영혼이 참으로 그리스도께 속했다는 확신을 경험하는 것이다. "믿는 영혼이…… 그리스도를 영접하고 자신을 그분께 바친 후에, 그는 그리스도와 그분이 베푸시는 모든 구원의 은택이 (자기 것이라는) 결론을 내릴 수 있으며, 따라서 그런 결론을 내려야만 한다"(347).

오웬: 사랑하는 모든 것보다 그리스도를 더 선호함

존 오웬(John Owen, 1616-1683)은 영어권에서 역사상 가장 위대한 신학자일 것이다. 어떤 사람들은 조나단 에드워즈보다 더 위대하다고 말한다. 예를 들어 제임스 패커는 이렇게 말했다. "죄악된 인류를 대하는 하나님의 방식을 성경을 통해 보여주는 견실함과 심오함, 방대함과 장엄함에 대해서는 그에 필적할 사람이 아무도 없다."[12] 오웬은 확실히 나의 사고를 깊게 한 몇몇 저자 가운데 한 사람이다.

오웬은, 사람이 구원을 얻는 방식으로 그리스도를 믿을 때는 다른 모든 "사랑하는 것들"(다른 모든 사람과 우리가 좋아하는 모든 죄와 보배)보다 그리스도를 더 '선호한다'는 것을 분명히 한다.

> 의지로 그리스도를 유일한 남편과 주님과 구주로 받아들이는 것을…… 그리스도를 "영접"하는 것이라고 부른다(요 1:12).…… 이는 **아름다우시고 뛰어나신** 주 예수님을 받아들이는 것이다. 신자들이여, 이 일에 마음을 흠뻑 쏟기로 하자.…… 그리스도께서 우리에게 자신을 주시는 그대로 **가장 탁월하신** 그분을 받아들이자. 믿음에 대해 자주 생각하고, 사랑하는 다른 것들과 그분을 비교하여…… **그것들보다 그분을 선호하고, 그분과 비교할 때 다른 모든 것을 손실과 배설물로 여기도록 하자.**[13]

"믿음의 '생각'을 자주 하라." 이렇게 믿음이 '생각하면' 무슨 일이 일어나는가? '선호하게' 된다. 다시 말해 믿음은 결코 단순한 사고가 아니다. 믿음에 있어, 그리스도에 대한 '생각'은 그리스도에 대한 '선호'로 움직인다. 이처럼 오웬은 그리스도를 가장 귀한 보배로 여기는 믿음의 차원을 내게 가리켜 보인다.

---

12) J. I. Packer, *A Quest for Godliness: The Puritan Vision of the Christian Life* (Wheaton, IL: Crossway, 1990), 81.
13) John Owen, *Of Communion with God the Father, Son, and Holy Ghost*, vol. 2, *The Works of John Owen*, William H. Goold 편집 (Edinburgh:T&T Clark, n.d.), 58-59; 강조는 저자 추가.

오웬에게 있어 이 "선호"는 '사랑'이라고 부를 수 있다. 이는 예수님이 마태복음 10장 37절("아버지나 어머니를 나보다 더 **사랑하는** 자는 내게 합당하지 아니하고")에서 말씀하시는 것과 같다. "그리스도의 중보 행위로 인한 그리스도에 대한 **사랑**이 없는 곳에는 그리스도에 대한 믿음이 있을 수 없다.…… 마음이 여기에 깊이 **감명받지** 않는 사람들은 결코 합당하게 그리스도를 믿을 수 없다."[14]

마스트리흐트: "기쁨으로 영접함"

페트루스 판 마스트리흐트(1630-1706)는 위트레흐트대학교의 히브리어와 신학 교수였다. 나를 마스트리흐트에게 이끈 것은 1746년에 조나단 에드워즈가 조셉 벨러미(Joseph Bellamy)에게 보낸 편지에 나오는 이 말이었다. "일반적이고 교리적이며 실천적이고 논쟁적인 신학에 대해서나 보편적인 신학 체계에 대해서는 마스트리흐트를 택하게. 내 생각에 성경을 제외하고는 투레티누스나 세상의 다른 어떤 책보다도 훨씬 더 훌륭하다네."[15]

대부분의 다른 개신교 신학자들처럼 마스트리흐트도 "영접"으로서의 믿음에 초점을 맞추었다.

구원하는 믿음에서는 여러 행위(지식, 동의, 수락, 신뢰 등)가 함께 일어나므로 그런 행위들 가운데 특정한 어떤 행위가 지배적인지를 관찰해야 한다. 그 행위가 있으면 구원이 있고, 그 행위가 없으면 구원이 없는

---

14) Owen, *Communion with God the Father, Son, and Holy Ghost*, 165; 강조는 저자 추가.
15) Jonathan Edwards, *Letters and PersonalWritings*, George S. Claghorn 편집, vol. 16, *The Works of Jonathan Edwards* (New Haven: Yale University Press, 1998), 217.

것이다. 따라서 그것은 구원하는 행위라고 불린다. 그러면 그것은 어떤 행위인가? 본문은 "영접"이라고 대답하며, 사도가 이 답을 뒷받침한다(골 2:5-7; 빌 3:8-9, 12; 갈 4:14; 참조. 마 26:26).[16]

그런 다음 마스트리흐트는 "그리스도를 영접한다"는 것이 무엇을 의미하는지 묻는다. 그의 대답은 "기뻐하면서 갈망하고 받아들이는 것, 그리고 다른 것들을 외면하는 것"이다.[17] 이 "갈망"은,

> 신부가 신랑을 받아들이듯이…… 그리스도께서 자신을 주시는 그대로 그분께 찬동하는 것이다.…… 즉 (1)어떤 조건이나 제한 없이 절대적으로 갈망하는 것이고, (2)그리스도께서 베푸시는 은택만이 아니라 그리스도 자체를 갈망하는 것이며, (3)하나님이 우리에게 그리스도를 주시는 그대로, 그리스도를 제사장이나 구속자로만이 아니라 또한 왕으로, 주님으로 갈망하는 것이고, (4)전적으로 또한 배타적으로, 즉 부부 사이처럼 갈망하는 것이며, (5)왕으로 다스리신 그분만이 아니라 종으로 섬기셨던 그분으로도, 즉 그리스도의 영광만이 아니라 그분의 고난도 갈망하는 것이다. 마지막으로 (6)그리스도께서 자신을 주시는 조건에 따라, 즉 자기 자신을 부인하라는 조건 등에 따라 그분을 갈망하는 것이다.[18]

---

[16] Petrus van Mastricht, *Faith in the Triune God*, Joel R. Beeke 편집, Todd M. Rester와 Michael T. Spangler 번역, vol. 2, Theoretical-Practical Theology (Grand Rapids, MI: Reformation Heritage, 2019), 8–9; 페트루스 판 마스트리흐트, 「이론과 실천 신학 2. 삼위일체 하나님에 대한 믿음」, 박문재 역, 부흥과개혁사, 2021.

[17] Petrus van Mastricht, *Faith in the Triune God*, 9; 페트루스 판 마스트리흐트, 「이론과 실천 신학 2. 삼위일체 하나님에 대한 믿음」.

[18] Petrus van Mastricht, *Faith in the Triune God*, 9; 페트루스 판 마스트리흐트, 「이론과 실천 신학 2. 삼위일체 하나님에 대한 믿음」.

"기쁨으로 영접함." 이것은 구원하는 믿음의 정서적인 차원에 대한 강력한 진술이다. 이 책에서 인용하는 다른 개신교 신학자들과 마찬가지로, 마스트리흐트는 구원하는 믿음을 "그리스도를 영접함"으로 규정하는 것이 '구원하는 믿음이란 무엇인가?' 하는 문제를 해결하지 못한다는 것을 보여 준다. 왜냐하면 그리스도를 영접하는 사람들의 마음의 상태가 아주 많이 다를 수 있기 때문이다. 그러므로 이런 개신교의 목소리들과 함께 마스트리흐트는 우리에게 성경으로 가서 우리가 그리스도를 영접해야 하는 '것'뿐만 아니라 또한 '어떻게' 영접해야 하는지를 보라고 촉구한다. 마스트리흐트와 다른 사람들이 따져 묻는 점은 이것이다. 그리스도를 보배로, 생수로, 하늘에서 내려온 떡으로 영접하는 것은 무엇인가?

에드워즈: "사랑이 구원하는 믿음의 핵심이다"

뉴잉글랜드 목사이자 신학자인 조나단 에드워즈(1703-1758)는 모방자가 전혀 아니었다. 마스트리흐트나 다른 누구도 모방하지 않았다. 사실, 오히려 견해가 너무 독창적이고 특이해서 때때로 곤경에 처하기도 했다. 구원하는 믿음에 대한 에드워즈의 이해가 그러한지는 곧 확인해볼 것이다.

그러나 지금은 요한일서 5장 1-4절에 대한 에드워즈의 해석에 나오는 "(하나님에 대한) 사랑이 구원하는 믿음의 핵심이다"라는 이 언급보다 더 절박하게 내 관심을 끈 진술은 거의 없다고만 말할 것이다. 핵심! 정말로? 에드워즈는 우리가 쉽사리 무시할 수 있는 사상가가 아니다. 그러므로 요한일서 1장을 다룰 때 다시 다룰 것이다.[19]

---

19) 19장을 보라.

메이첸: 반박

나는 역사적 개신교의 목소리를 다룬 이 단락을 반대 목소리로 마무리하려 한다. 지금까지는 구원하는 믿음에 정서적인 요소가 있다고 주장하는 목소리들을 살펴보았다. 그들은 이것이 오직 믿음으로 말미암은 칭의라는 개혁주의 교리를 훼손하지 않는다고 여겼다. 그러나 프린스턴신학교와 웨스트민스터신학교 신약 교수였던 그레섬 메이첸(J. Gresham Machen, 1881-1937)은 반대 의견과 경고의 목소리를 낸다. 그는 신약이 구원에 이르는 길로 사랑보다는 믿음을 그토록 많이 이야기하는 이유를 묻고, 이렇게 대답한다.

구원에 이르는 일과 관련해 신약이 사랑보다, 그리고 단순한 믿음(!)의 측면으로 여겨질 만한 것들 외에 사람 안에 있는 다른 모든 것보다 믿음에 그토록 배타적인 위치를 부여하는 진정한 이유는, 믿음은 무언가를 행하거나 심지어는 무언가가 되는 것을 의미하지 않고, **무언가를 받아들이는 것을 의미하기** 때문이다. 그러므로 우리의 믿음이 우리를 구원한다는 말의 의미는 우리가 우리 자신을 구원한다는 것이 조금도 아니며, 하나님이 우리를 구원하신다는 것이다. 만일 우리의 구원이 사랑을 통해서라고 했다면 사정이 아주 달랐을 것이다. 그러면 구원이 우리 자신의 뛰어난 자질에 달려 있을 것이기 때문이다. 그것은 신약이 무엇보다도 부인하려고 하는 것이다.[20]

나는 우리가 구원에 들어가는 것에 대해 신약이 선택하는 압도적인 단어가 '믿음'이라는 메이첸의 말이 옳다고 생각한다. 그리고 그렇게 하는 주된

---

20) J. Gresham Machen, *What Is Faith?* (Grand Rapids, MI: Eerdmans, 1925), 173. 강조는 저자 추가.

이유는 다른 무엇보다 '믿음'이 우리가 자신의 인격이나 행위가 아닌 다른 이의 인격과 행위로 말미암아 구원을 얻는다는 점에 주의를 기울이게 하기 때문이라는 말에도 동의한다. 메이첸은 믿음이 근본적으로 "받아들임" 즉 그리스도를 영접함이라는 점에 올바로 주목하게 한다.

그루뎀: 주의점

오늘날, 널리 사용되고 대단히 도움이 되는 『조직신학』(Systematic Theology)의 저자인 웨인 그루뎀은 구원하는 믿음을 그리스도를 기뻐하는 것과 구분하는 메이첸의 우려를 공유한다. 나는 이 문제에 대해 그루뎀과 서신을 주고받았으며, 그루뎀은 그가 지적하는 주의점을 인용하도록 허락했다.

> 생각나는 한 가지 주의점은 제가 어떤 "행위"의 요소도 구원하는 믿음에 필요한 것으로 추가하기를 전혀 원하지 않는다는 것입니다. 저는 구원하는 믿음이 반드시 동전의 양면인 회개와 믿음을 함께 포함한다는 주장이 옳다고 생각합니다. 우리는 하나의 동일한 행위를 통해 죄'에서' 그리스도'에게' 돌이킵니다.
> 그러면 이제 우리는 진정한 믿음이 반드시 믿음과 회개, 그리스도를 기뻐함을 함께 포함한다고 말해야 할까요? 이것은 믿음에 약간의 행위가 덧붙는 것과 어떻게 구분될 수 있을까요?
> 제가 주의하기 원하는 또 다른 점은 믿음의 본질에 관한 것입니다. 신약은 기쁨이나 즐거움이나 평안 같은 다른 마음의 태도들보다 믿음(피스티스, 피스튜오)을 더 강조하는데, 저는 이것이 인간의 노력과 반대되

는 믿음의 독특한 본질 때문이라고 생각합니다. 믿음은 "주님, 저는 전혀 저 자신을 구원할 수 없습니다. 포기합니다. 주님을 의지합니다"라고 인정하는 것입니다.

저는 그것이 로마서 4장 16절의 요점이라고 생각합니다. "그러므로 상속자가 되는 그것이 은혜에 속하기 위하여 믿음으로 되나니." 저는 바울이 마음의 즐거움이나 기쁨이나 평안 등에 대해서도 그렇게 말할 수 있었다고 생각하지 않습니다. 그리고 그런 신약의 강조점에 충실하기를 원합니다.[21]

성경으로 가자!

우리가 꾸준히 상기해야 할 점은 이 책의 저자를 포함하여 어떤 신학자도 구원하는 믿음의 본질에 대해 최종적인 발언권을 갖지 않는다는 것이다. 성경을 벗어나면 우리는 모두 오류에 빠질 수 있다. 하나님이 교회에 교사들을 임명하셨지만(엡 4:11; 딤전 3:2; 딤후 2:2, 24; 히 5:12), 하나님의 말씀만이 오류가 없다. 그러므로 우리는 성경으로 갈 것이다.

특별히 나에게 자극을 준 것, 즉 내가 판단을 위해 성경으로 나아가게 한 것은 메이첸과 그루뎀처럼 오직 믿음으로 말미암은 칭의에 관심을 가졌던 수많은 개혁주의 사상가들이 그리스도를 영접하는 것을 그리스도에 대한

---

[21] 2019년 10월 30일에 내게 보낸 이메일. 이것은 그루뎀의 『조직신학』에 나오는 다음 말을 반향한다. "하나님은 왜 우리의 칭의의 수단으로 '믿음'을 선택하셨는가? '믿음'이 우리 자신을 의지하는 것과 정반대되는 마음의 태도이기 때문임이 분명하다." Wayne A. Grudem, *Systematic Theology: An Introduction to Biblical Doctrine* (Grand Rapids, MI: InterVarsity Press, 2004), 730; 웨인 그루뎀, 『조직신학 상/중/하』, 노진준 역, 은성, 2009.

사랑이나[22] 그리스도를 기뻐함이나 그리스도를 보배롭게 여김과 '전혀 다른 것'으로 보지 않고 오히려 영접 자체가 사랑과 기쁨과 보배롭게 여김을 포함한다고 보았다는 점이다.[23] 다시 말해, 많은 사람이 말하듯이 구원하는 믿음은 그리스도를 우리가 '사랑하는 분으로' 받아들이는 것이고, '기뻐하는 분으로' 받아들이는 것이며, '보배로운 분으로' 받아들이는 것이다.

결정적인 질문은 이것이다. 그들은 성경에 근거해 이런 말들을 했는가? 구원하는 믿음에 대한 성경의 전반적인 묘사는 우리가 믿음을 "특별히 받는(받아들이는) 은혜"라고 부르게 하고는 거기에서 멈추는 경향이 있는가? 아니면 성경은 우리가 이 '받아들임'의 '본질'을 탐구하도록 하는가? 이 책이 나의 대답이다. 그러나 이 책의 해석 부분(2-4부)으로 넘어가기 전에, 내가 특별히 우려하는, 구원하는 믿음에 대한 최근의 시각이 있다. 즉 믿음을 '충성'이라고 강조하며, "구원하는 믿음이 선행을 '포함한다'"고 주장하는 시각이다.

---

22) 내가 이렇게 '그리스도에 대한 사랑'을 말할 때는 타인을 향한 실천적인 선행을 통해 마음의 애정을 실질적으로 발휘하는 것을 의미하지 않는다. 나는 단지 그리스도를 받아들이는 마음의 정서적인 차원을 말하는 것이다. 이것은 사랑이라고 불릴 수 있으며, 이 사랑은 기뻐하거나 보배롭게 여기는 것과 함께 있고 겹치는 것일 수 있다. 서론의 주4를 보라.

23) 메이첸과 그루뎀을 인용하면서 나는 20세기 개혁주의의 모든 목소리가 구원하는 믿음의 정서적 측면에 대해 말을 아낀다는 인상을 주고 싶지 않았다. 예를 들어 구원하는 믿음의 "제3의 요소"(노티티아와 아센수스에 덧붙여)에 대해 쓴 R. C. 스프로울(R. C. Sproul)의 글에 따르면, 피두키아는 "일반적으로 인지적 또는 순수하게 지적인 요소 외에 무언가가 더 포함된다고 이해되어 왔다. 그것은 인간 반응의 의지적이고 정서적인 요소를 포함한다. 이는 그리스도의 아름다우심과 탁월하심에 대한 지각을(또한 지적이고 인지적인) 포함한다. 이것은 신생을 통해 우리 안에 일어나는 변화를 포함한다. 곧 정서와 기질과 성향과 의지의 변화를 포함한다. 우리는 이제 그리스도를 선택한다. 그리스도를 껴안는다. 우리는 기쁘게 그리스도를 받아들인다." R. C. Sproul, *Justified by Faith Alone* (Wheaton, IL: Crossway, 2010), 4.

06장

'구원하는 충성'이라는 최근의 도전

이 장에서 나는 매튜 베이츠(Matthew Bates)와 논쟁할 것이다. 첫째는 베이츠의 주장이 내가 성경에서 발견하는 것에 대한 현대의 도전이기 때문이고, 둘째는 이 논쟁이 내가 무엇을 왜 주장하는지를 더 명확하게 하리라 생각되기 때문이다. 베이츠의 주장은 이것이다. "나는 복음에 대한 구원 얻는 응답을 표현하는 최상의 용어는 '충성'이라고 제안한다."[1]

예수님의 왕 되심에 대한 응답인 충성

베이츠는 '충성'이 '피스티스'(*pistis*)나 '피스튜오'(*pisteuo*)(보통 '믿음'과 '믿다'로 번역)의 "근본적인 의미가 아니"라는 것을 알고 있다(66). 실제로 베이츠는 이렇게 말한다.

---

1) Matthew Bates, *Gospel Allegiance: What Faith in Jesus Misses for Salvation in Christ* (Grand Rapids, MI: Brazos Press, 2019), 59. 본문의 괄호 안에 있는 쪽 번호는 이 책의 쪽 번호이다.

신약 시대에 바울과 예수님과 다른 사람들은 '피스티스'라는 단어의 어족과 관련해 하나의 기본 이미지 개념만을 염두에 두었을 가능성이 있다. 그것은 본질적으로 충성이 아니었다. 그러면 무엇이었는가? 신실성(충실)이나 신뢰(믿음)였다. 거듭된 연구는 이런 개념들이 '피스티스' 어족의 가능성 있는 핵심 의미라는 것을 확증해 주었다(67).

그런데 '충실'과 '충성' 개념은 밀접한 관련이 있음을 짐작할 수 있다. 그래서 베이츠는 이렇게 질문한다. "복음과 구원을 고려할 때 우리는 왜 충성을 특히 중요하게 생각해야 하는가?"(66) 베이츠는 이렇게 대답한다. "메시아나 왕에 대한 좋은 소식에 어떻게 응답해야 하는지를 말할 때는 '왕권적인 틀'(royal frame)이 존재하므로 '충성'은 '피스티스'의 명백한 실현이다"(68). 베이츠가 말하는 '왕권적인 틀'은 예수님의 '왕 되심'이 중심이 되는 신약의 틀에서 믿음이 나타난다는 의미이다. 베이츠는 예수님의 왕 되심에 대한 강조의 부재가 현대 기독교의 심각한 결함이라고 생각한다. "오늘날 기독교의 가장 큰 문제점은 복음에서 예수님의 왕 되심을 배제하는 것이다"(98).

개신교 입장의 '개선?'

베이츠의 책은 교정을 목적으로 집필되었다. 베이츠의 견해는 "예수님의 왕 되심이 복음의 가장 본질적인 사실"이라는 것이다(47). "복음은 '예수님이 지금 용서하시는 왕으로 다스리신다'라는 말로 가장 잘 요약할 수 있다"(59). 그는 이 말이 더 전통적인 견해에 반하는 것처럼 들리기를 의도한다. 따라서 베이츠는 이렇게 항변한다. "십자가는 성경에서 복음의 신학적인 중심으로 제시되지 않는다"(40). 베이츠는 더욱 도발적으로 이렇게 말한다. "믿음으로 말미암은 우리의 칭의는 복음의 일부가 아니다.…… 우리가 그것을 복음이나 심지어 복음의 일부'이다'라고 말한다면, 우리는 성경이 제시하는 것을 심각하게 왜곡하는 것이다"(37; 그리고 209).[2]

이처럼 "왕권적인 틀"이 있으므로, 즉 "예수님의 왕 되심이 복음의 가장 본질적인 사실"이므로, 베이츠는 이렇게 제의한다.

> 복음에 대한 구원 얻는 응답을 표현하는 최상의 용어는 '충성'이다. 이것은 믿음이 단순히 충성이라는 의미가 아니다. 그러나 만일 복음을 "예수님이 지금 용서하시는 왕으로 다스리신다"라는 말로 가장 잘 요약할 수 있다면, 하나님이 요구하시는 구원 얻는 응답은 분명해진다. 왕이신 예수님은 궁극적으로 자기 신하들에게 단 한 가지를, 즉 충성만을 요구하신다. 복음에 응답하여 우리는 오직 충성으로 구원을 얻는다(59).

베이츠는 이 견해를 믿음으로 말미암은 구원에 대한 개신교의 이해를 '개선하는 것'으로 제시한다.

> 우리가 오직 믿음으로 말미암아 구원을 얻는다는 개신교도들의 말은 옳다. 그러나 이 고전적인 개신교의 입장은 더욱 개선되어야 한다. 구원 얻는 선행은 단순히 예수님에 대한 '피스티스'에 따라오는 것이 아

---

[2] 베이츠가 "우리의 칭의"를 말할 때 사용하는 '우리'라는 말이 복음에서 우리 모두에게 제시하는 칭의를 의미하는지, 아니면 내가 68년 전에 플로리다에서 얻은 실제적인 칭의를 의미하는지는 분명하지 않다. 만일 후자를 의미한다면 이 요점은 불필요해 보인다. 바울이 존 파이퍼의 칭의를 전했다고 생각할 사람은 아무도 없기 때문이다. 만일 전자라면 그는 참으로 개신교 전통에, 그리고 말하자면 성경에 반하는 것이다.

니기 때문이다. 그것은 왕이신 예수님에 대한 구체적인 충성으로서의 '피스티스'의 일부이다(153).

구원하는 믿음은 용서하시는 왕이신 예수님에 대한 충성이며, 성령님의 능력을 통해 행하는 선행을 포함한다(228).

'피스티스'는 외적인 실행을 의미한다

베이츠의 제안에서 이 책의 요점과 직접적으로 충돌하는 진술은 '피스티스'(믿음)가 내적인 생각이나 감정이 아니라는 주장이다. 자세히 들어보자.

신약 시대에는 사람이 외적인 행위를 통해 어떤 사람이나 다른 무언가에 대한 믿음(피스티스)을 행하고는 했다. '피스티스'는 대부분 내적인 태도나 생각이 아니라 외적인 실행을 의미한다.…… 당신은 맹세에 대한 '피스티스'(신의)를 보여주기 위해 행동한다. 백성은 정권을 훼손하기보다 지지함으로써 군주에 대한 '피스티스'(충성)를 보여준다.…… 감정이나 정서가 종종 '피스티스'에 수반되므로 내적인 태도와 외적인 행위를 완전히 구분하는 것은 불가능하다. '피스티스'는 내면의 느낌 및 감정과 관련이 있지만 그 자체는 아니라고 말하는 것이 가장 안전할 것이다. 간단히 말해, 모건의 결론처럼 "이 시대의 자료들은 '피스티스'/'피데스'의 내면성에 관심이 거의 없다"(153-54).[3]

---

3) 인용부호 안의 문장은 다음에 나오는 것이다. Teresa Morgan, *Roman Faith and Christian Faith: 'Pistis' and 'Fides' in the Early Roman Empire and Early Churches* (Oxford, UK: Oxford University Press, 2017), 29.

무엇이 다른가

그러나 이 책은 정반대를 주장한다. 구원하는 믿음은 참으로 내면적이다. 그러기에 바울이 "사람이 **마음**으로 믿어 의에 이르고"라고 말한 것이다(롬 10:10). 또한 영적인 정서는 단지 '피스티스'에 수반되는 것이 아니라 그 본질의 일부이다. '피스티스'는 "대부분 외적인 실행을 의미한다"라는 말도 사실이 아니다. 오히려 '피스티스'는 외적인 실행을 낳는 내적인 하나님의 은사이다.

베이츠의 접근법과 결론에서 발견하는 많은 문제점 가운데서, 나는 이 책의 중심이 되는 관심사와 연관된 문제들에 대한 나의 대응에 초점을 맞추려 한다.

1. 왕 되심과 충성은 너무 한정적이다

첫째로 베이츠는 그 제안의 근거를 "예수님의 왕 되심이 복음의 가장 본질적인 사실"(47)이라는 주장 및 "복음에 대한 구원 얻는 응답을 표현하는 최상의 용어는 '충성'"(59)이라는 추론에 둔다. 이 주장의 한 가지 문제점은, 왕 되심이 "가장 본질적"이라고 해도, 구원 얻는 응답을 표현할 때 사용하는 "최상의 용어"가 "충성"이라는 결론이 당연하게 나오는 것은 아니라는 사실이다.

예수님의 왕 되심이 '얼마나' 본질적인가 하는 문제는 접어두고 그것이 본질적이라는 데만 동의하자. 다시 말해 만일 예수님이 왕중왕이 아니시라면 복음도 없고, 구원도 없고, 성경적인 기독교도 없다. 동의한다. 그러나 그렇다고 해서 '충성'이 "복음에 대한 구원 얻는 응답을 표현하는 최상의 용어"라는 결론이 당연하게 나오는 것은 아니다. 어떤 상황에서는 때때로 충성이 좋은 용어일 수 있다. 그러나 일반적으로는 충성을 반드시 "최상의 용어"라고 부를 수는 없다.

그 이유는, 구원하고 만족시키는 위대함의 모든 면에 있어, 그리스도께서 우리에게 왕보다 훨씬 큰 분으로 제시되기 때문이다. 우리는 그리스도를 그분의 지위의 '모든 면'에서 구원 얻는 방식으로 영접해야만 한다. 그러나 '충성'은 그분의 모든 역할대로 그리스도를 영접하는 것을 묘사하는 최상의 용어가 아니다.

예를 들어 그리스도께서는 우리에게 이렇게 제시되신다. "구주"(요 4:42), "주재 곧 우리 주"(유 1:4), "하나님의 능력이요 하나님의 지혜"(고전 1:24), "[우리의] 의로움과 거룩함과 구원함"(고전 1:30), "친구"(눅 7:34), "영광의 소망"(골 1:27), "보혜사"(요 14:16, '도와주시는 분', ESV 참조.), "선생"(요 3:2), "생수"(요 4:10), "생명의 떡"(요 6:48), "세상의 빛"(요 8:12), "보화"(마 13:44) 등.

친구에 대한 충성이나 생수에 대한 충성, 하늘의 떡에 대한 충성, 보화에 대한 충성을 이야기해 보라. 나는 그리스도의 제자들에게 요구되는 적절한 표현이 '충성'이라는 말에는 이의가 없다. 그러나 베이츠가 하는 식으로 예수님의 왕 되심을 승격시키는 것은 그리스도께서 구원하고 만족시키는 영광을 우리에게 베푸시는 방식의 놀라운 다양성을 흐려지게 한다. 베이츠가 하듯이 '충성'을 그리스도의 충만하심에 응답하는 최상의 용어라고 부르며 거기에 압도적인 역할을 부여하는 것은 유익하지 않다.

아마도 베이츠는 자신의 접근법이 '엄밀한 의미의 복음'을 정의하는 것이며, 따라서 그것과 관련하여 '최상의' 구원 얻는 응답을 정의하는 것이라고 대응할 것이다. 그리고 왕 되심이 엄밀한 의미의 복음에 있어서 "가장 본질적"이라고 말할 것이다. 따라서 복음에 대한 이런 분명한 관점에 따르면 충성이 구원 얻는 응답을 나타내는 "최상의 용어"라고 할 것이다.

그러나 나는 이런 접근법이 필연적으로 신약 메시지에 대한 와전을 낳는다고 생각한다. '복음'(유앙겔리온)이라는 단어가 나오는 본문들을 모아 예수님의 왕 되심을 찾아내고, 왕 되심을 "가장 본질적"이라며 전면에 내세운 다음, '충성'(왕에 대한)이 신약 전체에서 구원 얻는 응답을 나타내는 "최상의" 용어라고 추론하는 것은 인위적이고 환원주의적이다. 이런 접근법은 놀랄 만큼 편협한 결과를 낳는다. '복음'과 '왕'과 '충성'이라는 장엄한 단어를 사용한다고 해서 편협함이 줄어들지 않는다. '편협하다'는 말은 그리스도 안에 있는 생명의 진리 됨과 영광과 선함, 그리고 그 생명을 소유하는 법과 관련된 많은 성경 본문을 간과함으로써 그 본문들을 침묵하게 만든다는 뜻이다. '왕 되심'과 '충성'은 신약 계시의 참된 실재들, 영광스러운 실재들이다. 그러나 그것이 아무리 클지라도 그리스도에 대한, 그리고 우리의 구원의 길에 대한 신약 계시의 범위와 다양성이 그보다 훨씬 더 크다.

2. 이는 개신교 견해의 개선이 아니라 거부이다

베이츠의 접근법과 결론의 더 심각한 두 번째 문제점은 믿음으로 말미암은 구원에 대한 역사적인 개신교의 이해를 '개선'한다고 주장하는 것이다. 곧 밝혀지듯이, 베이츠의 제안은 개신이 아니라 거부이다. 역사적인 종교개혁의 가르침은 믿음이 선행을 '포함하지' 않으며, 다만 선행의 '열매를 맺는다'는 것이다. 웨스트민스터 신앙고백(11.2)은 이렇게 말한다.

> 이런 식으로 그리스도와 그분의 의를 받아들이고 의지하는 믿음은 의롭다 하심을 받는 유일한 수단이다. 그렇지만 믿음은 의롭다 하심을 받는 사람 안에 홀로 있지 않고, 다른 모든 구원하는 은혜를 항상 동반한다. 그러므로 믿음은 죽은 믿음이 아니며, 사랑으로써 역사한다.

믿음과 행위는 구분된다. 행위는 구원하는 믿음에 '수반된다.' 구원하는 믿음은 선행을 '낳는다.' 믿음과 행위는 같은 것이 아니다. "좋은 나무마다 아름다운 열매를 맺고"(마 7:17), "나무가 좋으면 그 열매도 좋고…… 그 열매로 그 나무를 안다"(마 12:33, 새번역). 만일 열매와 나무가 동일한 개념이라면, 좋은 나무가 되어 좋은 열매 맺기를 추구하라는 말은 성립되지 않는다. 그러나 베이츠는 그렇게 주장한다.

> 고전적인 개신교의 입장은 더욱 개선되어야 한다. **구원 얻는 선행은 단순히 예수님에 대한 피스티스(믿음)에 따라오는 것이 아니기** 때문이다. 그것은 왕이신 예수님에 대한 **구체적인 충성으로서의** 피스티스의 **일부이다**(153; 강조는 저자 추가).

> 구원하는 믿음은 용서하시는 왕이신 예수님에 대한 충성이며, 성령님의 능력을 통해 행하는 **선행을 포함한다**(228; 강조는 저자 추가).

이것은 개선이 아니다. 종교개혁의 가르침과 반대되는 것이다. 그리고 그 차이에 핵심적인 문제가 있다. 선행이 구원하는 믿음의 열매가 아니라 그 본질의 일부라고 주장하는 것은 두 가지 파괴적인 결과를 낳는다. 이는 '행위와는 상관없이' 믿음으로 의롭다 하심을 받는 소중하고 영광스러운 진리를 반대하는 것이며(롬 3:28), 믿음이 그리스도께 순종할 능력을 공급한다는 사실을 반대하는 것이다. 즉 예수님의 왕 되심을 반대하는 것이다(아래 세 번째 대응을 보라).

바울은 디도서 3장 5절에서 이렇게 말했다. "[하나님이] 우리를 구원하시되 우리가 행한 바 의로운 행위로 말미암지 아니하고 오직 그의 긍휼하심을 따라…… 하셨나니." 바울은 우리가 그리스도와 연합함으로써 죄와 사탄과 죽음의 권능과 죄책에서 결정적으로 구원받는 것은 우리가 행한 의로운 행위 때문이 아님을 분명히 하는 데 열중하고 있다. 베이츠는 구원하는 믿음(즉 충성)이 "성령님의 능력을 통해 행하는 선행을 포함"하며 "우리는 충성을 통해 그리스도와 연합한다"(74)고 우리를 설득하고 싶어 한다. 반면에 바울은 우리의 모든 관심을 "우리가 행한 바 의로운 행위"에서 돌이켜 우리가 전적으로 하나님의 자비만을 의지한다는 점에 고정시키기를 원한다.

갈라디아서 5장 2-4절은 우리가 은혜에 의지하는 데에는 가장 작은 행위조차도 배제된다는 것을 한층 더 강조한다.

> "보라 나 바울은 너희에게 말하노니 너희가 만일 할례를 받으면 그리스도께서 너희에게 아무 유익이 없으리라 내가 할례를 받는 각 사람에게 다시 증언하노니 그는 율법 전체를 행할 의무를 가진 자라 율법 안에서 의롭다 함을 얻으려 하는 너희는 그리스도에게서 끊어지고 은혜에서 떨어진 자로다."

여기서 말하는 요점은 이것이다. 만일 우리가 하나님과 바른 관계에 들어가는 길의 일부로 율법을 준수하는 작은 외적인 행위 하나라도 믿음과 섞는다면, 우리는 전체 율법을 지켜야 할 의무가 있는 것이다. 우리는 오직 믿음으로 말미암아 은혜로 하나님의 용납하심을 받고 바른 관계에 들어가든지, 아니면 완전한 율법 준수를 통해 하나님의 용납하심을 받고 바른 관계에 들어가든지 둘 중 하나다.

그런데 바울은 두 번째 선택지를 이미 배제했다. "사람이 의롭게 되는 것은 율법의 행위로 말미암음이 아니요 오직 예수 그리스도를 믿음으로 말미암는 줄 알므로"(갈 2:16).[4] 선행('충성'이라고 부를 수 있는 선행일지라도)으로 말미암은 칭의는 절대로 일어나지 않을 것이다. 또한 선행으로 의롭다 하심을 받으려 하는 모든 사람은 저주 아래 있다. "무릇 율법 행위에 속한 자들은 저주 아래에 있나니 기록된 바 누구든지 율법 책에 기록된 대로 모든 일을 항상 행하지 아니하는 자는 저주 아래에 있는 자라 하였음이라"(갈 3:10). 우리가 율법에 기록된 "모든 일"을 완전하게 지키든지, 아니면 어떤 선행과도 무관하게 오직 믿음으로 말미암은 칭의를 받아들이든지 둘 중 하나다.

선행을 "'피스티스'(믿음)의 일부"가 되게 하려 함으로써 베이츠는 행위와 무관하게 오직 믿음으로 말미암은 칭의라는 성경적인 사실을 반대한다. 베이츠의 말이 친숙하게 들리는 이유는 로마 가톨릭이 트렌트공의회에서 범한 잘못과 비슷하기 때문이다. 우리는 이 책의 3장에서 로마 가톨릭이 구원하는 믿음과 성화의 덕성을 융합하고 있음을 보았다. "믿음은, 소망과 자애가 거기에 덧붙지 않는 한, 사람을 그리스도와 완전히 연합하게 하지 못하며 그리스도의 몸의 살아 있는 지체가 되게 하지 못한다"(트렌트공의회 의화교령 7장). 베이츠는 개신교도이지만, "우리는 충성으로 말미암아 구원을 얻는다"라고 가르치면서 "이는 가톨릭의 냄새가 난다"라고 명백하게 인정한다(21).

3. 왕에게 순종하는 충성을 약화시키는 아이러니

셋째로, 아마 가장 아이러니하게도, 믿음과 행위를 융합시킴으로써 베이츠는 믿음이 그리스도께 순종할 능력을 준다는 것에 반대한다. 즉 베이츠

---

[4] 만일 당신이 바울에 대한 새 관점을 따르는 경향이 있고, 따라서 "율법의 행위"(갈 2:16)가 유대인임을 나타내는 의식적인 경계표지에 국한되는 것이며 내 요점과는 무관하다고 생각한다면, 내가 여기서 펴는 주장뿐만 아니라 다음을 참조하라. Stephen Westerholm, *Justification Reconsidered* (Grand Rapids, MI: Eerdmans, 2013); 스티븐 웨스터홈, 『칭의를 다시 생각하다』, 박장훈 역, IVP, 2022. 특히 5장 "Not by Works of the Law."

가 예수님의 왕권에 대한 충성을 다루는 방식은 왕에게 순종하는 충성의 능력 자체를 약화시킨다.

베이츠는 마음의 내적인 행위인 믿음과 믿음에서 말미암는 외적인 거룩한 행위를 구분하고 싶어 하지 않는다. 오히려 베이츠는 이렇게 주장한다. "구원 얻는 선행은 단순히 예수님에 대한 '피스티스'(믿음)에 따라오는 것이 아니다. 그것은 '피스티스'의 **일부이다**"(153). "구원하는 믿음은…… 선행을 포함한다"(228). 이런 융합은 뿌리인 믿음과 열매인 사랑 사이의 중대한 인과 관계를 모호하게 할 뿐이며, 최악의 경우 그 인과 관계를 단절시킨다. 바울은 믿음이 내면적이라고 가르친다. 믿음은 몸의 행위가 아니라 마음의 행위이다. 우리는 "하나님께서 그를[예수님을] 죽은 자 가운데서 살리신 것을 네[우리] **마음에 믿어야**" 하는데, 이는 "사람이 **마음으로 믿어** 의에 이르기" 때문이다(롬 10:9-10). 성령님이 행하시는 이 내면의 기적이 우리가 다른 사람들을 사랑하는 능력의 중대한 원천이다. "이 교훈의 목적은 청결한 마음과 선한 양심과 거짓이 없는 **믿음**에서 나오는 **사랑**이거늘"(딤전 1:5). 믿음은 다른 사람들에 대한 사랑을 포함하지 않는다. 믿음은 사랑을 낳는다. 뿌리를 열매로 뒤바꾸면 열매의 근원이 파손된다.

바울에게 믿음은 성령님이 그분의 열매를 맺으시는 위대한 수단이다. "너희에게 성령을 주시고 너희 가운데서 능력을 행하시는 이의 일이 율법의 행위에서냐 혹은 듣고 믿음에서냐"(갈 3:5). 믿음은 사랑의 행위를 낳는 위대한 능력이다. "그리스도 예수 안에서는 할례나 무할례나 효력이 없으되 사랑으로써 역사하는 믿음뿐이니라"(갈 5:6). 의롭다 하심을 받는 믿음은 사랑의 행위를 낳는다. 그러나 믿음과 행위는 같은 것이 아니다.

"**믿음으로** 아브라함은…… 순종"했다(히 11:8). 이 순종은 믿음이 아니었다. 믿음'으로' 한 순종이었다. 그래서 바울은 "내가 지금 내 몸 안에 사는 것은…… 하나님의 아들을 믿는 **믿음으로** 사는 것"이라고 말한다(갈 2:20, 쉬운성경). 바울의 삶이 곧 그의 믿음은 아니다. 바울은 믿음'으로' 살았다. 믿음을 충성과 융합시키고 충성이 선행을 포함한다고 정의함으로써 베이츠는 신약이 가르치는 거룩함에 이르는 길을 차단한다.

그러나 그 길은 행위와 무관하게 즉각적으로 이루어지는, 오직 믿음으로 말미암은 칭의로 시작된다. 그러면 우리는 하나님의 용납하심과 하나님과의 바른 관계에 근거해 옛 본성을 죽이고 거룩하게 살아갈 소망을 가질 수 있다. 신약이 가르치는 성화의 길, 그리고 죄를 죽이는 능력(롬 8:13)의 유일성과 영광은 오직 믿음으로 말미암아 단번에 의롭다 하심을 받은 사람이 이 길을 걸어가며 이 싸움을 싸운다는 것에 있다. 만일 우리의 거룩한 삶이 우리가 그리스도와 연합하고 의롭다 하심을 받는 수단인 믿음과 동일시된다면, 우리는 하나님의 용납과 사죄를 받은 자녀로서의 거룩함을 더 이상 추구할 수 없다. 오히려 의롭다 하심을 받는 믿음과 거룩한 삶이 합쳐졌으므로, 우리는 늘 용납과 사죄를 받으려고 애쓰게 될 것이다. 이런 이유로 매튜 베이츠의 가르침은 왕이신 예수님을 따르는 독특하고 영광스러운 신약의 방식을 훼손한다.

4. 구원하는 믿음의 내면성과 정서적인 본질?

넷째로 구원하는 믿음에 대한 베이츠의 견해가 나의 견해와 가장 직접적으로 충돌하는 점은 신약이 "'피스티스'/'피데스'의 내면성에 관심이 거의 없다"(154)는 그의 주장이다.[5] 정서는 "'피스티스'에 수반될" 뿐이며, '피스티스'의 일부가 아니다. "'피스티스'는 내면의 느낌 및 감정과 관련이 있지만 그 자체는 아니라고 말하는 것이 가장 안전할 것이다"(154).

---

[5] 또다시 베이츠는 이 말을 다음에서 인용한다. Morgan, *Roman Faith and Christian Faith*, 29.

이 책의 1부에서 언급한 다른 문제들과 마찬가지로 구원하는 믿음의 정서적인 본질에 대한 이 문제는 이 책의 나머지 부분으로 우리를 이끈다. 이 책은 이 주장에 대한 나의 답변이다. 나는 구원하는 믿음에는 참으로 정서적인 요소들이 있으며 "'피스티스'의 내면성"(마음의 삶!)은 신약에서 매우 중요하다고 주장한다. 그것은 하찮은 것이 아니다.

그래도 충성은 필수적이다

나는 왕이신 예수님에 대한 진정한 충성의 중요성을 무시하거나 폄훼하지 않는다. 충성이 없이는 아무도 구원받지 못한다. 그러나 만일 내가 충성이 구원하는 믿음의 필수적인 요소이고 우리가 그리스도와 연합하는 수단이며 내가 기꺼이 행하려는 것이라고 설명한다면, 나의 정의는 베이츠의 정의와 근본적으로 다를 것이다. 나는 충성이 선행을 포함한다고 정의하지 않을 것이다. 나는 충성이란 구원하는 믿음의 일부로서 '예수님을 왕으로 기쁘게 받아들이는 것'인데, 이 영접은 이생과 영원에 대해 함축하는 모든 것과 함께 예수님을 맞아들이는 것이라고 말할 것이다. 물론 새로운 신자는 이것이 함축하는 의미를 다 알지 못한다. 그러나 구원하는 믿음은 알고 있는 진리를 그 함축된 의미와 함께 기쁘게 받아들인다. 만일 그 믿음이 참되다면, 이후의 영원한 시간은 왕의 영광을 점점 더 드러내 보여줄 것이며, 신자의 마음속에서는 기쁘게 맞이함이 영원토록 커질 것이다.

What is
Saving
Faith?

2부

구원하는 믿음이란 무엇인가?
: 600개의 렌즈로 살피는 일반적인 의미

예수님의 말씀에 대한 확고한 신뢰
예수님 그분 자체를 영접하는 것
그리스도의 영광에 대한 영적인 시각
바라는 것들의 실상
하나님을 기쁘시게 하는 모든 행위의 근원
하나님의 초자연적인 창조

나는 지금까지 우리가 '믿음'의 의미에 대한 일반적인 인식을 당연히 공유한다고 가정했다. 따라서 믿음을 따로 정의하지는 않았다. 나는 우리가 일반적인 '믿음'의 의미를 공유한다는 가정 아래 구원하는 믿음이 영적인 정서를 포함하는가 하는 질문을 제기했지만(1부), 이제는 잠시 멈춰 성경이 일반적인 의미에서 믿음을 정의하게 할 필요를 느낀다(2부). 그러면 우리가 구원하는 믿음의 정서적인 내용을 가리키는 본문들을 좀 더 구체적으로 살펴볼 수 있을 것이다(3부에서는 간접적으로, 4부에서는 직접적으로).

성경에 근거한 믿음의 정의 세 가지

　어떻게 성경에 근거하여 믿음을 정의할 것인가? 부제에 나오는 "600개의 렌즈"가 무엇인지 설명하기 전에 '성경에 근거하여' 믿음을 정의하는 세 가지 방법을 언급하려 한다.

1. 신약에 초점을 맞춰

　첫째로 나는 신약에 초점을 맞출 것이다. 이는 구원하는 믿음이 구약에는 나타나지 않기 때문이 아니다. 실제로 바울은 믿음으로 말미암은 칭의에 대한 논거를 창세기 15장 6절에 둔다. "성경이 무엇을 말하느냐 아브라함이 하나님을 **믿으매** 그것이 그에게 의로 여겨진 바 되었느니라"(롬 4:3). 신약에 초점을 맞추는 이유는, 첫째로 책의 간결성을 위해서이고, 둘째로 구원하는 믿음에 대한 충분하고 최종적인 논의가 신약에 들어 있기 때문이다. 만일 우리가 신약에서 문제들을 정확하게 이해한다면, 구약이 말하는 하나님의 의도에도 충실하게 될 것이다.

2. 일반적으로 공유하는 의미를

둘째로 어떤 단어의 의미는 그것을 정의한 사람이 있음을 가정한다. "믿음은 이러이러한 것을 의미한다"라고 말할 때, 우리는 어떤 사람이나 사람들이 의미하는 바를 이해한다고 주장하는 것이다. 이 점이 중요한 이유는 같은 단어를 서로 다른 저자가 서로 다른 방식으로 사용할 수 있기 때문이다. 예수님은 "네 믿음이 너를 구원하였으니"(눅 7:50)라고 말씀하셨다. 그런데 야고보는 회의적으로 "그 믿음이 능히 자기를 구원하겠느냐"(약 2:14)라고 물었다. 이 말들은 실재에 대한 상충하는 견해가 아니다. 다만 '믿음'이라는 단어의 서로 다른 용법이다.

그뿐만 아니라 같은 저자가 같은 단어를 다른 때에 서로 다른 의미로 사용할 수도 있다[우리도 이따금 그렇게 한다. "내가 의자에 앉아 흔들거리고(rock) 있을 때, 옆집에서 들려오는 록(rock) 음악이 창문을 통해 던져진 바위(rock)처럼 내 평화를 산산조각 냈다"]. 야고보는 그가 쓴 편지인 야고보서 2장에서 "죽은" "믿음"(약 2:17, 26), 따라서 구원할 수 없는 "믿음"(약 2:14)을 언급한다. 그러나 5장에서는 매우 생기가 넘치고 "역사하는 힘이 큰" 믿음(약 5:16; 따라서 참으로 구원하는 믿음, 15절)을 언급한다.

그러므로 성경에 근거하여 믿음을 정의하려고 노력하면서 나는 모든 엄밀한 정의들은 저자의 특정한 의도를 보여주는 구체적인 본문에 달려 있음을 깨닫는다. 그렇지만 많은 저자가(그리고 많은 그룹이) 공유하는 덜 엄밀하고 더 일반적인 의도(더 일반적인 정의)들도 이야기할 수 있다. 이 일반적인 의미들이 없다면 저자들이 어떤 단어에 부여하는 구체적인 의미도 불가능할 것이다. 저자들은 언제나 그들이 사용하는 단어에 대한 공통된 가정에서 시작한 다음, 거기에 구체적인 의미를 부여한다. 현재로는 내가 신약 저자들 가운데서 찾고 있는 것이 바로 이 일련의 공통된 가정(믿음의 넓고 일반적인 의미)이다.

3. 실재를 경험하는 것을 목표로

셋째로 성경 용어를 정의하면서 내가 목표하는 것은 영감받은 저자들이 의도한 방식대로 그 용어가 나타내는 실재를 우리가 '경험하는' 것이다. 나는 한 단어(말하자면 '믿음')를 다른 어떤 단어(말하자면 '신뢰'와 '확신')로 대체하고, 그것을 정의했다고 말한 다음, 내 일이 끝났다고 말하는 것에 만족하지 않는다. 나 자신과 다른 사람들을 위해 내가 가진 목표는 내가 성경을 읽고 가르치고 집필하는 모든 일에서 언어를 관통하여 그 단어들이 나타내는 '실재'에 이르는 것이다. 만일 성경이 "여호와를 신뢰하라"(잠 3:5)라고 말한다면, 내 목표는 일련의 새로운 단어를 써서 "주님의 약속을 의지하면서 평온한 확신을 경험하라"라는 식으로 '신뢰하라'라는 말을 해석하는 것이 아니다. 내 목표는 영감받은 저자가 우리가 경험하기를 의도하는 모든 것을 우리의 마음과 생각과 행위에서 '경험하는' 것이다.[1]

  단어와 그것이 의미하는 실재는 같은 것이 아니다. '입맞춤'이라는 단어는 입맞춤이 아니다. '행복'이라는 단어는 행복이 아니다. '믿음'이나 '믿는다'는 단어는 구원에 필요한 경험적인 실재가 아니다. 단어는 '지시봉'이다. 단어는 단어 자체가 아니라 실재를 가리켜 보인다. 이것이 우리가 신약에 나타나는 믿음의 일반적인 의미를 명확히 밝히려는 노력으로 시작하는 이유이다. 그러나 우리는 필연적으로 저자들이 전달하려고 하는 정서적인 실재를 향해 나아갈 것이다(3부와 4부에서). 우리는 '믿음'의 일반적인 의미를 명확히 밝힐 뿐만 아니라, 단어 자체가 명확하게 보여주지 못하는 특별한 차원들을 저자들이 어떻게 드러내는지 주의 깊게 살핌으로써 그런 실재들을 발견하고 경험한다.

---

1) 참조. John Piper, *Reading the Bible Supernaturally* (Wheaton, IL: Crossway, 2017), 301; 존 파이퍼, 『존 파이퍼의 초자연적 성경 읽기』, 홍종락 역, 두란노, 2017. 여기에서 나는 저자가 의도하는 것이 단지 그가 하는 말을 우리가 이해하는 것만 아니라 그것을 경험하는 것도 포함한다는 점을 논한다.

600개의 렌즈

2부의 부제는 "600개의 렌즈로 살피는 일반적인 의미"이다. 여기서 "600개의 렌즈"는 '믿음'이나 '믿다'를 뜻하는 헬라어의 어간 '피스트-'(πιστ-)를 기반으로 하는 602개의 단어를 가리킨다. 신약성경에서 '믿다'와 '믿음'이라는 단어의 모든 용례를 찾아보면, 사실상 그것들은 모두 헬라어 어간 '피스트-'의 어떤 형태를 번역한 단어일 것이다.

그러므로 나는 여기에 초점을 맞출 것이다. '구원하는 믿음'의 일반적인 의미를 밝히기 위해 나는 이 600개의 용례를 모두 살펴보려고 노력했으며, 내가 발견한 것을 농축시켜 아홉 단계로 설명할 것이다. '구원하는 믿음'의 일반적인 의미를 언급할 때 나는 또한 '구원하는 신앙'(saving belief, saving believing)도 함께 염두에 두고 있다. 영어와 달리 헬라어에서는 '믿음'(faith)과 '신앙'(belief 또는 believe)이 같은 어간에 기반하기 때문이다. 이 아홉 단계의 설명을 진행하면서 내가 의도하는 것은 각 단계가 '단독으로' 구원하는 믿음이라는 것이 아니다. 그렇다기보다 각각의 설명이 다른 것들과 함께 구원하는 믿음의 요소라는 것이다.

2부에서는 구원하는 믿음의 정서적인 본질에 초점을 맞추지 않는다. 그것은 특별히 4부에 나오며, 2부는 보다 일반적인 토대를 마련한다. 2부는 **"구원하는 믿음에는 정서적인 차원이 있는가?"**라고 물을 때 '구원하는 믿음'이라는 용어에 대해 우리가 '일반적인 의미'에서 가정하는 것이 무엇인지 답하려는 시도이다. 7장에서는 구원하는 믿음에 대한 처음 네 가지 설명에 초점을 맞추는데, 이는 이 설명들이 비교적 짧기 때문이다. 그런 다음 8-12장에서는 나머지 다섯 가지 설명에 한 장씩을 할애할 텐데, 이 다섯 설명은 좀 더 길기 때문이다.

07장

What is Saving Faith?

예수님의 말씀에 대한
확고한 신뢰(설명 1-4)

설명 1

구원하는 믿음은 어떤 사람의 말을 참되며 신뢰할 수 있다고 여기고, 따라서 그가 말하는 실재가 참되며 진짜라고 인정하는 것을 뜻한다. 따라서 그의 말은 믿을 만하다고 받아들여진다.

우리는 다음 본문들을 비롯해 많은 본문에서 이런 믿음의 측면을 발견할 수 있다.

- 가브리엘 천사는 사가랴에게 이렇게 말한다. "보라 이 일이 되는 날까지 네가 말 못하는 자가 되어 능히 말을 못하리니 이는 네가 내 말을 믿지 아니함이거니와"(눅 1:20).
- 반면에 마리아는 천사의 말을 참되다고 믿었다. 그러므로 엘리사벳은 마리아에게 이렇게 말했다. "주께서 하신 말씀이 반드시 이루어지리라고 믿은 그 여자에게 복이 있도다"(눅 1:45).

- 예수님은 아들이 죽어가는 관리에게 이렇게 말씀하셨다. "가라 네 아들이 살아 있다 하시니 그 사람이 예수께서 하신 말씀을 믿고 가더니"(요 4:50).
- 예수님은 빌립에게 이렇게 말씀하셨다. "내가 아버지 안에 거하고 아버지는 내 안에 계신 것을 네가 믿지 아니하느냐 내가 너희에게 이르는 말은 스스로 하는 것이 아니라 아버지께서 내 안에 계셔서 그의 일을 하시는 것이라"(요 14:10).

이 "참되다고 여긴다"는 개념을 다른 방식으로도 설명할 수 있다. '말에 신빙성을 **부여한다**'거나 '말을 신뢰할 만한 것으로 **받아들인다**'고도 할 수 있다. 전자는 우리가 '주는 것'(신빙성)을 주목하게 하고, 후자는 우리가 '받는 것'(신뢰할 만한 말)을 주목하게 한다. 단순히 '믿음'을 가리키는 성경 단어들에 대한 정의에 초점을 맞추는 것만으로는 구원하는 믿음의 본질을 결코 확정할 수 없는 이유가 이 때문이다. '믿음'을 가리키는 단어들은 아주 다양하게 받아들여질 수 있다.

특별히 중요하게 예수님은 이렇게 말씀하셨다. "나는 아버지께서 내게 주신 말씀들을 그들에게 주었사오며 그들은 이것을 **받고** 내가 아버지께로부터 나온 줄을 참으로 아오며 아버지께서 나를 보내신 줄도 **믿었사옵나이다**"(요 17:8). 예수님은 우리가 그분의 말씀을 '받고', 그렇게 해서 예수님이 하나님에게서 오신 것을 알고 '믿게' 되는 데 주의를 집중시키신다. 이는 우리가 앞으로 보게 될 패턴, 즉 믿는 것이 '참되다고 여기는' 행위라고 할지라도 진리는 '우리 안에' 있지 않고 우리 밖에 있으며, 따라서 그 진리를 참된 것으로 '받아들여야' 한다는 점과 일치한다. 어떤 의미에서 믿음의 '행위'는 진리를 '따라 행하게 되는 것'이다. 어떤 것이 '참되다고 여길' 때 우리는 사실이라고 여기는 그것에 따라 행하게 되며, 이는 그것 자체가 우리 마음과 생각에 확실하고 신뢰할 만하다는 것을 보여준다. 우리가 '신빙성을 부여하는' 실재를 만들어내지 않는다. 그 실재는 우리와 관계없이 존재한다. 우리는 그것을 진짜이자 신뢰할 만한 것으로 '받아들일' 뿐이다.[1]

설명 2

구원하는 믿음은 의심에 반하는 경험이다.

---

1) 구약 헬라어 역본(칠십인역)이 '믿다'를 의미하는 헬라어 '피스튜오'(πιστεύω)를 사용하는 놀라운 방식이 이 점을 확증한다. '피스튜오'는 칠십인역에 약 46회 나타난다(외경을 제외할 때). 놀랍게도 '피스튜오'는 히브리어 구약에서 '신뢰하다'를 나타내는 가장 일반적인 동사인 '바타흐'(בטח)를 번역하는 말로 전혀 사용되지 않는다. 히브리어 구약에서 '바타흐'는 약 116회 사용되는데 약 절반 정도는 '엘피조'(ἐλπίζω, 소망하다)로, 절반 정도는 '페이도'(πείθω, 설득하다)로 번역된다. 오히려 '피스튜오'는 언제나 '아만'(אמן)이라는 동사의 히필형[사역형]을 번역하는 단어인데(약 46회), '아만'의 기본 의미는 '신뢰할 만하다, 확실하다, 진실하다'이다. 구약 헬라어 역본에서 '신뢰하다'를 나타내는 가장 일반적인 동사가 '믿다'를 나타내는 가장 일반적인 신약의 단어(피스튜오)로 전혀 번역되지 않는다는 사실은 나를 놀라게 한다! 이것은 신약의 '피스튜오' 용법에 어떤 의미를 갖는가?
내 주장은 이렇다. '바타흐'는 신뢰하는 사람의 내면적인 확신 상태를 강조한다. 그러나 '아만'의 히필형('피스튜오'로 번역되는)은 믿는 대상의 확실성과 진리성, 사실성에 대한 인정을 강조한다. 그럼에도 불구하고 '신뢰하다'(바타흐)가 신뢰하는 대상의 진리성과 확실성, 사실성을 함축하지 않는다고 생각하는 것은 오류이다. 마찬가지로 믿음('아만'의 히필형)이 내면의 신뢰와 확신을 함축하지 않는다고 생각하는 것도 오류이다. 실제로 시편 78편 22절["그들이 하나님을 믿지(הֶאֱמִינוּ) 않고, 그의 구원을 신뢰하지(בָטְחוּ, 바테후) 않았기 때문이다"(새번역)]과 미가서 7장 5절["너희는 이웃을 믿지(תַּאֲמִינוּ, 타아미누) 말아라. 친구도 신뢰하지(תִּבְטְחוּ, 티브테후) 말아라"(새번역)]과 같은 본문에서는 이 두 단어가 거의 호환할 수 있는 말로 사용된다. 이처럼 실제로 이 두 단어는 신뢰할 만한 사실에 대한 인정뿐만 아니라 '또한' 의식적인 확신의 경험을 모두 포함한다. 그러나 '아만'의 히필형은 대상의 확실성에서 시작하여 신뢰의 경험으로 나아가는 것처럼 보이는 데 반해, '바타흐'는 반대로 신뢰의 경험에서 시작하여 신뢰하는 대상의 확실성으로 나아가는 것처럼 보인다. 따라서 '아만'의 히필형을 '피스튜오'로 옮김으로써 칠십인역 번역자들은 '피스튜오'라는 단어가 자기들에게 그런 의미를 지닌다는 것을 나타내고 있다. 즉 '피스튜오'는 어떤 근거의 확실성을 믿고, 그 믿음이 함축하는 신뢰와 확신을 다양한 방식으로 드러내는 것이다. 아르투르 바이저(Artur Weiser)는 『신약성서 신학사전』(Theological Dictionary of the New Testament)의 '피스튜오'에 대한 항목의 구약 부분에서 이와 같은 방향을 가리켜 보인다. "여기서 '바타흐'(בטח)는 '안전한 상태에 있는 것'(בֶּטַח, 베타크)을 의미한다. …… 안전의 창시자나 수단을 나타내기 위해 '베'(בְּ, 안에)나 '알'(עַל, 위에), '엘'(אֶל, 에게)이 덧붙는 때에도 '바타흐'(בטח)는 '헤에민'(הֶאֱמִין)과 구별되게 관계보다는 상태를 표현한다. [헤에민(הֶאֱמִין)을] '~에 근거하여 안전감을 느끼다'라고 옮기는 것은 가장 근접한 번역이다." Rudolf Bultmann과 Artur Weiser, πιστεύω, Theological Dictionary of the New Testament, Gerhard Kittel, Geoffrey W. Bromiley와 Gerhard Friedrich 편집 (Grand Rapids, MI: Eerdmans, 1964), 6:191; 게르하르트 킷텔, 게르하르트 프리드리히 공편, G. W. 브라밀리 영역편, 『신약성서 신학사전: 킷텔단권 원어사전』, 번역위원회 역, 요단출판사, 2010.

나는 '의심에 정반대되는'이 아니라 '의심에 반하는'이라는 말을 사용한다. 믿음은 의심을 완전히 배제하기보다 종종 의심과 싸우기 때문이다.

- 예수님은 물 위에 서 계시고 베드로와 다른 제자들은 배에 있었을 때, 예수님이 베드로에게 "오라 하시니 베드로가 배에서 내려 물 위로 걸어서 예수께로 가되 바람을 보고 무서워 빠져 가는지라 소리 질러 이르되 주여 나를 구원하소서 하니 예수께서 즉시 손을 내밀어 그를 붙잡으시며 이르시되 **믿음**이 작은 자여 왜 **의심**하였느냐 하시고"(마 14:29-31).
- 예수님은 제자들에게 이렇게 말씀하셨다. "내가 진실로 너희에게 이르노니 만일 너희가 **믿음이 있고 의심하지 아니하면** 이 무화과나무에게 된 이런 일만 할 뿐 아니라 이 산더러 들려 바다에 던져지라 하여도 될 것이요"(마 21:21).
- 야고보는 이렇게 말한다. "오직 **믿음으로** 구하고 조금도 **의심하지 말라** 의심하는 자는 마치 바람에 밀려 요동하는 바다 물결 같으니"(약 1:6).

여기서 내가 주목하고 싶은 점은 믿음이 의심과 상반되는 내적인 경험이라는 것이다. 나는 여기서 그 경험을 명명하려고 하지도 않을 것이다. 다만 어떤 사람들이 부정해온 것,[2] 즉 의심과 마찬가지로 믿음이 영혼의 내적인 상태이며 의심과 상반된다는 것을 강조할 뿐이다.

---

2) Teresa Morgan, *Roman Faith and Christian Faith: 'Pistis' and 'Fides' in the Early Roman Empire and Early Churches* (Oxford, UK: Oxford University Press, 2017), 154. 모건은 "이 시대의 자료들은 '피스티스'/'피데스'의 내면성에 관심이 거의 없다"고 주장한다. 모건이 다루는 '시대'의 광대함과 '제국'의 광대함, 그리고 저자와 문서, 상황, 문맥의 다양성이 광대하다는 것을 생각하면, 이런 일반화는 특정 본문들을 구체적으로 관찰할 때 도움이 된다고 할 수 없다. 신약에서는 전혀 성립할 수 없다.

설명 3

구원하는 믿음은 염려와 두려움에 반하는 경험이다.

앞서 말했듯이 나는 '염려에 정반대되는'이 아니라 '염려에 반하는'이라는 말을 사용한다. 이는 믿음이 구원하는 믿음이 되기 위해 끊임없이 염려와 싸울 수 있다는 성경적인 사실에 여지를 남겨놓기 위해서다.

- 예수님은 이렇게 말씀하셨다. "오늘 있다가 내일 아궁이에 던져지는 들풀도 하나님이 이렇게 입히시거든 하물며 너희일까보냐 **믿음이 작은** 자들아 그러므로 **염려⋯⋯ 하지 말라**"(마 6:30-31).
- 예수님은 제자들에게 이렇게 말씀하셨다. "어찌하여 **무서워하느냐 믿음이 작은** 자들아 하시고"(마 8:26).
- 히브리서 저자는 이렇게 말한다. "**믿음으로** [모세는] 애굽을 떠나 왕의 노함을 **무서워하지 아니하고** 곧 보이지 아니하는 자를 보는 것 같이 하여 참았으며"(히 11:27).

믿음이 의심뿐만 아니라(설명 2) 두려움에도 반한다는 것을 생각할 때 깨달음이 있다. 즉 믿음은 영혼의 여러 다른 경험으로 인해 도전을 받을 때 그 본질의 여러 다른 측면을 드러낸다. 의심에 반하는 경험은 두려움에 반하는 경험과 정확하게 똑같지 않다. 따라서 믿음은 의심이 들 때는 본질의 한 측면을, 두려움이 들 때는 본질의 다른 측면을 보여준다. 의심과 대조적으로 믿음은 확신, 신념, 확실성 같은 경험이다. 두려움과 대조적으로 믿음은 안전감과 평안 같은 경험이다.

내가 여기서 확신과 평안 같은 정서적인 상태가 믿음의 '본질'에 속한다고 암시하는 것 때문에 너무 앞서 나간다고 느낄지 모르겠다. 다른 이들은 이런 정서적인 상태가 믿음의 본질이 아닌 믿음의 '결과와 열매'일 뿐이라고 말할 수 있기 때문이다. 맞다. 내가 너무 앞서 나갔다. 아주 명확한 내 생각을 감추기란 어려운 일이다. 만일 해석에 대한 논증이 궁금하다면 곧 볼 수 있을 것이다. 지금은 다만, 구원하는 믿음이 순전히 지적인 것으로 축소된 결과 하나님 앞에서 진심 어린 확신이 없고, 율법의 정죄 앞에서 평안이 없으며, 지옥의 위협 앞에서 안전감이 없다면 그것이 구원하는 믿음에 대해 무엇을 함축할지 생각해보라. 그런 정서적인 경험을 구원하는 믿음과 정말로 구분할 수 있을까? '믿음'이나 '신뢰'를 그런 진심 어린 확신과 그런 평안, 그런 안전감과 구분하려는 시도는 어떤 결과를 낳을까? '믿음'이나 '신뢰'가 어떤 유익한 의미도 지니지 못하는 결과를 낳지 않을까? 이에 대해서는 3부와 4부에서 살펴보겠다.

설명 4

구원하는 믿음은 단순히 예수님과 하나님 아버지에 대한 일반적인 확신이 아니라, 더 구체적으로 예수님과 하나님은 말씀하시는 바를 행하실 수 있고 행하실 것임을 확신하는 것이다.

어떤 사람이 그가 말하는 대로 행할 수 있고 행할 것이라는 확신이 들지 않아도, 우리는 그 사람의 선한 성품으로 인해 그에 대한 일반적인 신뢰를 느낄 수 있다. 그러나 예수님에 대한 믿음, 그리고 예수님 안에서 하나님이 우리에게 어떤 분이신지에 대한 믿음은 구체적인 확신을 포함한다. 이에 대해 예수님과 바울에게서 인용한 다음 두 가지 예를 생각해보라.

> "백부장이 대답하여 이르되 주여 내 집에 들어오심을 나는 감당하지 못하겠사오니 다만 말씀으로만 하옵소서 그러면 내 하인이 낫겠사옵 나이다…… 예수께서 들으시고 놀랍게 여겨 따르는 자들에게 이르시되 내가 진실로 너희에게 이르노니 이스라엘 중 아무에게서도 이만한 **믿음**을 보지 못하였노라…… 예수께서 백부장에게 이르시되 가라 네 **믿은** 대로 될지어다 하시니 그 즉시 하인이 나으니라"(마 8:8-13).

> "아브라함이 바랄 수 없는 중에 바라고 **믿었으니** 이는 네 후손이 이 같으리라 하신 말씀대로 많은 민족의 조상이 되게 하려 하심이라 그가 백세나 되어 자기 몸이 죽은 것 같고 사라의 태가 죽은 것 같음을 알고도 **믿음**이 약하여지지 아니하고 **믿음이 없어** 하나님의 약속을 의심하지 않고 **믿음**으로 견고하여져서 하나님께 영광을 돌리며"(롬 4:18-20).

백부장은 사실상 이렇게 말한 것이다. "비록 제 하인이 마비되어 사람의 도움으로는 회복할 가망이 없지만, 만일 예수님께서 말씀하신다면 제 하인이 나을 것입니다." 백부장은 그것을 확신했다. 아브라함은 사실상 이렇게 말한 것이다. "비록 저는 늙었고 제 아내는 불임이지만, 자손을 주신다는 하나님의 약속은 이루어질 것입니다." 아브라함은 그것을 확신했다. 이 확신은 하나님의 말씀에 뿌리를 두고 있다. 하나님의 말씀은 실현될 것이다. 구원하는 믿음도 이와 같다. 그것은 단순히 일반적인 확신이 아니다. 하나님과 예수님의 신뢰성에 구체적으로 뿌리를 둔 확신 있는 신뢰이다.

08장

What is Saving Faith?

예수님 그분 자체를
영접하는 것(설명 5)

설명 5

구원하는 믿음은 그리스도의 신뢰성에 대한 확신을 넘어 그리스도를 받아들이는 것이다. 단지 그분의 말씀이 아니라 그리스도 자체를, 즉 그리스도 안에서 하나님이 우리에게 베푸시는 모든 것을 받아들이는 것이다.

요한복음 1장 11-13절은 그리스도를 믿는 것을 그리스도를 영접하는 것과 연결시키는 중요한 본문이다.

"[예수님이] 자기 땅에 오매 자기 백성이 **영접하지** 아니하였으나 **영접하는** 자 곧 그 이름을 믿는 자들에게는 하나님의 자녀가 되는 권세를 주셨으니 이는 혈통으로나 육정으로나 사람의 뜻으로 나지 아니하고 오직 하나님께로부터 난 자들이니라."

요한은 예수님의 이름을 '믿는 것'과 예수님을 '영접하는 것'을 동격으로 놓는다. "**영접하는** 자 곧 그 이름을 **믿는** 자들에게는……." 예수님을 '영접하는 것'은 구원을 얻도록 예수님을 '믿는 것'을 묘사하는 한 가지 방식이다.

아들을 영접하는 것은
아버지를 영접하는 것이며 생명을 얻는 것이다

예수님과 아버지가 하나이시므로(요 10:30), 예수님을 영접하는 것은 아버지를 영접하는 것을 포함한다. "나는 **내 아버지의 이름으로** 왔으매 너희가 영접하지 아니하나"(요 5:43)라고 하신 예수님의 말씀에 이 진리가 숨어 있다. "내 아버지의 이름으로" 예수님을 영접한다는 것은 우리가 예수님을 영접할 때 아버지를 영접하며, 아버지가 예수님 안에서 우리에게 베푸시는 모든 것을 받는다는 의미이다. "나를 영접하는 자는 **나를 보내신 이**를 영접하는 것이니라"(요 13:20; 참조. 마 10:40). 아버지와 갖는 구원의 관계는 예수님을 영접하는 데 달려 있다.

예수님을 영접하는 것이 구원을 얻게 하는 이유는 "아버지께서 자기 속에 생명이 있음 같이 아들에게도 생명을 주어 그 속에 있게 하셨"기 때문이다(요 5:26). 그러므로 "그 아들을 모시고 있는 사람은 생명을 가지고 있고, 하나님의 아들을 모시고 있지 않은 사람은 생명을 가지고 있지 않습니다."(요일 5:12, 새번역). 아들을 영접하는 것은 아들을 '모시는'(갖는) 방법이다. 그리고 아들을 소유함으로써 우리는 생명을 소유한다. 오직 아들을 '영접'하여 '가짐'을 통해서만 우리는 아버지가 아들 안에서 우리에게 베푸시는 모든 것을 소유한다. 그러므로 '구원하는 믿음'(요 1:12)은 예수 그리스도를

'영접하며' 하나님이 그리스도 안에서 우리에게 베푸시는 모든 것을 받는 것이다.

"너희가 그리스도 예수를 주로 받았으니"

요한과 예수님만 아니라 바울도 예수님을 '영접하는 것'을 믿음과 연결시킨다. "그러므로 너희가 그리스도 예수를 주로 **받았으니** 그 안에서 행하되 그 안에 뿌리를 박으며 세움을 받아 교훈을 받은 대로 **믿음**에 굳게 서서 감사함을 넘치게 하라"(골 2:6-7).

우리가 그리스도를 '받으면'(영접하면) 그리스도께서 우리 안에 거하신다. 따라서 그리스도의 내주하심은 '믿음으로 말미암아' 이루어진다. 그러므로 바울은 "**믿음으로 말미암아** 그리스도께서 너희 마음에 계시게 하시옵고"라고 기도한다(엡 3:17).

바울은 모든 신자가 그리스도를 영접했으므로 그리스도께서 그분의 성령을 통해 그들 안에 거하신다고 말한다. "누구든지 그리스도의 영이 없으면 그리스도의 사람이 아니라 또 **그리스도께서 너희 안에 계시면** 몸은 죄로 말미암아 죽은 것이나 영은 의로 말미암아 살아 있는 것이니라"(롬 8:9-10).

이처럼 그리스도께서는 모든 신자 '안에' 계신다. 그리고 그리스도께서 신자 안에 계시는 것은 '믿음으로' 말미암는다. "이제는 내가 사는 것이 아니라, 내 안에 계신 그리스도께서 사시는 것입니다. 내가 지금 내 몸 안에 사는 것은 나를 사랑하셔서, 나를 구하시려고 자기 몸을 바치신 하나님의 아들을 믿는 **믿음으로** 사는 것입니다"(갈 2:20, 쉬운성경). 하나님의 아들을 믿는 '믿음으로' 말미암아 그리스도께서 우리 안에 거하신다. 그러므로 구원하는 믿음은 그리스도를 '처음' 영접하는 것이자(요 1:12; 골 2:6) 매 순간 그리스도를 기쁘게 환영하며 의지하는 '지속적인' 마음이다(갈 2:20; 엡 3:17).

구원하는 믿음의 '영접하는'(받는) 특성은 그리스도인의 삶의 모든 측면을 안팎으로 물들인다. 우리가 '내적으로' 경험하는 선은 언제나 받는 것이다. 따라서 히브리서 13장 21절은 하나님이 "그분이 기뻐하시는 일을…… 우리 안에서 하"신다고 말한다(현대인의성경). 하나님은 주시고 우리는 받는다. 마찬가지로 우리가 외적으로 행할 수 있는 선도 언제나 받는 것이다. 따라서 바울은 "내가 모든 사도보다 더 많이 수고하였으나 내가 한 것이 아니요 오직 나와 함께 하신 하나님의 은혜"(고전 15:10), 즉 믿음으로 '받은' 은혜라고 말한다. 내적으로나 외적으로나, 믿음의 삶은 받는 삶이다. "네게 있는 것 중에 받지 아니한 것이 무엇이냐"(고전 4:7).

구원하는 믿음은 모두 예수 그리스도를 영접하는 것이다

이것은 반드시 강조해야 할 점이다. 구원을 얻도록 믿는 것은 예수 그리스도를 '영접하고 갖는' 것이다. "구원의 복음"(엡 1:13), 즉 "하나님의 은혜의 복음"(행 20:24)을 전했을 때 바울은 "측량할 수 없는 그리스도의 풍성함"을 전했다(엡 3:8). 구원을 받는 것은 그리스도를 영접하는 것이며, 하나님이 그리스도 안에서 우리에게 베푸시는 측량할 수 없는 풍성함을 모두 받는 것이다.

우리가 그리스도와 연합함으로, 그리스도께서는 "하나님으로부터 나와서 우리에게 지혜와 의로움과 거룩함과 구원함"이 되신다(고전 1:30). 구원하는 믿음은 단지 그리스도의 선물만 아니라 그리스도를 '받는' 것이다. 오직 그리스도와의 연합을 통해서만, 그리스도의 내주하심을 통해서만 모든 구원이 우리에게 흘러오기 때문이다. 하나님은 **"그리스도 안에서** 하늘에 속한 모든 신령한 복을 우리에게 주"신다(엡 1:3). 구원하는 믿음은 모두 '받는' 것이라는 점, 즉 예수 그리스도 자체를 영접하는 것이라는 점은 아무리 강조해도 지나치지 않다.

09장

그리스도의 영광에 대한 영적인 시각(설명 6)

설명 6

구원하는 믿음은 실재에 대한 영적인 시각, 특히 자증적인(self-authenticating) 그리스도의 영광에 대한 시각을 포함한다.

믿음으로 행하고 보는 것으로 행하지 않는다

바울은 예수님이 지금 육체를 갖고 하늘에 계시는 반면 우리는 여전히 땅에 있다는 사실을 이야기하면서 이렇게 말했다. "우리가 항상 담대하여 몸으로 있을 때에는 주와 따로 있는 줄을 아노니 이는 **우리가 믿음으로 행하고 보는 것으로 행하지 아니함이로라**"(고후 5:6-7).[1]

---

1) "우리가 믿음으로 행하고 **보는 것**으로 행하지 아니함이로라"(고후 5:7)라고 번역된 이 구절을 문자 그대로 옮기면 "우리가 믿음으로 행하고 **외모**로 행하지 않는다", 즉 보이는 것으로 행하지 않는다는 말로 옮길 수 있다[데살로니가전서 5장 22절의 '갖가지 **모양**의 악'(새번역)에 사용된 '에이두스'(εἴδους)의 용례를 참조하라]. 그러나 결과적으로는 같다. 외모로 행하는 것은 우리의 육적인 '시각'에 물리적인 것들이 '보이는' 대로 행하는 것을 의미하기 때문이다.

이것은 믿음으로 행하는 것에 대해 무엇을 시사하는가?

이 구절은 믿음이 있는 사람은 벽에 부딪히거나 계단에서 떨어지지 않기 위해 육적인 눈을 사용하지 않는다는 뜻이 아니다. 그런 의미에서 우리는 여전히 "보는 것으로 행한다."

바울의 말은 우리가 그리스도를 보기 위해 육적인 눈을 사용하지 않는다는 뜻이다. 우리는 우리를 살아가게 하고 인도하는 그리스도에 대한 진리를 분별하기 위해 육적인 눈을 사용하지 않는다. 그리스도께서는 하늘에 계시므로 우리는 육적인 눈으로 그리스도를 볼 수 없다. 이런 의미에서 우리는 믿음으로 행하고 보는 것으로 행하지 않는다.

만일 '믿음으로' 행하는 것이 '영적인' 시각이나 다른 '어떤' 시각으로도 행하지 않는 것을 의미한다면, 믿음으로 행하는 것은 (육적으로) 보는 것으로 행하는 것에 대한 적절한 대안이 될 수 없다. 예를 들어 내가 "우리는 그리스도에 대한 육적인 시각이 아닌 그리스도에 대한 믿음으로 행한다"라고 말한다면, 대조하는 대상이 혼란스러워진다. 제자들은 육적인 눈으로 그리스도를 볼 수 있는 동안 이미 그리스도를 믿었다. 또 우리는 다시 오시는 그리스도를 '보는' 때에 그리스도를 믿고 있을 것이다(요일 3:1-2). 그러므로 요점은 보는 것으로 행하는 것과 믿음으로 행하는 것을 대조하는 것이 아니다. 고린도후서 5장 7절에서 가장 자연스러운 대조의 대상은 '보는 것'(육적인 눈)과 또 다른 시각, 즉 구원하는 믿음에 속하는 시각이다.

따라서 이 대조('보는 것'과 '믿음으로')를 가장 잘 이해하기 위해서는 '믿음으로'가 '또 다른 시각'을 포함한다고 보아야 한다. 그러므로 나는 "우리가 믿음으로 행하고 보는 것으로 행하지 아니함이로라"고 한 바울의 말이 "우리는 그리스도에 대한 육적인 시각이 아니라 그리스도에 대한 영적인 시각으로 살아가며 인도함을 받는다"라는 의미라고 제안한다.

이제는 그리스도의 영광의 빛을 보지 못하는 눈먼 자가 아니다

바울과 다른 신약 저자들이 구원하는 믿음을 영적인 실재, 특히 자증적인 그리스도의 영광에 대한 영적인 시각으로 이해했다고 생각할 만한 충분한 근거들이 있다. 예를 들어 바울은 신자와 불신자를 대조하면서, 신자들은 그리스도의 영광의 복음의 광채를 보고 불신자들은 보지 못한다고 대조한다.

> "만일 우리의 복음이 가리었으면 망하는 자들에게 가리어진 것이라 그 중에 이 세상의 신이 믿지 아니하는 자들의 마음을 혼미하게 하여 그리스도의 영광의 복음의 광채가 비치지 못하게 함이니 그리스도는 하나님의 형상이니라…… 어두운 데에 빛이 비치라 말씀하셨던 그 하나님께서 예수 그리스도의 얼굴에 있는 하나님의 영광을 아는 빛을 우리 마음에 비추셨느니라"(고후 4:3-6).

불신자들은 "그리스도의 영광의 복음의 광채"를 보지 못한다. 그러나 신자들에게는 "하나님께서…… 빛을 우리 마음에 비추셨다." 신자와 불신자 모두가 복음을 듣는다. 두 그룹 모두 복음의 역사적인 사실들을 파악한다. 그러나 불신자들은 신자들이 복음에서 보는 것을 보지 못한다. 불신자들은 여전히 보는 것(육적인 시각)으로 행하고 믿음으로 행하지 않는다. 육적인 시각은 복음을 보면서도 그 안에 담긴 그리스도의 영광을 영적으로 인식하지 못한다. 육적인 눈을 가진 육에 속한 마음(고전 2:14)은 믿음이 복음에서 보는 것을 보지 못한다.

그러나 신자들의 경우는 아주 다르다. 신자들에 대해서는 6절에서 설명하는데, 그들은 빛을 주시는 하나님의 새 창조라는 기적을 경험한다. 신자들은 불신자들이 보지 못하는 것을 본다. 하나님은 창조의 첫째 날 그러셨듯이 "빛이 비치라!"고 말씀하신다. 그리고 믿음을 일으키는 그 말씀으로 "예수 그리스도의 얼굴에 있는 하나님의 영광을 아는 빛"을 주신다(고후 4:6). 이런 일이 일어나면, 불신자가 신자가 된다. 이것이 신자와 불신자의 엄청나고도 근본적인 차이다. 복음을 들을 때 '신자는' 그리스도의 얼굴에 있는 '하나님의 영광을 본다.'

이것은 육적인 시각이 아니라 영적인 시각이다. 이것은 바울이 말한 "마음의 눈"으로 보는 것이다. 에베소서 1장 18절에서 하나님이 우리의 "마음의 눈"을 "밝히"(πεφωτισμένους, 페포티스메누스)시기를 기도할 때 바울이 사용한 동사는 바로 고린도후서 4장 4절과 6절에서 하나님이 주신 그리스도의 영광의 "광채"(φωτισμὸν, 포티스몬, 빛)를 가리키는 단어의 동사형이다. 그러므로 나는 신자가 영적인 실재, 특히 그리스도의 영광에 대한 영적인 시각을 선물로 받았다고 추론한다.

보이지 않는 것을 보는 것 같이

히브리서 저자는 또한 믿음과 보이지 않는 것을 보는 능력을 연결시킨다. "믿음으로 [모세는]…… **보이지 아니하는 자를 보는 것 같이 하여** 참았으며[τὸν ἀόρατον ὡς ὁρῶν ἐκαρτέρησεν, 톤 아오라톤 호스 호론 에카르테레센]"(히 11:27). 그는 보이지 않는 것을 보는 것 "같이" 했다고 말하는데, 이는 실제로 보지 않았다는 뜻에서라기보다 그것이 '육적으로' 보는 것과 "같지" 않았다는 의미에서 그렇게 말한 것이다. 그것은 '영적으로' 보는 것이었다. 모세는 보이지 않는 그리스도를 '바라보고'(26절) 있었다. 마찬가지로 땅에 있는 우리에게는 그리스도가 보이지 않지만, 히브리서 12장 2절은 "믿음의 창시자요 완성자이신 예수를 **바라봅시다**"(새번역)라고 우리에게 말한다. 그리스도께서는 하늘에 계시지만, 우리는 믿음으로 그리스도를 본다. 마찬가지로 고린도후서 4장 18절은 신자인 "우리가 주목하는 것은 보이는 것이 아니요 보이지 않는 것"이라고 말한다. 우리는 바라본다. 그리고 보이지 않는 것을 본다.

모세가 "믿음으로"(히 11:27) 본 것은 히브리서 11장 서두와 연결된다. "믿음은 바라는 것들의 실상이요 **보이지 않는 것들**의 증거니"(1절). 이 책의 10장과 17장에서 이 구절에 대해 더 자세히 말하겠지만, 지금은 우리가 (육적으로는) 보이지 않는 것을 믿음으로 본다는, 가장 중요하게는 그리스도의 영광을 믿음으로 본다는 확신을 히브리서 저자와 바울이 공유한다는 점만 언급하려 한다.

보지 못하나 믿고 기뻐하니

믿음이 영적으로 보는 것임을 가리킨다고 보이는 구절을 하나 더 언급하겠다. 베드로는 베드로전서 1장 8절에서 이렇게 말한다. "예수를 너희가 보지 못하였으나 사랑하는도다 이제도 보지 못하나 **믿고** 말할 수 없는 영광스러운 즐거움으로 기뻐하니."

이 신자들은 지금 그리스도를 보지 못할 뿐 아니라, 사는 동안 그리스도를 본 적이 전혀 없다(즉 육적인 눈으로). 그러나 그들은 그리스도를 사랑한다.

그리고 말로 표현할 수 없고 영광이 가득한 즐거움으로 그리스도를 가장 기뻐한다.

문자대로 하면 8절 후반절은 이런 뜻이다. "그를 보지 못하지만 믿으면서 너희가 기뻐한다"(εἰς ὃν ἄρτι μὴ ὁρῶντες, πιστεύοντες δὲ, ἀγαλλιᾶσθε, 에이스 혼 아르티 메 호론테스, 피스튜온테스 데, 아갈리아스데). 고린도후서 5장 7절에서 사도 바울이 쓰는 표현을 사용하자면, "그들은 믿음으로 기뻐하고 보는 것으로 기뻐하지 않았다"라고 말할 수 있다. 나는 이 말이, 그 말할 수 없는 기쁨을 뒷받침하는 것이 이전에는 그리스도를 육적으로 보는 것이었지만, 이제는 그리스도를 영적으로 보는 것, 즉 믿음으로 보는 것으로 대체되었다는 뜻이라고 생각한다.

자증적인 그리스도의 영광을 보는 시각

요약하자면 이 여섯 번째 설명은 구원하는 믿음이 영적인 실재, 특히 자증적인 그리스도의 영광을 보는 영적인 시각을 포함한다는 것이다. 내가 믿음이 '특히 자증적인 그리스도의 영광'을 본다고 말하는 데는 두 가지 이유가 있다.

첫째로 바울은 고린도후서 4장 4절과 6절에서 "하나님의 형상이신 그리스도의 영광"과 "그리스도의 얼굴에 나타난 하나님의 영광"(새번역)을 분명하게 언급한다. 이는 불신자들이 보지 못하는 것이다. 이는 하나님이 신자들의 마음에 빛을 창조하시고 그들이 마음의 눈을 복음에 고정하는 때에 볼 수 있다.

둘째로 내가 이 영광을 '자증적'이라고 부르는 이유는 고린도후서 4장 6절이 그것을 하나님의 창조 행위로 말미암아 즉각 인식되는 영광으로 묘사하기 때문이다. "어두운 데에 빛이 비치라 말씀하셨던 그 하나님께서 예수 그리스도의 얼굴에 있는 하나님의 영광을 아는 빛을 우리 마음에 비추셨느니라." 하나님이 그분의 영광을 우리 마음에 비추실 때, 우리에게는 그것이 영광스러운지 따분한지 따질 선택권이 없다. 만일 6절의 영광이 따분하다면, 우리는 아직 6절의 기적을 경험하지 못한 것이다. 여전히 4절이 말하는 보지 못하는 상태에 있는 것이다.

6절의 요점은 하나님이 그리스도의 영광을 보는 시각을 창조하신다는 것이다. 이는 하나님이 우리에게 복음에서 그리스도를 볼 수 있게 하실 때, 바로 그 순간 우리가 그리스도를 '영광스러운 분으로' 본다는 것을 의미한다. 우리는 그리스도를 중립적으로 보지 않는다. 우리는 그리스도를 따분해하거나 황홀해하며 보게 되어 있다. 그리고 하나님은 '믿음의' 시각을 선물로 주신다.

이 시각에는 강제하는 것이 없다. 그것은 마치 혼수상태였던 사람이 알프스 산기슭에서 깨어나는 것과 같다. 거기에는 둘러싼 봉우리들을 보고 놀라야 한다고 우리를 강제하는 것이 없다. 그 봉우리들은 원래 그대로이며, 자기들의 영광을 자증하고 있다. 우리는 그것들이 따분한지 눈부신지 따지며 고심하지 않는다. 깨어남은 그 봉우리들을 있는 그대로 보게 하는 선물이며, 따라서 산들은 웅장함을 자증한다.

복음이 담고 있는 그리스도의 영광에 대해 내가 말하는 점이 바로 그것이다. 보지 못하는 사람들에게는 그리스도의 영광이 미련한 것이지만, 보는 사람들에게는 있는 그대로 영광스럽고 아름다우며 형언할 수 없이 귀중한 것이고, 다른 것이 될 수 없다.

그리스도를 보는 일은 환각이 아니다

구원하는 믿음이 영적인 실재를 보는 일을 포함한다고 말할 때 이는 환각에 대해 말하는 것이 아님을 분명히 하고 싶다. 나는 환상에 대해 말하는 것이 아니다. 어떤 꿈이나 상상이나 무아지경의 몽상에 대해 말하는 것이 아니다. 바울은 복음에 그리스도의 영광을 뿌리내린다(고후 4:4). 그리스도의 영광은 꿈에서 볼 수 있는 것이 아니라 복음에서 볼 수 있다. 즉 예수 그리스도의 죽음과 부활의 참된 사실과 의미에서 볼 수 있다.

더 일반적으로 말하면 그리스도의 영광은 하나님의 모든 말씀에서 볼 수 있다. 누가복음 16장 31절에서 예수님은 (하늘에 있는 "아버지 아브라함"을 통해) "[그들이] 모세와 선지자들에게 듣지 아니하면 비록 죽은 자 가운데서 살아나는 자가 있을지라도 권함을 받지 아니하리라"라고 말씀하셨다. 즉 성경에 아주 많이 나타나는 자증적인 하나님의 영광을 보지 못한다면 부활 때에도 그것을 보지 못하리라는 뜻이다. 믿음의 눈이 보는 영적인 실재가 영감된 하나님의 말씀 어느 한 부분에서만 아니라 '전체에 걸쳐' 밝게 빛난다고 말하는 이유가 이 때문이다. 이처럼 그리스도 안에서 하나님이 우리에게 베푸시는 모든 것의 영광, 곧 믿음으로 보는 그 모든 것의 영광은 막연한 환상이나 꿈의 광채가 아니다. 그 영광은 복음과 하나님의 모든 말씀에서 드러나는 그리스도의 아름다우심이다.

그러므로 나는 구원하는 믿음이 실재, 특히 자증적인 그리스도의 영광에 대한 영적인 시각을 포함한다고 결론 내린다. 이것은 중요한 의미를 함축한다. 16장에서 나는 그리스도의 영광을 인식하는 하나님의 선물인 영적인 시각은 그리스도를 보배로 보고 경험하지 않을 수 없다고 주장할 것이다. 신자와 불신자가 똑같은 복음 이야기를 보고 똑같은 설명을 듣지만, 불신자는 미련함을 보고 신자는 아름다움과 위대함과 소중함(영광!)을 본다. 그렇다면 어떻게 신자의 이 시각이 보배롭게 여기고 소중히 여기며 흠모하는 시각이 아닐 수 있겠는가?

10장

바라는 것들의 실상(설명 7)

설명 7

구원하는 믿음은 "바라는 것들의 실상"이다. 즉 믿음은 하나님이 약속하신 미래의 실재, 특히 그리스도의 영광과 소중함을 현재에 경험하는 것이다. 말하자면 믿음에 의해 미래의 실재가 현재로 흘러들어오고 이를 맛볼 수 있게 된다.

이 요점의 배후에 있는 핵심 구절은 히브리서 11장 1절이며, 히브리서 전체에 그 맥락이 펼쳐진다. "믿음은 바라는 것들의 확신이요[또는 '실상']이요, 보이지 않는 것들의 증거입니다"(새번역). 이것은 신약에서 믿음을 가장 명확하게 정의한 구절이다. '확신'(ὑπόστασις, 휘포스타시스)으로 번역된 단어는 '실상'으로도 번역되어 왔다["믿음은 바라는 것들의 실상이요"(개역개정)]. '확신'과 '실상'은 의미상 어떤 차이가 있을까? 어느 것이 저자의 의도에 더 가까울까?

실상인가, 확신인가?

'휘포스타시스'라는 단어는 히브리서에서 두 번 더 나온다. 히브리서 1장 3절은 "[그리스도께서는] 하나님의 영광의 광채시요 그 **본체**(ὑποστάσεως, 휘포스타세오스)의 형상이시라"고 말한다. 히브리서 3장 14절은 "만일 우리가 참으로 우리의 처음 **확신**(ὑποστάσεως, 휘포스타세오스)을 끝까지 견고히 붙잡으면 우리가 그리스도께 참여하게 되리라"(ESV를 직역)라고 말한다. 엄밀히 말하면 히브리서 3장 14절의 헬라어 본문에는 '우리의'라는 단어가 없다. 더 문자 그대로 옮기면 이 구절은 이렇게 말한다. "만일 우리가 참으로 '휘포스타세오스'의 시작을 끝까지 견고히 붙잡으면 우리가 그리스도께 참여하게 되리라." '휘포스타시스'는 히브리서를 제외하고 신약에서 두 번 나오는데, 그 때는 '확신'을 의미한다[고후 9:4("믿던 것"); 11:17("기탄없이")].

한편으로 히브리서 저자는 성육신하신 그리스도를 통해 나타나는 하나님의 본성이나 본질, 실상, 실재를 가리키는 데 이 단어를 사용한다(히 1:3). 다른 한편으로는 내적인 신뢰의 상태나 확신의 견고함을 가리키는 데 이 단어를 사용한다(히 3:14). 히브리서 저자가 이 두 가지 의미를 구분하기를 바라는 것은 아닌지 의심되는 두 가지 이유가 있다.

다의적인 단어를 사용하는 이유

첫째로 히브리서 11장 1절에서 '확신'만을 표현하고 싶었다면, 저자는 이 편지에서 사용한 단어 중에서 확신 개념을 담고 있는 다른 단어들을 사용할 수도 있었다. 확신이나 신뢰의 의미를 지니는 '플레로포리아'(πληροφορία,

히 6:11; 10:22)나 '파레시아'(παρρησία, 히 3:6; 4:16; 10:19, 35)를 사용할 수도 있었다. 하지만 그는 이 다의적인 단어인 '휘포스타시스'를 선택했다.

이 단어가 '다의적'이라고 말하는 이유는 히브리서 저자가 그의 편지 첫 단락에서 한 단어가 지닐 수 있는 아주 많은 의미를 거기에 담았기 때문이다. "그리스도께서는 하나님의 '휘포스타세오스'의 형상이시다!" 저자가 전적으로 믿음을 설명하려고 의도한 장(11장)의 첫 문장에서 믿음을 정의하는 단어들을 선택하면서, 자신이 편지의 맨 처음 단락에서(히 1:3) '휘포스타시스'의 심오한 의미를 암시했다는 사실을 깨닫지 못했을리 없다. 그럴 수 없다. 나는 독자가 히브리서 11장 1절을 읽을 때 그런 의미(본질, 실상, 실체, 실재)를 염두에 두도록 하는 것이 저자의 의도라고 생각한다.

'휘포스타시스'는 확신의 기초를 가리킨다

둘째로 히브리서 11장 1절에서 믿음을 정의하기 위해 '휘포스타시스'를 사용할 때("바라는 것들의 실상") 저자는 우리가 확신의 '근거'를 직시하게 한다. 때로 '확신'을 의미하는 말로 사용되기는 하지만, 이 단어는 '단지' 확신만을 의미하지 않는다. 이 말은 확신 아래 있는 '실재'나 '실상'도 의미한다. '보증된' 확신, 어떤 실재나 실상에 근거하거나 관련된 확신을 의미한다.

다시 말해 히브리서 11장 1절에서 '휘포스타시스'는 믿음을 미래의 실재("바라는 것들")의 '실상'에 대한 현재적 경험으로 묘사한다. 미래의 실재가 어느 정도 '실질적으로 존재하게' 되는 것, 이것이 믿음의 본질이다. 믿음은 그 실상을 경험하는 것이다. 믿음은 바라는 것의 현존하는 실재를 **본다**. 다르게 표현하자면 **맛본다**. 영적이고 보이지 않는 실재가 믿음을 통해 현실과 실상이 된다. 다가오는 그리스도의 영광과 가치를 믿음을 통해 지금 실재하는 것으로 알게 된다.

"그 앞에 있는 기쁨"

셋째로 히브리서 저자가 믿음을 "바라는 것들의 실상"으로 설명하는 방식은 우리가 어떻게 이 실상을 믿음으로 알 수 있는지, 어떻게 그것이 우리 삶에서 실제적인 것으로 강력하게 역사하는지를 보여준다. 이를 보려면 먼저 예수님의 생애 마지막에 "바라는 것들"이 지녔던 힘을 생각해보라.

> "이러므로 우리에게 구름 같이 둘러싼 허다한 증인들이 있으니 모든 무거운 것과 얽매이기 쉬운 죄를 벗어 버리고 인내로써 우리 앞에 당한 경주를 하며 믿음의 주요 또 온전하게 하시는 이인 예수를 바라보자 그는 **그 앞에 있는 기쁨을 위하여 십자가를 참으사** 부끄러움을 개의치 아니하시더니 하나님 보좌 우편에 앉으셨느니라"(히 12:1-2).

시련을 견딜 때 우리는 예수님을 모범으로 삼아야 한다(히 12:3-4). 우리는 '예수를 바라보아야' 한다. 구체적으로 우리는 예수님이 "그 앞에 있는 기쁨을 위하여", 즉 부활의 기쁨을 위하여, 그리고 "천만 천사"(히 12:22) 및 구름 같은 증인과 구속받은 의인들(히 12:1, 23)에게 둘러싸여 하나님 보좌 우편에 앉으시는(히 1:3) 기쁨을 위하여 '십자가를 참으셨다'는 것을 주목해야 한다. 다시 말해 "바라는 것들", 즉 그 앞에 있는 기쁨이 예수님의 마음속에서 매우 실제적이었기 때문에 예수님은 십자가를 견디실 수 있었다.

예수님은 '믿음으로' 고난을 견디는 방법에 대해 우리가 따를 모범으로 제시된다. 바라는 것들의 실재나 실상은 예수님의 현재 삶에서 강력한 효력을 발휘하여 예수님이 최대한 사람들을 사랑하실 수 있게 했다. 나는 히브리서 11장 1절을 이렇게 이해해야 한다고 제안한다. 다시 말해 "그 앞에 있는 기쁨"은 단지 "그 앞에" 멀리 있는 것이 아니다. 그것은 경험하는 실재로 "그 앞에" 있다. 히브리서 11장 27절의 표현을 빌려 말하자면, 믿음으로 예수님은 보이지 않는 것을 보실 수 있었다. 바라는 것의 "실상"(근본적인 영적 실재, 그분 앞에 있는 근거가 충분한 기쁨)이 믿음으로 말미암아 예수님의 생애 마지막에 현재를 지탱하는 힘이 되었다.

"더 나은 소유가 있는 줄 앎이라"

히브리서의 다른 본문들은 히브리서 12장 2절과 11장 1절의 믿음에 대한 이런 이해를 확증한다. 예를 들어 히브리서 10장 32-34절에서 그리스도인 신자들이 기쁨으로 고난을 참음으로 예수님의 모범을 따를 때, 그들은 어떻게 그렇게 했는가? 그들은 이렇게 했다. "너희가 갇힌 자를 동정하고 너희 소유를 빼앗기는 것도 기쁘게 당한 것은 **더 낫고 영구한 소유가 있는 줄 앎이라**"(히 10:34).

예수님의 생애 마지막에서 우리가 보았던 것과 같은 동기부여 패턴이 여기에도 나타난다. 예수님은 "그 앞에 있는 기쁨"을 바라보셨다. 이 그리스도인들은 "더 낫고 영구한 소유"를 바라보았다. 예수님은 자기 생명을 희생하여 자기 사람들을 사랑하셨다. 이 그리스도인들은 자기 소유를 희생하여 갇힌 자들을 사랑했다. 부활 때에 하나님 앞에서 받을 상을 바라보았

때 그들은 그 상이 자신들의 것임을 "알았다." "[너희개] 더 낫고 영구한 소유가 있는 줄 **앎이라**."

이 "앎"은 예수님이 경험하신 "보이지 아니하는 것을 보는 것"이다. 그들 앞에 있는 기쁨(더 낫고 영구한 소유)은 신자들의 마음속에서 "바라는 것들의 실상"이 되었다. 그들은 미래의 영광에 대한 기쁨을 현재에 경험했다. "너희 소유를 빼앗기는 것도 **기쁘게** 당한 것은." 상실 가운데서 경험한 이 완전히 반대되는 직관적인 기쁨은 미래의 기쁨의 실상이 현재로 흘러들어오는 일을 경험하는 기적이었다. 따라서 히브리서 11장에서 아주 여러 번 이야기하듯이, "믿음으로" 이 신자들은 형제들을 사랑하며 고통을 참았다고 말할 수 있다. 그들이 바랐던 더 낫고 영구한 소유가 현재에서 실질적인 실재가 되었다. 놀라운 능력으로 그것을 '보고' '알게' 되었다. 이것이 구원하는 믿음의 지속적인 실재이다.

"상 주심을 바라봄이라"

믿음에 대한 이런 이해와, 바라는 것들의 실상으로서 사랑을 낳는 믿음의 능력을 보여주는 한 가지 예를 더 생각해보자.

> "**믿음으로** 모세는 장성하여 바로의 공주의 아들이라 칭함 받기를 거절하고 도리어 하나님의 백성과 함께 고난 받기를 잠시 죄악의 낙을 누리는 것보다 더 좋아하고 그리스도를 위하여 받는 수모를 애굽의 모든 보화보다 더 큰 재물로 여겼으니 이는 상 주심을 바라봄이라"(히 11:24-26).

모세는 "믿음으로" 세 가지를 했다. ⑴믿음으로 모세는 "바로의 공주의 아들이라 칭함 받기를 거절"했다. ⑵믿음으로 모세는 "잠시 [애굽의] 죄악의 낙을 누리는 것"보다 "하나님의 백성과 함께 고난 받기"를 선택했다. ⑶믿음으로 모세는 "그리스도를 위하여 받는 수모를 애굽의 모든 보화보다" 더 가치 있게 "여겼다." 이러한 희생은 히브리서 12장 2절에서 예수님이 십자가를 견디신 일과 히브리서 10장 34절에서 그리스도인들이 자기 소유의 상실을 견딘 일에 상응한다.

히브리서 저자는 그런 다음 모세가 어떻게 이 일을 "믿음으로" 했는지를 설명한다. "이는 상 주심을 바라봄이라"(히 11:26). 이것은 예수님이 "그 앞에 있는 기쁨"을 바라보신 일과 그리스도인들이 더 낫고 영구한 소유가 자기들에게 있다는 것을 "앎"에 상응한다. 모세가 "상 주심을 바라봄이라"고 할 때 이 말은 모세가 바라보았지만 실상을 보지 못했다는 의미가 아니다. 바로 다음 구절은 이렇게 말한다. "믿음으로 애굽을 떠나…… **보이지 아니하는 자를 보는 것 같이 하여**"(히 11:27). 모세는 그저 바라보기만 하지 않았다 그가 본 것은 메시아(τοῦ Χριστοῦ, 투 크리스투, 26절)였다. 그리고 이 바라던 메시아가 바로 상이었다. 모세의 믿음이 바라던 것들의 실상이 되었다고 말할 수 있을 정도로 모세가 하나님의 약속에서 본 것은 정말 실재했다.

그러므로 일곱 번째 설명은 구원하는 믿음이 바라는 것들의 실상이라는 것이다. 구원하는 믿음은 하나님이 약속하신 미래의 실재, 특히 그리스도의 영광과 소중함을 현재에 경험하는 것이다. 구원하는 믿음을 통해 미래의 실재는 그것을 영적으로 '맛본다'(벧전 2:3)는 의미에서 현실이 된다. 미래의 실재는 마음의 눈으로 '본다'(엡 1:18).

이 책의 17장에서는 히브리서 11장 1절로 돌아가 믿음의 본질의 이런 측면을 살펴볼 것이다. 지금은 단순히 믿음이 바라는 실재의 현재적 실현이라는 데 초점을 맞추었다. 17장에서는 이 실현의 정서적인 본질에 초점을 맞출 것이다. 의심할 여지 없이, 통찰력이 있는 독자라면 예수님과 초기 그리스도인들과 모세의 경우에 기쁨의 능력이 작용했음을 알아챘을 것이다. 그러나 이 장에서는 그것이 주요 요점이 아니다. 그것은 17장의 요점이 될 것이다. 왜냐하면 17장의 질문은 이렇기 때문이다. "바라는 기쁨의 실상 자체가 어떻게 기쁨이 아닐 수 있는가?"

What is
Saving
Faith?

11장

하나님을 기쁘시게 하는
모든 행위의 근원(설명 8)

설명 8

구원하는 믿음은 행위(의지나 육신의 행위)가 아니다. 다시 말해, 구원하는 믿음은 우리가 하나님과 맺은 바른 관계의 근거로서 믿음 그 자체에 집중하지 않는다. 믿음이 하나님의 좋은 선물임에도 그렇다. 오히려 구원하는 믿음(의롭다 하심을 받는 믿음을 포함)은 우리가 선한 일을 원하고 행할 수 있게 하려고 하나님이 사용하시는 수단이다.[1]

---

1) 어떤 본문들은 초점이 주로 '의롭다 하심을 받음'에 있는데도 '구원받음'이라는 개념을 사용하기도 한다(예. 엡 2:8-9). 그러나 나는 구원과 칭의를 동일시하지 않는다. 그 이유는 구원이라는 실재가 칭의라는 실재보다 훨씬 더 포괄적이기 때문이다. '칭의'는 개인이 오직 믿음이라는 수단을 통해 그리스도와 연합함으로 의롭다 하심을 받는 시점에 하나님이 하시는 행위를 가리킨다. '구원'은 죄인을 하나님 자신과의 영원하고 즐거운 온전한 관계와 교제에 들어가도록 하는 데 필요한 모든 일을 행하시는 하나님의 전체 사역, 영원부터 영원까지의 전체 사역을 가리킨다. 그러므로 바울은 신자의 구원을 신자의 과거(엡 2:8, "너희는…… 구원을 받았으니")와 현재(고전 1:18, "구원을 받는")와 미래(롬 13:11, "이제 우리의 구원이 처음 믿을 때보다 가까웠음이라")에 속한 것으로 이야기한다. 나는 칭의를 위해 우리를 그리스도와 연결시키는 믿음과 최종 구원을 위해 내가 견지해야 하는 믿음 사이에는 큰 차이가 없다고 생각한다.

하나님이 우리를 위하시는 근거는 우리 밖에 있다

구원하는 믿음은 하나님이 그리스도를 믿는 우리를 "백 퍼센트 위하시는" 근거나 토대로 믿음 그 자체에 주목하지 않는다.[2]

하나님이 우리를 백 퍼센트 위하시는 근거는 우리 '안에' 있지 않다. 즉 우리의 믿음에도, 우리의 선한 성향에도, 우리의 미덕에도, 우리가 행하는 외적인 사랑의 행위에도 있지 않다.

하나님이 우리를 백 퍼센트 위하시는 근거는 우리 안에 있지 않고 우리 '밖에' 있다. 그 근거는 그리스도의 죽으심과 의로우심에 있다. "그리스도께서 **경건하지 않은** 자를 위하여 죽으셨도다"(롬 5:6). "우리가 아직 **죄인** 되었을 때에 그리스도께서 우리를 위하여 죽으심으로"(롬 5:8). "**경건하지 아니한** 자를 의롭다 하시는 [하나님]"(롬 4:5). "우리가 **원수** 되었을 때에 그의 아들의 죽으심으로 말미암아 하나님과 화목하게 되었은즉"(롬 5:10). "한 사람의 순종으로 많은 사람이 의인으로 지정될 것이다"(롬 5:19, 저자의 번역). "내가 가진 의는 율법에서 난 것이 아니요 오직…… 믿음으로 하나님께로부터 난 의라"(빌 3:9).

---

2) 하나님이 우리를 "백 퍼센트 위하신다"는 말은 하나님이 우리를 '의롭다 하심'을 가리키는 나만의 표현 방식이다. "만일 하나님이 우리를 **위하시면** 누가 우리를 대적하리요…… 의롭다 하신 이는 하나님이시니"(롬 8:31, 33). 내가 하나님이 우리를 "백 퍼센트 위하신다"라는 이 문구를 사용하는 이유는 칭의의 순간부터, 그리고 영원토록 하나님이 우리의 영원한 기쁨을 위해 일하실 때 내키지 않는 마음이 조금도 없으시다는 놀랍고도 멋진 사실을 강조하기 위해서다. 우리가 그리스도와 연합하고, 하나님의 진노가 제거되며, 우리의 의로운 신분이 선언된 다음에는 하나님이 우리를 위하시지 않는 순간이 단 한순간도 없다. 하나님이 우리를 위하시는 정도가 줄어들지도 않는다. 그러므로 하나님은 우리를 "백 퍼센트 위하신다!" 회심 이후에 우리가 짓는 죄들이 성령님을 슬프게 할 수는 있지만(엡 4:30), 그 죄들은 영원토록 우리를 위하시는 하나님의 약속을 0.001퍼센트도 감소시키지 못한다.

하나님이 명하신 모든 의무는 구원하는 믿음에서 나온다

이 구원하는 믿음은 신자가 사람들을 사랑하게 하는 영혼의 실재이다.[3] 이것이 갈라디아서 5장 6절 "그리스도 예수 안에서는 할례나 무할례나 효력이 없으되 **사랑으로써 역사하는 믿음**뿐이니라"는 구절의 의미이다. 다시 말해 오직 믿음만이 칭의의 수단이지만,[4] 이 칭의 믿음은 신자가 사람들을 사랑하게 하는 실재이다.

내가 "'사람들을' 사랑한다"라고 말하는 이유는 갈라디아서 5장 6절의 문맥에서 사랑이 이 점을 가리킨다는 것이 분명하기 때문이다. 같은 문구("사랑으로써")가 이어지는 문맥에서도 이런 의미로 나타난다. "**사랑으로** 서로 종 노릇 하라"(갈 5:13). 다음 구절인 갈라디아서 5장 14절에서 바울은 이렇게 말함으로써 믿음이 낳는 이런 사랑을 뒷받침한다. "온 율법은 네 이웃 사랑하기를 네 자신같이 하라 하신 한 말씀에서 이루어졌나니." 바울은 "남을 사랑하는 자는 율법을 다 이루었느니라"라고 말하는 로마서 13장 8절에서도 같은 이야기를 한다.

이런 말들을 통해 바울은 하나님 앞에서 인간이 행할 모든 의무에 대해 포괄적으로 이야기한다. 우리가 마땅히 해야 하는 대로 사람들을 사랑할

---

3) 갈라디아서 5장 6절에 대한 이러한 이해를 뒷받침하는 나의 자세한 해석적 논증은 다음을 보라. Appendix 3, "Thoughts on Galatians 5:6 and the Relationship between Faith and Love," in John Piper, *The Future of Justification: A Response to N. T. Wright* (Wheaton, IL: Crossway, 2007), 203–6; 존 파이퍼, 『칭의 논쟁-칭의 교리의 미래는 어떻게 될 것인가?』.

4) "사람이 의롭다 하심을 얻는 것은 율법의 행위에 있지 않고 믿음으로 되는 줄 우리가 인정하노라"(롬 3:28). "만일 율법에 속한 자들이 상속자이면 믿음은 헛것이 되고 약속은 파기되었느니라"(롬 4:14). "우리가 믿음으로 의롭다 하심을 받았으니"(롬 5:1). "그런즉 우리가 무슨 말을 하리요 의를 따르지 아니한 이방인들이 의를 얻었으니 곧 믿음에서 난 의요"(롬 9:30). "사람이 의롭게 되는 것은 율법의 행위로 말미암음이 아니요 오직 예수 그리스도를 믿음으로 말미암는 줄 알므로…… 율법의 행위로써는 의롭다 함을 얻을 육체가 없느니라"(갈 2:16). "하나님 앞에서 아무도 율법으로 말미암아 의롭게 되지 못할 것이 분명하니 이는 의인은 믿음으로 살리라 하였음이라"(갈 3:11). "내가 할례를 받는 각 사람에게 다시 증언하노니 그는 율법 전체를 행할 의무를 가진 자라 율법 안에서 의롭다 함을 얻으려 하는 너희는 그리스도에게서 끊어지고 은혜에서 떨어진 자로다"(갈 5:3-4).

때, 하나님이 신자에게 명하신 모든 의무가 이행된다. 그러므로 구원하는 믿음은 하나님을 기쁘시게 하는 모든 의지적인 행위의 원천이다(행위는 구원하는 믿음의 일부가 아니다). 부정적으로 표현하자면 "믿음을 따라 하지 아니하는 것은 다 죄"이다(롬 14:23).

믿음의 행위

바울은 믿음과 사랑의 선행 사이의 이 중요하고도 강력한 관계를 거듭해서 강조한다. 바울은 기꺼이 야고보에게 동조하여 "나는 **행함으로** 내 믿음을 네게 보이리라"(약 2:18)고 말했을 것이다. 사랑의 행위는 믿음의 열매이며, 따라서 바울의 사역 목표이기 때문이다. "이 교훈의 목적은…… **거짓이 없는 믿음에서 나오는 사랑**이거늘"(ἐκ…… πίστεως ἀνυποκρίτου, 에크…… 피스테오스 아뉘포크리투, 딤전 1:5).

바울은 하나님을 기쁘시게 하는 신자들의 행위를 "**믿음의 행위**"라고 부르는데, 이 말은 신자들의 믿음이 그들이 선한 일을 행하게 만드는 실재라는 뜻이다. 예를 들어 데살로니가 성도들을 위해 기도하면서 바울은 그들의 "믿음의 행위"(ἔργου τῆς πίστεως, 에르구 테스 피스테오스, 살전 1:3, 새번역)를 기억한다. 또 바울은 "우리 하나님께서…… 모든 선한 뜻과 믿음의 행위[ἔργου πίστεως, 에르구 피스테오스]를 완성해 주시기를"(살후 1:11, 새번역) 기도한다. 그리스도인의 선행은 "믿음의 행위"인데, 이는 그 행위가 믿음의 변화시키는 결과의 열매라는 의미이다.

믿음으로 구원받아 사랑하게 하신다

바울이 생각하기에 구원하는 믿음은 우리 안에서 하나님이 행하시는 은혜로운 일인데(행 13:48; 고후 4:6; 빌 1:29), 하나님은 두 가지 분명하고 영광스러운 결과를 의도하셨다. 첫째로 구원하는 믿음은 칭의의 수단이다. 즉 하나님은 우리의 믿음이 생겨나면 즉시, 그리고 동시에 우리를 그리스도와 연합시키시고 그리스도로 인해 우리를 하나님 앞에서 의롭다고 여기신다(참조. 5장 주16). 둘째로 이 구원하는 믿음은 우리가 다른 사람들을 사랑하게 하는(선한 일을 행하고 율법을 이루며 살게 하는) 실재이다.

에베소서 2장 8-10절에는 구원하는 믿음의 이 두 가지 목적이 모두 나타난다.

> "너희는 그 은혜에 의하여 믿음으로 말미암아 구원을 받았으니 이것은 너희에게서 난 것이 아니요 하나님의 선물이라 행위에서 난 것이 아니니 이는 누구든지 자랑하지 못하게 함이라 우리는 그가 만드신 바라 그리스도 예수 안에서 선한 일을 위하여 지으심을 받은 자니 이 일은 하나님이 전에 예비하사 우리로 그 가운데서 행하게 하려 하심이니라."

믿음을 통하여 은혜로 얻은 구원은 하나님의 "작품"(ποίημα, 포이에마, 새번역; 개역개정은 "만드신 바"로 번역함.—역주)이다. 구원은 하나님의 창조물이다. 하나님이 은혜로 신자가 태어나게 하시는 일을 바울은 "그리스도 예수 안에서······ 지으심"을 받은 것이라고 묘사한다. 신자는 "새로운 피조물"이다(고후 5:17). 이 새로운 "창조"의 "작품"(이렇게 믿음이 생겨남)에는 두 가지 목적이 있다. 믿음은 즉시 구원하며("구원을 받았으니", ἐστε σεσῳσμένοι, 에스테 세소스메노이, 엡 2:8), 또한 선행을 낳는다("선한 일을 위하여 지으심을 받은", 엡 2:10). 구원하는 믿음은 하나님의 진노에서 영혼을 구원하며(엡 2:3) 신자가 서로 사랑하게 하는 실재이다.

사랑은 믿음의 열매인가, 성령의 열매인가?

하나님을 기쁘시게 하는 모든 의지적인 행위(사랑으로 요약되는)가 구원하는 믿음의 열매라고 주장할 때, 나는 그것이 또한 성령의 열매라는 것을 부인하지 않는다. 분명히 "성령의 열매는 사랑"이다(갈 5:22). 그러면 사랑의 열매를 맺는 일에 있어 우리의 믿음과 하나님의 성령은 서로 어떻게 연관되는가?

바울은 갈라디아서 3장 5절에서 믿음과 성령님의 연관성을 분명히 한다. "너희에게 성령을 주시고 너희 가운데서 능력을 행하시는 이의 일이 율법의 행위에서냐 혹은 듣고 믿음에서냐." 바울이 기대하는 대답은 "듣고 믿음에서"이다. 다시 말해 성령님은 우리가 처음 믿음으로 하나님의 말씀을 듣는 때에 우리에게 주어진다(갈 3:2, 5, 14). 그리고 성령님은 우리가 계속 믿음으로 하나님의 말씀을 들을 때에 신자들 안에서 계속해서 강력하게 활동하신다. 그러므로 성령의 열매는 또한 믿음의 열매이다. 성령님은 믿음 안에서, 믿음을 통해 일하신다. 그리고 믿음은 성령님에 의해 일한다.

그러므로 구원하는 믿음에 대한 나의 여덟 번째 설명이 주목하게 하려는 점은 믿음이 즉시(우리가 그리스도와 연합할 때) 의롭다 하심을 얻게 할 뿐만 아니

라 또한 신자가 사람들을 사랑하게 한다는 것이다.[5]

구원하는 믿음은 그런 것이다. 그런 본질을 갖고 있다. 구원하는 믿음은 놀라운 힘이다. 사랑을 통해 강력한 효과를 낸다("사랑으로써 역사하는," δι' ἀγάπης ἐνεργουμένη, 디 아가페스 에네르구메네, 갈 5:6). 사람들에 대한 이 사랑은 그리스도에 대한 사랑이 '아니다.' 우리의 이웃에 대한 이 사랑은 믿음의 '열매'이지 믿음의 '일부'가 아니다. 구원하는 믿음은 이런 사랑의 산출에 구석구석 영향을 미치기 때문에 하나님을 기쁘시게 하는 모든 의지적인 행위는 구원하는 믿음의 일부가 아니라 구원하는 믿음의 열매라고 말할 수 있다.[6]

3부와 4부에서는 구원하는 믿음의 정서적인 본질의 성경적인 근거로 넘어갈 텐데, 거기서 우리가 던질 질문의 일부는 구원하는 믿음이 갖는 이런 놀라운 변화의 능력의 열쇠가 믿음의 정서적인 차원(그리스도를 보배롭게 여김이나 그리스도를 사랑함, 그리스도 안에서 하나님이 우리에게 베푸시는 모든 것에 대한 만족 같은)인가 하는 것이다.

---

[5] 내가 갈라디아서 5장 6절의 "사랑"이 사람들이나 이웃에 대한 사랑을 가리키고 하나님이나 그리스도에 대한 사랑을 포함하지 않는다고 생각하는 이유는 5장 6절의 "사랑으로"(δι' ἀγάπης, 디 아가페스)라는 문구가 5장 13절에 다시 나타나기 때문이다. "형제들아 너희가 자유를 위하여 부르심을 입었으나 그러나 그 자유로 육체의 기회를 삼지 말고 오직 사랑으로[διὰ τῆς ἀγάπης, 디아 테스 아가페스] 서로 종 노릇 하라." 따라서 이 문맥에서 바울이 염두에 두고 있는 사랑은 "서로"에 대한 사랑이다.

[6] 갈라디아서 5장 6절에 대한 더 자세한 변론은 다음을 보라. John Piper, *The Future of Justification* (Wheaton, IL; Crossway, 2007), 203-6; 존 파이퍼, 『칭의 논쟁-칭의 교리의 미래는 어떻게 될 것인가?』

12장

하나님의 초자연적인 창조(설명 9)

설명 9

구원하는 믿음은 하나님이 초자연적으로 창조하신 것으로서 자연히 생겨나지 않는다. 하나님의 초자연적인 개입 없이 인간이 만들어낼 수 없다. 그러므로 구원하는 믿음은 귀신이나 사람이 초자연적인 신생(new birth) 없이도 가질 수 있는 여느 믿음과 다르다.

여기서 요점은 다만 믿음이 하나님의 선물이라는 것이 아니다. 분명히 믿음은 하나님의 선물이다. 그런데 사도 요한은 "예수께서 그리스도이심을 **믿는** 자마다 하나님께로부터 **난** 자니"라고 말한다(요일 5:1). 존 스토트는 이렇게 소견을 밝힌다. "현재 시제(*ho pisteuōn*, '호 피스튜온', '믿는')와 완료 시제("난")의 결합은 중요하다. 이는 믿음이 신생의 원인이 아니라 결과임을 분명히 보여준다."[1] 자연적인 출생을 우리가 좌우할 수 없었던 것과 마찬가

---

1) John R. W. Stott, *The Letter of John: An Introduction and Commentary*, vol. 19, Tyndale New Testament Commentaries (Downers Grove, IL: InterVarsity Press, 1988), 172.

지로 초자연적인 거듭남도 우리가 좌우할 수 없다. 거듭남은 마치 바람처럼 우리가 좌우할 수 없다. 그래서 예수님은 이렇게 말씀하셨다. "바람이 임의로 불매 네가 그 소리는 들어도 어디서 와서 어디로 가는지 알지 못하나니 성령으로 난 사람도 다 그러하니라"(요 3:8). 구원하는 믿음은 거듭난 사람을 규정하는 실재이다. 하나님이 새로운 출생에 가져오시는 새로운 것, 그것이 바로 구원하는 믿음이란 새로운 실재이다.

새로운 피조물이 되는 것은
믿음을 새로운 종류의 믿음이 되게 한다

그러므로 믿음이 하나님의 선물이라는 것은 맞다. 그러나 믿음이 선물이라는 사실은 내가 여기서 강조하고 싶은 주된 요점에 도달하지 못한다. 종종 믿음이 선물이라고 말할 때 우리가 분명히 하려고 하는 점은 단순히 믿음에 대한 공로를 우리가 차지할 수 없다는 것과 하나님이 주관하신다는 것, 회심하는 순간에 우리가 믿을 수 있는 것은 결정적으로 하나님 덕분이라는 것이다. 나도 그 모든 것에 동의한다. 하지만 내가 초점을 맞추고 있는 함의는 아직도 도출되지 않았다. 즉 믿음은 하나님이 행하시는 일이며, 따라서 본질상 초자연적인 특징을 갖는다는 것이다. 그것은 보통의 자연적인 신앙이나 자연적인 믿음과 다르다. 여기서 '자연적'이라는 말의 의미는 바울이 고린도전서 2장 14절에서 사용하는 단어의 의미 그대로이다("자연에 속한 사람", 새번역; 개역개정은 "육에 속한 사람"으로 번역함.–역주). 즉 성령님의 초자연적인 역사와 상관없이 그저 한 인간으로서 어떤 사람의 본질과 그가 할 수 있는 일을 가리킨다.

70세에 조깅을 할 수 있다면 하나님이 좋은 무릎 관절을 선물로 주셨기 때문이라고 말할 수 있다. 맞는 말이다. 마찬가지로 우리는 믿음이 선물이라고 말할 수 있다. 그런데 좋은 관절은 자연적이다. 좋은 관절이 궁극적으로 하나님의 선물이라는 사실은 관절을 초자연적인(내가 이 단어를 사용하는 방식대로) 것이 되게 하지 못한다. 그런데 어떤 사람들은 믿음에 대해 그렇게 생각한다. 즉 하나님이 믿음을 '주시지만', 다른 어떤 지혜로운 결정이나 신뢰의 행위처럼 믿음도 '자연적'이라는 것이다.

그러나 나는 이와 달리, 하나님이 구원하는 믿음을 주거나 일으키거나 생겨나게 하시는 '방식'이 하나님의 새로운 피조물에게, 자연적이지 '않은' 믿음을 포함하여, 초자연적인 새로움을 부여한다고 주장한다. 그것은 하나님의 작품의 특징을 갖고 있다. 신생이 초자연적이듯이, 믿음도 마찬가지로 초자연적이다. 그러므로 구원하는 믿음이 타락한 인간 본성에 존재하는 자원에서는 나올 수 없는 것을 생겨나게 하는 초자연적인 창조주의 작품이라는 사실은 중요한 의미를 갖는다.

믿음은 새 창조에서
그리스도의 영광을 새롭게 경험하는 것이다

우리는 고린도후서 4장 4-6절을 간략하게 다시 살펴봄으로 구원하는 믿음의 초자연적인 성격을 확인할 수 있다. 이 본문은 9장에서 다룬 설명 6의 중요 구절이었다. 고린도후서 4장 6절은 신생을 다른 용어로 묘사한다. 여기서 말하는 상황은 한때 불신앙 가운데서 우리가 모두 복음 안에 있는 하나님의 영광을 보지 못했다는 것이다. "이 세상의 신이 믿지 아니하는 자들의 마음을 혼미하게 하여 그리스도의 영광의 복음의 광채가 비치지 못하게 함이니 그리스도는 하나님의 형상이니라"(고후 4:4). 이 눈먼 상태에서 벗어나 하나님의 영광을 보는 새로운 시각을 얻기 위해서는 하나님의 개입이라는 기적이 필요했다. 그 일이 6절에서 일어났다. 새 창조와 새 시각으로 묘사된 신생이 그것이다.

"어두운 데에 빛이 비치라 말씀하셨던 그 하나님께서 예수 그리스도의 얼굴에 있는 하나님의 영광을 아는 빛을 우리 마음에 비추셨느니라"(고후 4:6). 이것은 구원하는 믿음의 창조다. 이 초자연적인 빛과 그에 따른 영적 개안(開眼)을 통해 구원하는 믿음은 "예수 그리스도의 얼굴에 있는 하나님의 영광"을 보는 초자연적인 시각과 함께 생생하게 살아난다. 나는 이미 설명 6에서 이 시각이 구원하는 믿음의 일부라고 주장했고, 여기서는 단지 그 점이 분명히 함축하는 의미를 말하고 있을 뿐이다. 즉 구원하는 믿음은 하나님의 초자연적인 창조물로서, 자연적인 실재가 아니다. 자연인은 누구도 하나님의 영광을 경험할 수 없다. 그러므로 구원하는 믿음은 귀신이나 사람이 초자연적인 신생 없이도 가질 수 있는 여느 믿음과 초자연적으로 다르다.

하나님은 자랑의 얽매임에서 해방시키심으로 믿음을 창조하신다

구원하는 믿음의 초자연적인 본질의 또 다른 특징을 생각해보자. 로마서 3장 26절에서 바울은 하나님이 "의로우시며 또한 예수 믿는 자를 의롭다" 하신다고 결론 내린다. 그런 다음 이 믿음의 한 측면을 끌어내기 위해 이렇게 묻고 답한다. "그런즉 자랑할 데가 어디냐 있을 수가 없느니라 무슨 법으로냐 행위로냐 아니라 오직 믿음의 법으로니라 그러므로 사람이 의롭다 하심을 얻는 것은 율법의 행위에 있지 않고 믿음으로 되는 줄 우리가 인정하노라"(롬 3:27-28). 다시 말해 구원하는 믿음은 인간의 마음에서 자랑을 제거하는 실재이다. 이것은 매우 중요한 변화이다. 왜냐하면 타락한 인간 본성의 본질이 교만이기 때문이다. 믿음은 교만을 죽이는 능력이 있다.

그러므로 예수님께서 인간의 영광을 향한 타락한 마음의 사랑이 구원하는 믿음의 장애물이라고 설명하신 것은 놀라운 일이 아니다. 아니, 단순한 장애물이 아니라 신생 없이는 '극복할 수 없는' 장애물이다. 예수님은 이렇게 말씀하신다.

> "나는 내 아버지의 이름으로 왔으매 너희가 영접하지 아니하나 만일 다른 사람이 자기 이름으로 오면 영접하리라 너희가 서로 영광을 취하고 유일하신 하나님께로부터 오는 영광은 구하지 아니하니 어찌 나를 믿을 수 있느냐"(요 5:43-44).

이 수사학석 질문은 사실상 서술문이다. "어찌…… 믿을 수 있느냐"는 "너희는…… 믿을 수 없다"를 의미한다. 풀어서 말하면 이렇다. 너희 마음이 사람의 칭송에 대한 사랑에 지배당하고 있다면 믿을 수 없다. 만일 어떤 사람이 "자기 이름으로" 온다면, 너희는 그를 영접할 것이다. 하지만 내가 내 이름으로 오지 '않자' 너희는 나를 거부한다. 왜? 내가 내 이름으로 왔다면 그것은 너희의 자기 예찬에 대한 열애를 승인하는 일이 되기 때문이다. 그랬다면 나 역시 너희와 마찬가지로 자기 이름에 대한 자기 자랑을 추구했을 것이다. 나는 너희의 교만에 어울리는 사람이었을 것이다. 그러면 나도 너희와 같은 사람이기에, 나는 너희가 자랑에 얽매인 것을 축복했을 것이다. 그러면 너희는 나를 영접했을 것이다.

하지만 그러지 않고, 내가 내 아버지의 이름으로 오자 "너희가 영접하지 아니"한다(요 5:43). 아니, 그저 '하지 않는' 것이 아니라 '할 수가 없다.' "너희가 서로 영광을 취하[니]…… 어찌 나를 믿을 수 있느냐"(요 5:44; 참조. 롬 8:7-8; 고전 2:14). 요한복음 1장 12절에서 보듯이 구원하는 믿음과 예수님을 "영접하는" 것은 동일하다. 따라서 사람에 대한 자랑에 얽매인 사람에게는 구원하는 믿음이 있을 수 없다.

이것은 하나님이 신생을 통해 구원하는 믿음을 창조하실 때(요 3:8; 요일 5:1), 자연을 초월한 것을 창조하신다는 점을 시사한다. 자랑을 물리치는 것은 자연을 초월한 것이다. 사람의 영광보다 하나님의 영광을 더 좋아하는 경험은 자연을 초월한 것이다. 그런데 구원하는 믿음이 생겨나면 그런 일이 일어난다.

그러므로 구원하는 믿음에 대한 아홉 번째 설명은 구원하는 믿음이 하나님의 초자연적인 창조물이며 자연적인 실재가 아니라는 것이다. 구원하는 믿음은 귀신이나 사람이 초자연적인 신생 없이도 가질 수 있는 여느 믿음과 초자연적으로 다르다.

다면적인 설명이지만 완벽하지는 않다

2부의 가장 중요한 목적은 신약에 나타나는 구원하는 믿음을 전반적으로 설명하는 것이었다. 나는 아홉 가지 설명을 통해 그렇게 하려고 노력했다. 이 아홉 가지가 믿음에 대한 완벽한 설명은 아니다. 사실 나는 구원하는 믿음이 철저하게 설명될 수 없을 정도로 매우 다면적인 실재(사람의 영혼 속에 살아 있고 경험되는 실재)라고 말하고 싶다.[2)]

신약에 나타나는 구원하는 믿음의 '전반적인' 의미를 설명한 이유는 이 책의 나머지 부분에서 '구원하는 믿음'이라는 용어를 실속 없이 사용하지 않기 위해서다. 나는 우리가 구원하는 믿음이 무엇인지를 전반적으로 이해함으로써, 이를 출발점으로 삼아 이제 "신약은 구원하는 믿음이 정서적인 요소를 포함하고 있다고 가르치는가?"를 묻고 싶다. 신약은 구원하는 믿음이 본질상 그리스도를 보배롭게 여기거나 그리스도를 사랑하거나 그리스도를 즐거워하거나 그리스도 안에서 만족하는 것 같은 정서적인 차원을 가지고 있음을 보여주는가?

밝혀진 대로 구원하는 믿음이 무엇인지에 대한 이런 광범위하고 전반적인 요점을 제공하는 것은 우리에게 완벽하지 않은 설명을 제시하는 이상의 일을 한다. 즉 우리가 3부와 4부에서 발견하게 될 바로 그 점을 우리에게 가리켜 보이기도 한다. 구원하는 믿음의 전반적인 의미를 이해하려고 노력하는 동안 구원하는 믿음의 정서적인 본질이 필연적인 실재라고 여겨진 적이 한두 번이 아니다. 그러므로 이제는 이 필연적인 실재가 실제로 거기에 존재한다고 가르치는 본문들에 구체적으로 초점을 맞추려 한다.

---

2) 헤르만 바빙크는 이렇게 말했다. "종교개혁 이후 믿음에 관해 제시된 설명은 너무나 많고 다양해서 믿음의 본질을 정확하고 분명하게 정의할 가능성에 대해 거의 절망하게 만든다." Herman Bavinck, John Bolt와 John Vriend, *Reformed Dogmatics: Holy Spirit, Church, and New Creation*, vol. 4 (Grand Rapids, MI: Baker Academic, 2008), 121; 헤르만 바빙크, 『개혁교의학 4』. 이렇게 된 이유는 인간 해석자들이 한계와 오류가 있기 때문일 뿐만 아니라, 또한 내 요점에 더 중요한 것으로, 헤르만 비치우스가 말했듯이 "(구원하는 믿음이란) 다양한 행위가 혼란 없이 달콤하고 멋지게 결합하여 서로 촉진하며 도와주는 복합체"이기 때문이다. Herman Witsius, *The Economy of the Covenants between God and Man: Comprehending a Complete Body of Divinity*, William Crookshank 번역, vol. 1 (London: T. Tegg & Son, 1837), 337. 다시 말해 믿음은 측량할 수 없는 그리스도의 영광에 이성적으로, 그리고 정서적으로 반응하며 그 영광을 반영하는 살아 있는 실재로서, 우리가 완벽하게 정의하거나 설명할 수 있다고 생각하는 것은 어리석은 일이다.

What is
Saving
Faith?

3부

왜 '그리스도를 보배로 받아들임'인가?

: 믿음의 본질에 관한 가장 중요한 설명

그리스도를 헛되이 받아들일 수도 있다
예수님은 자신을 보배로 제시하신다
그리스도를 아는 것이 가장 귀하다
예수님을 보배로 보지 않을 수 없다

우리는 2부에서 구원하는 믿음의 본질에 관해 다루었다. 가장 중요한 설명 가운데 하나는 구원하는 믿음이 '받아들임'(영접)이라는 것인데(8장), 하나님이 믿음을 통해 우리는 의롭다 하시는 이유는 그것이 옳은 일이어서가 아니라 믿음이 그리스도를 '받아들이기' 때문이다. 믿음의 경험은 언제나 '받아들임'이다. 이제 우리가 다룰 질문은 이것이다. 구원하는 믿음은 그리스도를 '영혼의 가장 귀한 보배로' 받아들이는 것인가?

그리스도를 모든 영광스러운 면에서 보배로 받아들임

내가 이 질문을 던지는 이유는 그리스도를 '구주'나 '주님'으로 받아들이는 것이나 그리스도의 위대하심의 다른 측면들을 배제하기 위해서가 아니다. 단지 예수님이 "천국은 마치 밭에 감추인 **보화**와 같으니"(마 13:44)라고 말씀하시듯이, 또는 바울이 "우리가 이 **보배**를 질그릇에 가졌으니"(고후 4:7)라고 말하듯이, 보배라는 예수님의 본질에 초점을 맞추려는 것일 뿐이다.

서론에서 언급했듯이 실제로 나는 우리의 보배이신 예수님께 초점을 맞출 때 예수님의 '모든 것'을 포함시킨다. 보배로우신 구주, 보배로우신 주님, 보배로우신 지혜, 보배로우신 의, 보배로우신 친구 등등. 만일 구원하는 믿음이 정말 (내가 이제 3부에서 주장하듯이) 그리스도를 '영혼의 가장 귀한 보배로' 받아들이는 것이라고 밝혀진다면, 이제 문제는 "이렇게 그리스도를 '보배로' 받아들이는 것은 어떻게 믿음의 본질을 결정하거나 형성하는가?"가 될 것이다(4부).

'보배롭게 여김'과 '보배로 받아들임'을 구분하는 이유

보배롭게 여김과 보배로 받아들임을 구분하는 것이 하찮은 문제를 지나치게 따지는 것처럼 보일 수도 있다. 만일 구원하는 믿음이 참으로 그리스도를 보배로 받아들인다면(3부), 이 사실이 어떻게 구원하는 믿음의 본질을 형성하는지 설명해야 할 필요가 있을까?(4부) 믿음이 그리스도를 '보배'로 받아들인다면, 그것은 믿음이 그리스도를 '보배롭게 여긴다'는 것을 의미하지 않을까? 이 둘은 어떻게 다른가? 솔직히 말해 내가 평소에 이 용어를 그렇게 사용하듯이, 그리스도를 보배로 받아들임과 그리스도를 보배롭게 여김은 서로 다르지 않다. 나도 보통은 두 용어를 번갈아가며 사용한다.

그러나 내가 이 둘을 구분하여 장을 따로 할애하는 데는 두 가지 이유가 있다. 첫째로 언어가 탄력성과 모호성이 매우 크다는 점을 고려할 때, 그리고 정신적이고 감정적인 작용이 매우 복잡하다는 점을 고려할 때, 어떤 사람은 자기가 사실은 그리스도를 최고의 보배로 받아들이기는 하지만 최고로 귀하게 여기지는 않는다고 말할 가능성도 있다. 나는 지금 모든 진정한 신자가 경험하는 일반적인 믿음의 싸움을 말하는 것이 아니다. 즉 우리의 눈을 가장 귀하신 그리스도께 고정하고 구원하는 믿음의 불길을 타오르게 하려고 힘쓰는 매일의 싸움을 말하는 것이 아니다. 거기에 대해서는 26장에서 다룰 것이다. 나는 지금 그리스도를 가장 귀한 보배로 '인정'하지만 그리스도를 가장 보배롭게 여기는 경험을 하지 못한 사람들, 이것이 구원하는 믿음의 필수적인 부분이라고 생각하지도 않는 사람들에 대해 말하고 있다. 그들은 그런 정서적인 경험을 초영성주의(super spirituality)라 여기고 매우 만족하면서 그것을 열망하지 않는다. 하지만 그들은 자신이 그리스도인이라고 생각한다.

그러므로 이런 사람들이 내가 이 하찮은 문제를 지나치게 따진다고 주장하는 모습은 상상이 된다. 그렇다. 그들은 구원하는 믿음이 그리스도를 보배로 받아들이는 것임을 보여주는 본문들이 있다고 말한다. 하지만 그들은 또한 그런 점은 '그리스도를 보배로 받아들임'이 사실은 마음의 정서적인 경험임을 입증하는 것은 아니라고 이야기한다. 보배를 보배롭게 여기지 않고도 보배를 '받아들이기만' 한다면 구원이 이루어진다는 것이다. 마치 어떤 사람이 소유할 생각이 없는 재산을 상속받을 수 있듯이 말이다. 그들은 진짜로 원하는 것을 얻기 위해 그 재산을 현금화하고 싶어 한다. 그러므로 성경 본문들을 가능한 한 꼼꼼하고 정확하게 다루면서, 나는 먼저 구원하는 믿음이 그리스도를 가장 귀한 보배로 받아들인다는 것을 입증하고(3부), 그런 다음 이렇게 그리스도를 보배로 받아들임이 사실은 그리스도를 보배롭게 여김이라는 것(구원하는 믿음의 정서적 차원)을 성경을 통해 추가로 입증할 것이다(4부).

존 오웬의 통찰 검토

3부과 4부의 관심사를 구분하는 두 번째 이유는, 구원하는 믿음의 정서적인 본질은 사실상 우리가 받아들이는 그리스도의 본질에 따라 결정되는데 이 사실이 이런 구분과 일치하기 때문이다. 3부에서 그리스도를 받아들임에 초점을 맞추고 4부에서 그 받아들임의 본질에 초점을 맞추는 것은 그리스도의 무한한 가치와 믿음의 정서적인 본질의 이런 연관 관계의 중요성을 강조한다.

신생에서 구원하는 믿음을 일으키실 때, 성령님은 그리스도를 우리 앞에 제시하시고 우리의 눈멂을 해소하신다. 그러나 그 순간에 생겨나는 믿음의 본질을 결정하는 것은 새로운 눈이라는 선물과 그 눈이 보는 것의 아름다움 및 가치이다. 위대한 청교도 신학자인 존 오웬은 이렇게 말한다.

믿음은 영혼이 (보이지 않으나 믿는 것들의) 능력과 효능을 경험하게 해준다. 이를 통해 (그 영혼은) 그것들의 틀에 맞춰 주조되거나 그것들을 닮게 된다.[1]

그러므로 3부에서 우리의 과제는 구원하는 믿음이 그리스도를 우리의 가장 귀한 보배로 받아들이는 것이라는 점을 일부분 입증하는 것이다. 나는 '그리스도를 보배로 받아들임'을 '그리스도를 보배롭게 여김'이라고 말하지 않기가 어렵지만, 노력해보겠다. 그런 다음 4부에서는 오웬을 검토할 것이다. 받아들인 보배라는 그리스도의 본질은 그리스도를 보배롭게 여김이라는 "[정서적인!] 틀에 맞춰 신자의 영혼을 주조"하는가? 그리스도를 우리의 가장 귀한 보배로 받아들임은 그리스도의 가치를 "영혼이 (정서적으로!) 닮게" 만드는가?

---

1) John Owen, *An Exposition of the Epistle to the Hebrews*, W. H. Goold 편집, vol. 24, *The Works of John Owen* (Edinburgh: Johnstone & Hunter, 1854), 12.

13장

그리스도를
헛되이 받아들일 수도 있다

이 장에서는 '그리스도를 받아들임'으로서의 구원하는 믿음에 다시 초점을 맞춰 간략하게 살펴보면서, 또한 모든 받아들임이 구원을 낳지는 않는다는 점을 우리 자신에게 상기시킬 것이다. 내가 언급하는 그리스도를 받아들임이 구원하는 믿음의 처음 행위에 국한하지 않는다는 것을 염두에 두라. 8장에서 나는 구원하는 믿음이 그리스도를 받아들이는 '처음' 행위(요 1:12; 골 2:6)이자 매 순간 그리스도를 환영하고 받아들이는 '지속적인' 마음(갈 2:20; 엡 3:17)이라고 주장했다. 구원하는 믿음은 단지 우리가 처음 그리스도인이 되는 행위만이 아니라 평생 믿음을 견지하는 것이다. 우리는 인내가 없는 것은 결코 구원하는 믿음이 아님을 보게 될 것이다.

그리스도를 믿는 것은 그리스도를 받아들이는 것이다

8장에서 보았듯이, 예수님과 요한과 바울은 구원하는 믿음을 그리스도를 받아들이는 것[영접]과 연결시킨다.

예수님:

"나는 내 아버지의 이름으로 왔으매 너희가 **영접하지** 아니하나 만일 다른 사람이 자기 이름으로 오면 **영접하리라** 너희가 서로 영광을 취하고 유일하신 하나님께로부터 오는 영광은 구하지 아니하니 어찌 나를 **믿을** 수 있느냐"(요 5:43-44).

요한:

"[예수님이] 자기 땅에 오매 자기 백성이 영접하지 아니하였으나 **영접하는** 자 곧 그 이름을 **믿는** 자들에게는 하나님의 자녀가 되는 권세를 주셨으니 이는 혈통으로나 육정으로나 사람의 뜻으로 나지 아니하고 오직 하나님께로부터 난 자들이니라"(요 1:11-13).

바울:

"그러므로 너희가 그리스도 예수를 주로 **받았으니** 그 안에서 행하되 그 안에 뿌리를 박으며 세움을 받아 교훈을 받은 대로 **믿음**에 굳게 서서 감사함을 넘치게 하라"(골 2:6-7).

그리스도를 "영접하는" 믿음이 '구원하는' 믿음인 이유는 그리스도를 받아들임이 그리스도를 '소유함'을 의미하기 때문이다. "아들이 있는 자에게는 생명이 있고"(요일 5:12). 그리스도께서는 우리와 멀리 떨어져서 구원을 주시는 분이 아니다. 그리스도께서는 '받아들여'지시고 우리와 연합하심으로(우리 안에 내주하심을 포함하는) 구원을 주신다. 바울이 그리스도의 내주하심을 강조하는 한 가지 이유가 이것이다.

예를 들어 그리스도께서는 "믿음으로 말미암아…… [우리] 마음에"(엡 3:17)

거하신다. "그리스도께서 내 안에서 살고 계십니다. 내가 지금 육신 안에서 살고 있는 삶은, 나를 사랑하셔서 나를 위하여 자기 몸을 내어주신 하나님의 아들을 믿는 믿음 안에서 살아가는 것입니다"(갈 2:20, 새번역). "누구든지 그리스도의 영이 없으면 그리스도의 사람이 아니라 또 그리스도께서 너희 안에 계시면…… 영은 의로 말미암아 살아 있는 것이니라"(롬 8:9-10). "너희 안에 계신 그리스도시니 곧 영광의 소망이니라"(골 1:27).

그러므로 구원하는 믿음은 그리스도를 '받아들인다.' 그리스도를 받아들이지 않는 곳에는 구원이 없다. 그러므로 그리스도를 받아들이지 않는 믿음은 '구원하는' 믿음이 아니다.

내가 도심 가운데서 배우는 교훈

많은 사람이 그리스도를 보배롭게 여기기보다 죄책에서 벗어나는 것을 보배롭게 여긴다. 그들은 죄를 용서하시는 분으로 '그리스도를 받아들이기' 때문이다. 그리스도를 보배롭게 여기기보다 고통에서 벗어나는 것을 보배롭게 여기기에 많은 사람이 그리스도를 구조자로 받아들인다. 그리스도를 보배롭게 여기기보다 질병에서 벗어나는 것을 보배롭게 여기기에 많은 사람이 그리스도를 치유자로 받아들인다. 그리스도를 보배롭게 여기기보다 안전을 보배롭게 여기기에 많은 사람이 그리스도를 보호자로 받아들인다. 그리스도를 보배롭게 여기기보다 부자가 되는 것을 보배롭게 여기기에 많은 사람이 그리스도를 번영을 주시는 분으로 받아들인다. 그들은 자신이 그리스도를 받아들이고 그리스도인이 되었다고 주장한다. 그러나 그들은 그리스도를 보배로 받아들이지 않는다.

나는 40년 동안 한 도심에서 살고 있다. 거기에는 온갖 와해와 역기능, 즉 정신병, 가족 해체, 술, 마약, 실직, 가난, 노숙자 등 빈둥거림에서 살인까지 온갖 수준의 범죄가 가득하다. 나는 이 이웃 사람들에게 그리스도에 대해 수없이 이야기했다. 그중 그리스도를 부인한다고 한 사람의 수는 한 손으로 꼽을 정도이다. 그들은 모두 '그리스도를 받아들였다.' 만성적으로 술에 취해 사는 사람들도 그리스도를 받아들였고, 마약상도 그리스도를 받아들였고, 매춘부도 그리스도를 받아들였다. 그리스도를 이렇게 '받아들임'은 내가 축하하는 기쁜 일이 아니다. 내가 한탄하는 마음의 고통이다.

예수님의 형제들도 믿지 않았다

예수님과 사도들은 구원하는 믿음이 아닌 '믿음'에 대해, 즉 구원하는 받아들임이 아닌 '받아들임'에 대해 잘 알고 있었다. 예를 들어 요한은 이렇게 말했다. "많은 사람이 그의 행하시는 표적을 보고 그의 이름을 믿었으나 예수는 그의 몸을 그들에게 의탁하지 아니하셨으니 이는 친히 모든 사람을 아심이요…… 그가 친히 사람의 속에 있는 것을 아셨음이니라"(요 2:23-25). 다시 말해 사람들은 예수님을 기적을 행하는 사람으로 '받아들였지만' 구원하는 믿음은 없었다. 예수님의 형제들도 이 범주에 속했다. "그 형제들이 예수께 이르되 당신이 행하는 일을 제자들도 보게 여기를 떠나 유대로 가소서…… 이는 그 형제들까지도 예수를 믿지 아니함이러라"(요 7:2-3, 5). 어떤 사람들은 구원받지 않은 채 예수님을 기적을 행하는 분으로 받아들였다. 또 (유다 같은) 어떤 사람들은 예수님의 이름으로 기적을 행했으면서도 구원하는 믿음이 없었다.

"그 날에 많은 사람이 나더러 이르되 주여 주여 우리가 주의 이름으로 선지자 노릇 하며 주의 이름으로 귀신을 쫓아 내며 주의 이름으로 많은 권능을 행하지 아니하였나이까 하리니 그 때에 내가 그들에게 밝히 말하되 내가 너희를 도무지 알지 못하니 불법을 행하는 자들아 내게서 떠나가라 하리라"(마 7:22-23).

하나님의 은혜를 헛되이 받지 말라

바울도 같은 사실을 가르쳤다. 즉 어떤 사람은 "믿음"으로 기적을 행하면서도 구원을 받지 못했을 수 있다. "내가 예언하는 능력이 있어 모든 비밀과 모든 지식을 알고 또 산을 옮길 만한 **모든 믿음이 있을지라도** 사랑이 없으면 내가 아무 것도 아니요"(고전 13:2). 당신이 산을 옮기는 믿음을 가졌어도 아무것도 아닐 수 있다. 야고보는 어떤 '신자들'의 삶을 보고 이렇게 말했다. "행함이 없는 믿음은 죽은 것이니라"(약 2:26). 죽은 믿음은 구원하는 믿음이 아니다. 야고보는 이렇게까지 말한다. "귀신들도 **믿고** 떠느니라"(약 2:19). 이것은 기억해야 할 아주 중요한 사실이다. 왜냐하면 귀신들은 사람들 대부분보다 예수님에 대한 진리를 더 많이 알고 있기 때문이다. 예를 들어 마가복음 1장 24절에서 더러운 귀신은 예수님께 이렇게 외쳤다. "나는 당신이 누구인 줄 아노니 하나님의 거룩한 자니이다." 이 귀신은 바리새인들보다 더 많은 진리를 이야기했다. 귀신들은 예수님에 대한 많은 참된 사실들을 믿는다. 그러나 귀신들은 하나도 구원받지 못한다.

바울은 복음 전파의 결과를 평가하며, 긍정적인 반응 가운데 어떤 것들은 구원하는 믿음이 아님을 알았다. 바울은 네 종류의 밭에 대한 예수님의 비유를 알고 있었을 것이다. 그 비유에서 예수님은 "말씀을 들을 때에 기쁨으로 **받으나** 뿌리가 없어 잠깐 **믿다가** 시련을 당할 때에 배반하는"(눅 8:13) 사람들에 대해 말씀하셨다. 바울은 이를 가리켜 "헛되이" 믿는 것이라고 말한다.

> "형제들아 내가 너희에게 전한 복음을 너희에게 알게 하노니 이는 너희가 받은 것이요 또 그 가운데 선 것이라 너희가 만일 내가 전한 그 말을 굳게 지키고 **헛되이 믿지 아니하였으면** 그로 말미암아 구원을 받으리라"(고전 15:1-2).

바울은 사람들에게 그리스도를 이렇게 '받아들이지' 말라고 간청한다. "너희를 권하노니 하나님의 은혜를 헛되이 받지 말라"(고후 6:1).

하나님이 택하신 자는 하나도 파선하지 않는다

사도 요한은 교회 안에 참으로 구원받지 않는 사람들이 있다는 사실을 알았다. 그런 '신자들'이 결국 믿음을 버리는 경우 이들에 대해 어떻게 말해야 할까? 요한과 바울은 둘 다 참으로 거듭나고 의롭다 하심을 받은 사람들은 사실 그 믿음을 절대로 버리지 않는다고 가르쳤다. 그런 사람들은 믿음을 견지하고 구원을 받게 될 것이다. 그들은 영원히 안전할 것이다(요 10:27-29; 롬 8:30).

그러면 '신자들'이 믿음에 관해 파선하고(딤전 1:19) 잃어버린 바 되는 것은 어째서일까? 요한은 이렇게 대답한다. "그들이 우리에게서 나갔으나 우리에게 속하지 아니하였나니 만일 우리에게 속하였더라면 우리와 함께 거하였으려니와 그들이 나간 것은 다 우리에게 속하지 아니함을 나타내려 함이니라"(요일 2:19). 그들에게는 어떤 '믿음'이 있었지만, 그들은 참으로 "우리에게 속하지"는 않았다. 그들은 하나님에게서 나지 않았다. 그들은 구원하는 믿음을 갖고 있지 않았다(요일 5:1). 그들은 그리스도를 '받아들였지만', 그것은 구원하는 받아들임이 아니었다.

그리스도를 보배로 받아들임이란?

이번 장에서는 그리스도를 받아들임으로서 구원하는 믿음에 다시 초점을 맞춰 간략하게 살펴보았다. 이제는 3부의 더 구체적인 질문, 즉 "그리스도를 받아들임은 그리스도를 '보배로' 받아들임인가?" 하는 질문으로 넘어갈 차례이다. 기억할 것은, "이런 받아들임이 정서적인 요소를 가지고 있는가?" 하는 더 구체적인 질문, 즉 "그리스도를 우리의 가장 귀한 보배로 '받아들임'이 사실은 그리스도를 우리의 가장 귀한 보배로 '귀중히 여김'인가?" 하는 질문은 4부가 될 때까지 남겨두겠다는 것이다.

14장

예수님은 자신을 보배로 제시하신다

이제 '그리스도를 받아들이는' 구원하는 믿음에서 '그리스도를 **우리의 가장 귀한 보배로** 받아들이는' 구원하는 믿음으로 넘어가보자. 염두에 둘 것은, '보배이신 그리스도'는 우리가 선택적으로 받아들일 수 있는 그리스도의 한 조각이 아니라는 사실이다. 이야기했듯이, 내가 우리의 보배이신 그리스도께 초점을 맞출 때는 그리스도의 모든 것을 포함한다. 즉 보배로우신 구주, 보배로우신 주님, 보배로우신 지혜, 보배로우신 의, 보배로우신 친구, 보배로우신 소망, 그리고 그리스도께서 자신을 우리에게 주시는 모든 방식을 포함한다. 보배이신 그리스도는 그리스도의 한 조각이 아니다. 그리스도의 무한한 가치의 관점에서 바라본 그리스도의 모든 것이다.

하나님 나라의 왕은 보배이시다

예수님은 마태복음 13장 44절에서 이렇게 말씀하셨다. "천국은 마치 밭에 감추인 보화와 같으니 사람이 이를 발견한 후 숨겨 두고 기뻐하며 돌아가서 자기의 소유를 다 팔아 그 밭을 사느니라." 분명히 이 비유에서 보화는 "천국"이다. 즉 보화는 그리스도의 통치인데, 미래의 영광에 있어서만이 아니라 왕의 현재적 권세와 교제라는 면에서도 그렇다("하나님의 나라는 너희 안에 있느니라", 눅 17:21).

"천국은 마치 밭에 감추인 보화와 같으니." 이 구절은 '예수님이 보화'이시라고 말하지 않는다. 그러나 예수님과 신약 저자들이 밝힌 하나님 나라의 의미를 볼 때 하나님 나라의 가치는 그리스도 자신(왕!)의 가치에서 나오며, 그리스도와 분리할 수 없다. 생각해보자. "천국에 들어"갈 때(마 5:20) 우리는 누구의 통치 아래로 들어가는가? "하나님 나라를 받아들"일 때(막 10:15, 새번역) 우리가 받는 가장 좋은 선물은 무엇인가? 예수님이 하나님 나라가 "가까이" 왔다고 선포하셨을 때(막 1:15) 그 나라는 누구의 인격을 통해 도래했는가? 하나님 나라가 우리의 "것"이라는 말씀에서(막 10:14) 우리는 누구의 권세를 소유하는가? 예수님이 "하나님의 나라는 너희 안에 있느니라"고 하셨을 때(눅 17:21) 누가 그 사람들 가운데 계셨는가?

예수님이 하나님 나라의 성육신하신 임재시라는 주장은 아마도 "내가 하나님의 성령을 힘입어 귀신을 쫓아내는 것이면 하나님의 나라가 이미 너희에게 임하였느니라"(마 12:28)는 말씀에서 가장 분명하게 볼 수 있다. 더욱이 예수님은 하나님 나라를 "내 나라"라고 부르신다(요 18:36). 바울은 그리스도인의 회심을 "그[하나님]의 사랑의 아들의 나라로 옮기"신 것으로 묘사한다(골 1:13). 그리고 베드로는 우리의 최종 구원을 "우리 주 곧 구주 예수 그리스도의 영원한 나라에 들어감"이라고 부른다(벧후 1:11).

그러므로 "**천국**은 마치…… 보화와 같으니"(마 13:44)라는 예수님의 말씀은, 예수님이 '자신의' 지고한 가치에 대해 하신 말씀이라 보는 것이 타당하다. 따라서 이 비유의 요점은 우리가 세상에서 소유한 모든 것보다 예수님이 더 귀중하심을 보여줌으로써 그리스도의 가치를 강조하는 것이다. "기 쁘하며 돌아가서 **자기의 소유를 다** 팔아 그 밭을 사느니라."

그리스도를 얻기 위해 모든 것을 기쁨으로 팔다

첫째로 그는 보화를 얻기 위해 "자기의 소유를 다" 판다. 요점은 우리가 그리스도를 살 수 있느냐가 아니다. 우리가 가진 모든 것, 또 가질 수 있는 모든 것보다 그리스도께서 훨씬 더 가치 있다는 것이다. 둘째로 그는 "기 쁘하며" 모든 것을 판다. 우리가 그리스도를 자신의 보배로 받아들이면서 감당하는 '희생'은 사실 희생이 아니다. 본질적으로 희생이 아니다(눅 18:28-30). 그 상실은 기쁘게 받아들여진다. 얻는 것이 무한히 크기 때문이다.

그러면 이 비유(마 13:44)의 요점은 무엇인가? 첫째, 위대한 왕이신 그리스도께서 지극히 귀중하시다. 둘째, 그리스도를 우리의 보배로 삼는 방법은, 우리의 모든 소유를 합친 것보다 더 그리스도를 갈망할 정도로 그리스도의 가치를 귀하게 여기는 기쁨을 경험을 하는 것이다. 그리고 이 두 번째 요점은 예수님을 우리의 보배로 받아들이는 것은 예수님을 참으로 기뻐하며 보배롭게 여기는 것이란 4부 내용의 예고편이다.

모든 소유를 버리고 나를 받아들이라

예수님은 누가복음 14장 33절에서 마태복음 13장 44절의 짧은 비유를 적용하신다. 예수님은 "너희 중의 누구든지 자기의 모든 소유를 버리지 아니하면 능히 내 제자가 되지 못하리라"라고 말씀하신다. 여기서는 '하나님 나라'라는 말이 사라졌다. 메시지가 예수님 자신에게 집중되었다. 우리의 모든 소유보다 예수님을 더 소중하게 여기지 않으면 우리는 예수님의 제자가 될 수 없다.

예수님은 영생에 대해 질문하는 부자 관리에게도 똑같은 요점을 강조하셨다(눅 18:18). "네게 아직도 한 가지 부족한 것이 있으니 네게 있는 것을 다 팔아 가난한 자들에게 나눠 주라 그리하면 하늘에서 네게 보화가 있으리라 그리고 **와서 나를 따르라**"(눅 18:22). 다시 말해 우리가 돈을 움켜쥔 주먹을 펴서 그 돈이 가난한 사람들에게 흘러가게 하고, 그리스도를 새로운 보화로서 붙잡을 정도로 그분을 소중히 여긴다면, 참으로 우리가 하늘에서 영원히 보화(그리스도)를 갖게 될 것이다. 그러나 만일 그리스도보다 자기 소유를 더 소중히 여긴다면, 그리스도도 영생도 얻지 못할 것이다.

가족보다 예수님을 더 사랑하라

마태복음 10장 37절에서도 예수님은 다시 같은 메시지를 전달하신다. "아버지나 어머니를 나보다 더 사랑하는 자는 내게 합당하지 아니하고 아들이나 딸을 나보다 더 사랑하는 자도 내게 합당하지 아니하며." 여기서 말하는 "사랑"은 하나님이 자격 없는 원수들을 위해 죽으심으로 보여주신 그런 사랑이 아니다(롬 5:8). 이것은 우리가 가장 소중히 여기는 가족 구성원, 즉 어머니나 아버지, 귀중한 아들이나 딸에게 품은 사랑이다. 예수님은 "네가 가장 귀중한 가족들보다 나를 더 귀중히 여기지 않는다면 너는 내게 합당하지 않다"라고 말씀하신다.

예수님께 "합당하다"는 말은 예수님의 애호를 받을 자격이 있다는 의미가 아니다. '합당하다'(ἄξιος, 악시오스)는 적합하거나 알맞거나 어울리는 것을 의미한다. 세례 요한이 "회개에 **합당한**(ἄξιον, 악시온) 열매를 맺"으라고(마 3:8) 말한 것과 같은 의미이다. 이 구절은 회개와 일치하는 열매, 회개에 적합한 열매, 회개하는 사람에게 어울리는 열매를 맺으라는 뜻이다. 그러므로 마태복음 10장 37절에서 예수님이 하신 말씀은 이런 의미이다. "누구든지 다른 모든 관계들을 나보다 더 보배롭게 여기는 사람이 나를 자기 보배로 삼는다는 것은 적합하지 않은 일이다."

우리는 구원을 통해 보배이신 그리스도를 얻는다

　사복음서 모두를 관통하며 흐르는 강이 있다. 모든 것에 생명력을 주는 강이다. 우리는 이 강을 "측량할 수 없는 그리스도의 풍성함"(엡 3:8)이라고 부른다. 더 정확히 말해 이 강은 헤아릴 수 없이 소중한 우리의 보배이신 그리스도이시다.
　그리스도께서는 소중한 선물들을 나눠주는 분이시지만, 성경은 대개 그분을 그렇게 나타내지 않는다. 그리스도께서는 그분의 모든 선물 가운데서 보배롭게 여김을 받기에 합당하신 분으로, 즉 그분 자체가 지극히 아름답고 소중하신 분으로 나타난다. 그리스도께서 행하시는 모든 일, 그리고 계시하시는 모든 것은 그분이 "만물의 으뜸이 되려 하심"(골 1:18)이다. 궁극적으로 하나님의 구속 사역의 목적은 그리스도를 통해 우리가 구원을 얻는 것이 아니라, 구원을 통해 우리가 그리스도(모든 것을 만족시키는 보배)를 얻는 것이다.

15장

그리스도를 아는 것이
가장 귀하다

바울 서신으로 넘어가 그리스도의 지고한 가치에 대한 이 진리를 바울이 어떻게 발전시켜 나가는지 살펴볼 때, 바울에게도 구원하는 믿음이 '그리스도를 우리의 가장 귀한 보배로 받아들임'을 포함한다는 개념이 있었음을 발견한다. 바울이 구원하는 믿음과 그리스도를 가장 귀중한 분으로 받아들이는 것의 관계를 창안해낸 것이 아니다. 우리가 앞에서 살펴보았듯이 예수님의 가르침에 이미 있었다. 그런 이유에서 빌립보서 3장의 말씀은 우리에게 친숙하게 들린다.

한때 보배였던 것

빌립보서 3장에서 바울은 자신이 이전에 자랑했던 "육신에 신뢰를 둘 만한 것"(4절, 새번역; 개역개정은 "육체를 신뢰할 것"으로 번역함.-역주), 즉 자기를 높이는 종교적인 업적들을 열거한다. 바울이 그리스도께로 회심하기 전에는 이런 유대인으로서의 내력이 모두 "유익"(7절)한 것이었다.

"……팔일 만에 할례를 받고 이스라엘 족속이요 베냐민 지파요 히브리인 중의 히브리인이요 율법으로는 바리새인이요 열심으로는 교회를 박해하고 율법의 의로는 흠이 없는 자라"(빌 3:5-6).

그런데 바울은 철저하게 회심했다. 바울은 다메섹으로 가는 길에 부활하신 그리스도를 인격적으로 만났으며 눈부신 영광 가운데 그리스도를 보았다. 이 회심의 결과는 극적이었고, 그리스도에 대한 믿음과 그리스도를 보배로 받아들임 사이의 연관 관계로 이어졌다.

"무엇이든지 내게 유익하던 것을 내가 그리스도를 위하여 다 해로 여길뿐더러 또한 모든 것을 해로 여김은 내 주 그리스도 예수를 아는 지식이 가장 고상하기 때문이라 내가 그를 위하여 모든 것을 잃어버리고 배설물로 여김은 그리스도를 얻고 그 안에서 발견되려 함이니 내가 가진 의는 율법에서 난 것이 아니요 오직 그리스도를 믿음으로 말미암은 것이니 곧 믿음으로 하나님께로부터 난 의라"(빌 3:7-9).

그리스도를 아는 지식이 가장 고상하기 때문이라

바울이 어떻게 주장을 전개하는지, 즉 바울이 연결어를 가지고 문구와 구절들을 어떻게 엮어나가는지 좀 더 주의 깊게 살펴보자. 바울은 문법적으로 목적격이 뒤따라 나오는 '디아'(διὰ)라는 연결어를 세 번 사용하는데, 이 말은 목적격과 함께 쓰일 때 '위하여'나 '때문에'를 의미한다. 일관성을 위해 나는 세 문구를 모두 '때문에'로 옮길 것이다.

- 7절: "그리스도 때문에"(새번역) 나는 나의 유대인으로서의 내력을 해(손실)로 여겼다.
- 8a절: "그리스도 예수를 아는 지식이 가장 고상하기 때문"에 나는 계속해서 모든 것을 손실로 여긴다.
- 8b절: "그리스도 때문에"(새번역) 나는 모든 것을 잃어버리고, 계속해서 그것들을 배설물로 여긴다.

"그리스도 때문에"라는 문구 자체는 모호하다. 이 문구 자체는 '그의 경고 때문에'나 '그의 약속 때문에', '그의 어리석음 때문에'를 의미할 수 있다. 당연히 이 문맥에는 다 맞지 않는다. 다만 내가 지적하는 것은 '때문에'[디아(διά)+목적격]라는 문구 자체만으로는 그 연결 관계가 어떻게 작동하는지를 해결하지 못한다는 것이다.

그러나 모호하지 '않은' 것이 있는데 8a절에 나오는 "그리스도 때문"의 의미이다. "**그리스도 예수를 아는 지식이 가장 고상하기 때문이라.**" 이 구절에서 바울은 자기가 다만 유대인으로서의 내력뿐만 아닌 "모든 것"을 손실로 여기는 이유를 정확하게 밝힌다. 그리스도를 아는 것이 매우 가치가 있기 때문이다. 즉 그리스도께서 가장 귀한 보배이시기 때문이다.

그리스도께서 "모든 것"보다 더 가치가 있으시다는 것을 알게 되자 바울은 그리스도와 비교하면 모든 것이 손실일 뿐이라고 여기게 되었다. 어떤 면에서 손실일까? 바울은 다른 모든 것은 (1)자기 영혼의 보배로서 손실이며, (2)하나님 앞에서 자기 확신의 근거로서 손실이라고 대답한다.

우리는 3절에서 이 이중의 대답을 발견한다. "하나님의 성령으로 봉사하며 그리스도 예수로 자랑하고 육체를 신뢰하지 아니하는 우리가[그리스도인들이] 곧 [진정한] 할례파라." 다시 말해 (1)바울이 이제는 "그리스도[를] …… 자랑"하기 때문에, 즉 이제는 자신의 업적이 아닌 그리스도께서 그의 자랑의 근거이시기 때문에, 그의 확신의 근거로서 다른 모든 것은 손실일 뿐이다. (2)"육체를 신뢰"하는 것은 무익하며 그런 모든 것은 그리스도와 무관하기 때문에, 바울에게 다른 모든 것은 손실일 뿐이다.

구원하는 믿음과 보배이신 그리스도의 관계

이제 보배이신 그리스도와 구원하는 믿음의 상관 관계로 우리를 이끄는 연결어를 살펴보자. 빌립보서 3장 8절 마지막에서 우리는 "내가 그리스도를 얻기 **위하여**……"(ESV 참고)라는 말을 볼 수 있다. 이 "위하여"(ἵνα, 히나; "함이니", 개역개정에는 9절에 있음.-역주)라는 연결어는 바울이 말하려는 것이 방금 한 말의 목적이나 결과라는 사실을 우리에게 알려준다. 그러면 바울은 방금 무슨 말을 했는가? 그리스도의 가치가 바울에게 너무나 커서 이에 비하면 모든 것이 손실로 여겨진다는 것이다.

그런데 바울은 단지 모든 것을 손실로 '여기기'만 하지 않고, 그의 영혼 속에서 자기가 보배롭게 여기던 것의 역전을 경험하고 실제로 손실을 '경험'했다(ἐζημιώθην, 에제미오덴, "모든 것을 잃어버리고", 8절). 바울은 그리스도인이라면 무엇보다 그리스도를 선택해야 함을 알았기에 억지로 이 손실을 경험한 것이 아니다. 바울은 그렇지 않았다. 그는 "새로운 피조물"이며(고후 5:17), 선호하는 것이 새로워졌다(롬 8:5). 바울은 얻음과 잃음을 실제로 경험했다.

바울의 마음속에서 그리스도보다 세상을 선호하는 일이 사라졌다. 그리스도보다 명예를(갈 1:14), 그리스도보다 돈을(빌 4:11, 17), 그리스도보다 음식과 성을(고전 9:27), 그리스도보다 권력과 위안을(고후 12:10) 좋아하는 일이 사라졌다. 이 모든 대안적인 보배들이 사라졌다. 그리스도께서 바울의 가장 귀한 보배가 되셨다. 이것이 '위하여'라는 말(ESV 8b절; 개역개정에서는 8절 "여김은"-역주) 앞에 일어난 일이다. '위하여'라는 말은 바울이 그리스도를 가장 귀한 보배로 받아들인 목적이나 결과가 있음을 의미한다. 그러면 그 목적이나 결과는 무엇인가? '위하여'라는 말 다음에는 무엇이 나오는가?

"……그리스도를 얻고 그 안에서 발견되려 함이니 내가 가진 의는 율법에서 난 것이 아니요 오직 그리스도를 믿음으로 말미암은 것이니 곧 믿음으로 하나님께로부터 난 의라"(빌 3:8b-9).

실제로 바울은 세 가지 목적을 말하고 있다. (1) 내가 그리스도를 얻고자 함이다. (2) 내가 그리스도 안에서 발견되고자 함이다. (3) "그리스도 안에" 있게 된 결과, 율법을 지키는 데서 나오는 나 자신의 의가 아닌 하나님에게서 오는 의를 얻고자 함이다. 그러므로 그리스도를 자신의 가장 귀한 보배로 받아들임에는 삼중의 결과가 있다. 그리스도를 얻는 것과 그리스도 안에 있는 것, 하나님에게서 오는 의를 얻는 것이다.

"그리스도를 얻는" 것에 "그리스도 안에" 있는 것과 "하나님께로부터 난 의"를 덧붙이는 이유는 "그리스도를 얻음"이 결함 있는 결과라거나 종속적인 결과여서가 아니다. 그보다는 그리스도 안에서 새로운 하나님의 의를 얻지 않고는 바울이 그리스도를 얻을 수 없기 때문이다. 그런 의의 선물이 없다면 바울은 멸망할 것이다(롬 5:17). 그리스도를 만족을 주는 보배로 모시려면 바울은 반드시 그리스도를 의롭게 하시는 구주로 모셔야 한다. 의이신 그리스도(고전 1:30)와 보배이신 그리스도를 함께 받아들이든지, 전부 받아들이지 않든지 둘 중 하나이다.

그리스도와 연합하는 두 가지 방식은 사실 하나이다

그러나 우리의 질문과 가장 관련이 있는 내용은 이것이다. 바울은 그리스도를 얻음과 그리스도 안에 있음이 ('위하여'가 보여주듯이) 두 가지 방식으로 일어난다고 보여주는데, 이는 결국 하나로 드러난다. 다시 말해 바울은 그리스도와의 연합에 이르는 길을 두 가지로 묘사하는데, 그가 그리스도 안에 들어가는 방법을 묘사한 두 가지 방식을 하나로 보는 것이 구원하는 믿음과 그리스도를 보배롭게 여김의 관계를 이해하는 열쇠이다.

첫째로 '위하여'라는 문구는 바울이 "그리스도 안에서 발견"되고 새로운 하나님의 의를 얻은 것은 그리스도께서 이제 바울의 가장 귀한 보배가 되셨기 때문에 일어난 일임을 보여준다. 사고의 흐름은 다음과 같다. "그리스도께서 나의 가장 귀한 보배가 되시기에 다른 모든 것이 손실과 배설물일 뿐임을 경험하여 알게 되었는데, 이는 내가 그리스도 안에서 발견되고 새로운 의를 얻기 '위해서'이다." 그러므로 바울이 그리스도를 자신의 가장 귀한 보배로 경험하게 된 것은 바울이 그리스도 안에서 발견되기 '위해서'이다. 이것은 그리스도와의 연합에 이르는 경험적인 문이었다. 이것은 바울을 그리스도와 연합시키기 위해 하나님이 행하신 기적이었다.

그런데 둘째로 9절은 바울이 그리스도를 얻고, 그리스도와 연합하며, 의의 선물을 받게 된 방법에 대해 또 다른 설명을 제시한다. 그것은 "믿음으로 말미암은" 것이었다. 바울은 그것을 두 번 이야기한다. 바꾸어 표현하면 바울은 이렇게 말했다. "내가 '그리스도에 대한 믿음으로 말미암아' 하나님에게서 오는 의를 가지고 그리스도 안에 있음이 발견되었다. 나는 '그리스도에 대한 믿음으로 말미암아' 그리스도와 연합했으며 하나님의 의를 가지고 있다. 이것은 모두 믿음에 근거한다."

그러므로 바울은 "당신은 어떻게 그리스도를 얻었는가?", "무엇이 당신을 그리스도와 연합하게 했는가?", "당신이 자신의 의가 아닌 의를 옷 입었다는 말은 무슨 뜻인가?" 하는 질문에 두 가지 답을 제시한다. 바울의 첫 번째 대답은, 내가 혁명적인 회심을 경험했으며 그 회심을 통해 내가 보배롭게 여기는 것이 완전히 역전되는(예수님이 가장 귀한 보배가 되시는) 일을 내 마음에 겪었다는 것이다. 바울의 두 번째 대답은 그 일이 예수님에 대한 믿음을 통해 일어났다는 것이다.

그런데 내 결론은 이 두 가지가 서로 다른 대답이 아니라는 것이다. 이 둘은 서로 다른 경험이 아니다. 바울은 이 둘을 구분하거나 순서를 정하려고 노력하지 않는다. 한편으로 바울은 그리스도와의 연합이 그리스도를 자신의 보배로 받아들인 결과라고 말한다[ἵνα, 히나, "함이니", 8절(개역개정에는 9절에 있음.-역주)]. 다른 한편으로 바울은 그리스도와의 이 연합이 믿음의 결과라고 말한다(διὰ πίστεως, 디아 피스테오스…… ἐπὶ τῇ πίστει, 에피 테 피스테이, "믿음으로 말미암은…… 믿음으로", 9절).

빌립보서 3장 7-9절에서 우리는 바울이 "내가 그리스도를 믿었지만, 그리스도는 나의 가장 귀한 보배가 아닙니다"라고 말할 가능성은 지극히 낮음을 보았다. 또한 "그리스도가 나의 가장 귀한 보배이지만, 내게는 그리스도를 믿는 구원하는 믿음이 없습니다"라고 말할 경우도 있을 법하지 않다. 오히려 이 구절들은 바울이 이렇게 말했을 법하다고 생각하게 만든다. "나는 하나님이 주신 경험, 즉 그리스도를 나의 가장 귀한 보배로 받아들이는 경험을 통해(즉 구원하는 믿음을 통해) 그리스도와의 연합을 경험했습니다."

16장

예수님을 보배로
보지 않을 수 없다

이제 우리는 바울이 구원하는 믿음과 우리의 보배이신 그리스도를 연결하는 또 다른 본문을 본다. 우리는 보는 방식으로서의 믿음에 대해 논의한 9장에서 이미 고린도후서 4장 4-6절에 어느 정도 관심을 기울였다. 이번에는 7절을 덧붙여 고찰함으로 이 본문에서 그리스도를 받아들임과 그리스도를 '보배로' 받아들임의 연관성을 끌어낼 것이다.

"그 중에 이 세상의 신이 믿지 아니하는 자들의 마음을 혼미하게 하여 그리스도의 영광의 복음의 광채가 비치지 못하게 함이니 그리스도는 하나님의 형상이니라 우리는 우리를 전파하는 것이 아니라 오직 그리스도 예수의 주 되신 것과 또 예수를 위하여 우리가 너희의 종 된 것을 전파함이라 어두운 데에 빛이 비치라 말씀하셨던 그 하나님께서 예수 그리스도의 얼굴에 있는 하나님의 영광을 아는 빛을 우리 마음에 비추셨느니라 우리가 이 보배를 질그릇에 가졌으니 이는 심히 큰 능력은 하나님께 있고 우리에게 있지 아니함을 알게 하려 함이라"(고후 4:4-7).

신자는 어떻게 태어나는가?

불신자의 특징은 그들이 "그리스도의 영광의 복음의 광채"를 '볼' 수 없다는 것이다(고후 4:4). 이 볼 수 없음은 우리의 눈을 멀게 하는 사탄의 사역이다. "이 세상의 신이 믿지 아니하는 자들의 마음을 **혼미하게 하여**." 불신자들은 복음에서 나오는 빛을 보지 못한다. 그것은 물리적인 빛이 아니기에 육체의 눈으로는 보이지 않는다. 하지만 그것은 빛이기에 볼 수 있다. 이 '보는 것'은 내면의 시각이다. 영적인 시각이다.

바울은 에베소서 1장 18절에서 마음의 눈에 대해 말한다. 그리고 고린도후서 3장 18절에서는 심오하게 변하는 시각에 대해 말한다. "우리가 다 수건을 벗은 얼굴로 거울을 보는 것 같이 **주의 영광을 보매** 그와 같은 형상으로 **변화하여** 영광에서 영광에 이르니 곧 주의 영으로 말미암음이니라."

바울은 이런 시각이 복음 전파와 그리스도를 향한 회심을 통해 생긴다는 것을 알았다. 바울이 이를 알게 된 까닭은 예수님이 그에게 이렇게 말씀하시면서 사역을 맡기셨기 때문이다. "내가 너를 구원하여 그들에게 보내어 **그 눈을 뜨게 하여** 어둠에서 빛으로, 사탄의 권세에서 하나님께로 돌아오게 하고"(행 26:17-18).

마찬가지로 베드로도 그리스도인이 되는 것은 육적인 시각이 아닌 영적인 시각에 관한 것임을 알았다. 베드로는 그의 편지의 수신자인 흩어진 신자들이 그리스도를 "보지" 못했다고 말했다(벧전 1:8). 다른 한편으로는 우리를 "어두운 데서 불러 내어 그의 기이한 **빛**에 들어가게 하신" 것은 우리가 "[그의] 아름다운 덕을 선포하게 하려"는 것이라고 말했다(벧전 2:9). 우리는 그리스도의 영광의 빛을 보아야 하며, 그것을 선포해야 한다.

그러므로 고린도후서 4장 6절에서 이 영적인 '시각'의 창조에 대해 이야기할 때 바울은 '신자'가 어떻게 태어나는지를 설명하는 것이다. 4장 4절에서 불신자는 "그리스도의 영광의 복음의 광채"를 볼 수 없다. 그러나 6절에서 하나님은 이 눈멂을 제거하기 위해 행동하신다. 하나님은 창조의 첫째 날에 어둠을 향해 말씀하셨듯이, 우리 마음을 향해 "빛이 있으라"고 말씀하신다. 사람의 마음에 행하신 이 주권적인 행위의 결과는 '빛'의 창조, 즉 "예수 그리스도의 얼굴에 있는 하나님의 영광을 아는 빛"의 창조이다. 이 빛은 복음에서 나와 우리 마음에 비친다. 우리는 마음의 눈으로 그리스도 안에 있는 하나님의 영광을 본다. 신자가 탄생한다.

지루함에서 영광을 바라봄으로

고린도후서 4장 6절의 기적이 우리에게 일어나기 전에는 그리스도에 대한 복음 이야기를 들어도 그것이 지루하거나 어리석거나 전설 같거나 이해할 수 없는 것으로 '보였다.' 그리스도에게서 눈을 뗄 수 없는 아름다움이나 가치를 보지 못했다. 그런데 하나님이 빛을 "우리 마음에 비추"시자 우리는 영광을 '보았다.' 이것은 결심이 아니다. 이것은 시각이다. 우리는 눈 멂에서 봄으로 옮겨갔다. 눈멂에서 봄으로 옮겨갈 때, 거기에는 우리가 볼 것인지 아닌지를 결심할 순간이 없다. 그것은 선택이 아니다. 보는 행위에 있어, 우리는 보지 않겠다고 결심할 수 없다. 우리는 영광스럽게 보는 것을 '영광스럽게' 보지 않겠다고 결심할 수도 없다. 그것이 6절에서 하나님이 행하시는 기적이다. 이전에 우리는 그리스도의 아름다우심을 보지 못한 채 복음의 사실들을 보았다. 그런데 하나님이 말씀하시자 우리는 복음의 사실들을 통해 하나님의 실재적인 아름다움을 본다.

고린도후서 4장 6절에 나오는 이 '보는 것'은 회심이다. 그것은 신자의 탄생이다. 4절은 "믿지 아니하는 자들"을 설명하고, 6절은 신자들의 창조를 설명한다. 불신자는 눈을 뗄 수 없는 그리스도의 영광을 보지 못한다. 신자는 그리스도의 영광을 있는 그대로, 눈을 뗄 수 없이 본다. 다시 말해 신자는 그리스도를 가장 영광스러운 분으로 보고 받아들이도록 허락받았다. 이 것이 바로 신자가 된다는 의미, 또는 구원하는 믿음을 가진다는 의미이다.

그 기적 이후의 보배

그러면 바울은 이 경험을 다음 구절(고후 4:7)에서 어떻게 설명하는가? 바울은 "우리가 이 **보배**를 질그릇에 가졌으니 이는 심히 큰 능력은 하나님께 있고"라고 말한다. 이 질그릇에 담긴 "보배"의 가장 자연스러운 의미는 4장 6절에서 말하는 하나님이 우리 안에 창조하신 것, 즉 "예수 그리스도의 얼굴에 있는 하나님의 영광을 아는 빛"이다. 7절의 "이"라는 단어는 연결 관계를 구체화한다. "우리가 **이** 보배를······ 가졌으니." 바울은 광범위하고 막연하게 말하지 않는다. 구체적인 보배, 방금 설명한 "이 보배"를 가리켜 말하고 있다.

우리는 바울이 그리스도의 영광을 '보는 것'을 보배라고 말하는지, 아니면 '그리스도 자체의 영광'을 보배라고 말하는지 결정하려고 하지 말아야 한다. 바울은 보이는 것의 실상이 없는 상태에서 시각이 존재한다는 것만을 찬양하지 않는다. 또한 눈먼 상태에서 영광의 실상이 존재한다는 것만을 찬양하지도 않는다. 복음에서 그 영광이 두드러지게 나타나는 그리스도의 실재는 보배이고, '또한' 우리가 그리스도를 있는 그대로 보는 것도 보배이다. 그리스도의 영광과 우리 마음에 영광스럽게 현존하시는 그리스도를 아는 기적이 둘 다 보배이다.

바울이 사람의 마음속에 있는 그리스도의 영광을 설명하기 위해 "보배"라는 단어를 사용하는 것은 이상한 일이 아니다. 바울에게 이보다 더 자연스러운 표현은 없을 것이다. 바울은 그리스도를 신자의 부요함과 풍성함, 보배로 생각하기를 좋아한다. 바울은 "측량할 수 없는 그리스도의 풍성함"(엡 3:8), "그리스도 예수 안에 있는 영광 가운데서, 그분의 풍성하심"(빌 4:19, 표준새번역), "그리스도 예수 안에서 우리에게 자비하심으로써 그 은혜의 지극히 풍성함"(엡 2:7), "이 비밀의 영광…… 이 비밀은 너희 안에 계신 그리스도시니 곧 영광의 소망"(골 1:27)을 이야기한다. 이것이 바울의 사역을 고동치게 하는 것이었으며, 그의 삶의 의미였다. 바울은 자신을 "가난한 자 같으나 많은 사람을 부요하게" 하는 사람(고후 6:10), 그리스도로 부요하게 하는 사람으로 보았다!

우리가 다루는 질문에 대해 이것이 의미하는 바는 고린도후서 4장 6절이 신자가 탄생하는 방법, 즉 '구원하는 믿음'이 생겨나는 방법을 설명하고 있다는 것이다. 구원하는 믿음은 하나님이 우리의 영적인 눈멂을 해소하시고 그리스도 안에 있는 하나님의 영광(그리스도의 아름다우심, 그리스도의 가치, 그리스도의 신적인 실재)을 보는 시각으로 대체하시는 때에 생겨난다. 이 영적인 시각의 기적이 믿음이다. 다시 말해, 그리스도를 참되고 영광스러우신 분으로 받아들이는 것이다. 이 기적을 통해 신자는 동시에 그리스도와 연합된다. 우리는 그리스도를 "가진다." 그리스도께서 우리의 것이 되시고, 우리는 그리스도의 것이 된다. 그런 다음 요점을 분명히 하기 위해 바울은 이를 "보배"라고 부른다(고후 4:7).

모든 탁월함을 지니신 그리스도를 받아들이라

그러므로 나는 바울에게 있어 구원하는 믿음이란, 그리스도를 자신의 가장 귀한 보배로 보고 받아들이는 것이라고 결론짓는다. 물론 구원하는 믿음은 그 이상이다. 그러나 그 이하는 절대 아니다. 존 오웬은 신선하지만 오래된 표현을 써서 구원하는 믿음에 대한 이런 이해를 다급한 간청으로 전환한다.

이것은 아름다우시고 뛰어나신 주 예수님을 **받아들이는** 것이다. 신자들은 이 일에 마음을 흠뻑 쏟기로 하자.…… 그리스도께서 우리에게 자신을 주시는 그대로 **가장 탁월하신 그분을 받아들도록 하자**. 믿음에 대해 자주 생각하며, 사랑하는 다른 것들, 즉 죄와 세상과 율법적인 의 등과 그분을 비교해 **그것들보다 그분을 더 선호하고**, 그분과 비교해 다른 모든 것을 손실과 배설물로 여기도록 하자.[1]

그리스도에 대한 구원하는 믿음을 갖는 것은 온 세상보다 뛰어나신 그리스도의 탁월하심을 '보는 것'이다. 온 세상보다 '그리스도를 더 선호하는 것'이다. 온 세상보다 그리스도를 더 좋은 것으로 '받아들이는 것'이다. 구원하는 믿음은 "아름다우시고 뛰어나신" 그리스도를 우리의 가장 귀한 보배로 '환영하는 것'이다.

---

1) John Owen, *Of Communion with God the Father, Son, and Holy Ghost*, vol. 2, *The Works of John Owen*, William H. Goold 편집 (Edinburgh: T&T Clark, n.d.), 59; 강조는 저자 추가.

모세는 어떻게 애굽의 모든 보화에서 해방됐는가?

지금까지 우리는 고린도후서 4장 7절의 "보배"라는 표현에 주로 초점을 맞췄다. 이제는 그리스도를 보배롭게 여김의 성경적인 근거를 확대하기 위해 잠시 히브리서 11장 24-27절을 살펴보려 한다. 우리는 10장에서 구원하는 믿음은 하나님이 약속하신 미래의 실재를 실제로 현재에 경험하는 것임을 보여주기 위해 히브리서 11장 1절을 부분적으로 설명하면서 이 본문을 살펴보았다. 그러나 그리스도를 우리의 가장 귀한 보배로 받아들이는 믿음에는 초점을 맞추지 않았는데, 지금 우리가 초점을 맞추는 것이 바로 그 점이다.

"믿음으로 모세는 장성하여 바로의 공주의 아들이라 칭함 받기를 거절하고 도리어 하나님의 백성과 함께 고난 받기를 잠시 죄악의 낙을 누리는 것보다 더 좋아하고 그리스도를 위하여 받는 수모를 애굽의 모든 보화보다 더 큰 재물로 여겼으니 이는 상 주심을 바라봄이라 믿음으로 애굽을 떠나 왕의 노함을 무서워하지 아니하고 곧 보이지 아니하는 자를 보는 것 같이 하여 참았으며"(히 11:24-27).

이 본문은 믿음의 경험에 대한 내적인 작용을 묘사한다. 내가 '내적인 작용'이라고 말하는 이유는 이 본문에서 일어나는 일, 즉 '거절하고, 좋아하며 (선택하며), 여기고, 바라보며, 무서워하고, 보는' 일 대부분이 모세의 마음과 생각 속에서 일어나기 때문이다. 그런데 24절과 27절을 보면, "믿음으로"라는 말로 시작한다. 그러므로 믿음이 마음과 생각의 경험으로서 어떤 것인지 우리에게 설명하는 것이 저자의 목적이라고 나는 생각한다.

모세의 해방의 근원

이 구절들의 논지는 네 단계로 전개된다. 우리는 최종 결과에서부터 역방향으로, 한 근거에서 다음 근거로 한 단계씩 거슬러 올라가며 설명할 수 있다.

❶ 부정적으로 말하면, 모세는 애굽의 덧없는 향락과 바로의 공주의 아들이라고 불리는 특권을 거절했다. 긍정적으로 말하면, 대신 모세는 하나님의 백성과 함께 고난받기를 선택했다(히 11:24-25).
　❷ 이 거절과 선택을 한 근거는 모세가 그리스도('메시야'를 의미)의 수모(kJV 참조; 개역개정은 "그리스도를 위하여 받는 수모"로 번역됨.-역주)의 가치를 특별히 높게 판단했기 때문이다. 모세는 그것을 애굽의 보화들보다 더 큰 재물로 판단했다(히 11:26a).
　　❸ 그리스도의 수모를 이렇게 판단한 이유는 모세가 상을 바라보았기 때문이다(히 11:26b).
　　　❹ 이 상의 구체적인 성격이나 내용은, 보이지 않으나 모세가 본 그리스도이시다(히 11:27).

이것은 모두 믿음의 내적 작용에 대한 묘사이다. 믿음이 우리 삶에서 영향을 미치고 결과를 낳는 방식이다. 이 본문을 볼 때 믿음과 그리스도를 우리의 가장 귀한 보배로 받아들임 사이에는 어떤 관계가 있는가?

이번에는 반대로 근거에서부터 결과로 논지를 다시 진술하면서 답을 살펴보자. 나는 3단계와 4단계를 같은 선상에 두었는데, 4단계는 3단계의 근거가 아닌 거기에 대한 정의이기 때문이다. 3단계에서 모세는 "상 주심을 바라"본다. 4단계에서는 그 바라보는 행위가 "보이지 아니하는 자를 보는 것"으로 묘사된다. "보이지 아니하는 자"는 누구인가? 모세가 방금 메시아를 언급했다는 사실(히 11:26)을 보면 모세가 염두에 두는 이가 메시아일 가능성이 있다. 신약에서 '그리스도'의 헬라어 단어(christos, 크리스토스)는 고유명사로도 쓰이고 메시아를 가리키는 칭호로도 쓰인다.

그러므로 3단계와 4단계를 합쳐서 보면, 우리는 모세가 보이지 않는 그리스도를 자신의 큰 상으로 바라보았다는 사실을 알 수 있다. 이것이 믿음의 근본적인 행위이다. 모세는 멀리서 메시아를 '반겼다'(히 11:13, 새번역). 즉 모세는 메시아를 환영했다. 다시 말해 모세는 믿음의 팔을 뻗어 그리스도를 자신의 큰 상으로 껴안았다.

그런 다음 3단계와 4단계는 함께 2단계를 떠받친다. 그리스도를 자신의 큰 상으로 보고, 환영하고, 껴안으면서 모세는 이 바라는 그리스도의 실상을 현재적 실재로 경험했다. 이 현재의 경험이 너무도 강렬해서 죄의 향락은 그리스도와 함께 수모를 당하는 일의 가치에 비하면 시들해 보였다.

모세는 바라는 그리스도의 실상을 맛보았다

히브리서 11장 1절은 "믿음은 바라는 것들의 실상"이라고 설명한다. 모세는 그리스도를 자신의 큰 상으로 바랐다. 그러므로 믿음은 그리스도의 실상이었다. 믿음은 본질적으로 현재에서 그리스도를 큰 상으로 경험하는 것이다. 그리고 이 현재의 경험이 죄를 좋아하는 것을 싫어하는 것으로, 수모의 고통을 유익으로 바꾸었다. 1단계는 이 믿음의 열매, 즉 모세가 어떻게 행동할 것인지에 대한 선택들이다.

그러므로 히브리서 11장 24-27절에 근거해 내가 내리는 결론은 구원하는 믿음은 보이지 않는 분(즉 그리스도)을 바라보며, 그리스도를 큰 상으로 본다는 것이다. 믿음은 죄와 특권의 향락보다 그리스도로 인한 즐거움을 더 크게 인식한다. 믿음은 그리스도를 가장 귀한 보배로 받아들인다.

결정적인 요점으로 넘어가며

3부의 요점은 구원하는 믿음이 다름 아닌 그리스도를 우리의 가장 귀한 보배로 받아들이는 것임을 보여주는 것이었다. 구원하는 믿음은 그 이상이지만, 그 이하는 아니다. 지금까지는 그리스도를 실제로 보배롭게 여김에 있어 마음의 정서적인 행위를 강조하지 않았는데, 물론 거기에 함축된 이 강력한 요점을 감출 수는 없었다. 그러나 이제 4부에서는 바로 그 함축된 의미를 명백히 밝히려고 한다.

What is
Saving
Faith?

What is
Saving
Faith?

4부

구원하는 믿음은 왜 정서적인가?
: 성경에 나타난 신자의 마음의 변화

구원하는 믿음은 기쁨의 실상을 맛본다
구원하는 믿음은 복음의 진리를 사랑한다
구원하는 믿음은 사랑으로 세상을 이긴다
구원하는 믿음은 그리스도께 만족한다

이제 우리는 가장 근본적인 질문에 이르렀다. 구원하는 믿음이 그리스도를 받아들이는 것일 뿐만 아니라 또한 그리스도를 우리의 가장 귀한 보배로 받아들이는 것이라면, 이런 받아들임은 믿음의 본질을 결정하고 형성하는가? 우리는 3부를 시작하며 존 오웬의 주장을 언급함으로써 이 질문을 제기했다. 오웬은 이렇게 주장한다.

> 믿음은 영혼이 (보이지 않으나 믿는 것들의) 능력과 효능을 경험하게 해준다. 이를 통해 (그 영혼은) 그것들의 틀에 맞춰 주조되거나 그것들을 닮게 된다.[1]

정말일까? 겉보기에는 답이 분명해 보인다. 만일 우리가 그리스도를 '보배'로 받아들인다면, 믿음의 본질은 '보배롭게 여김'이 아닐까? 만일 우리가 그리스도를 '기쁨'으로 받아들인다면, 믿음의 본질은 '즐거움'이 아닐까? 만일 우리가 그리스도를 '만족을 주시는' 분으로 받아들인다면, 믿음의 본질은 '만족'이 아닐까? 물론 구원하는 믿음의 이 모든 정서적인 차원이 '그리스도 안에' 있다. 그러나 마치 정서적인 경험 자체가 가치 있는 양, 구원하는 믿음을 보배롭게 여김과 즐거움과 만족이라고 지칭할 수는 없다. 그렇지 않다. 이런 모든 차원의 구원하는 믿음은 언제나 '그리스도'를 받아들

---

1) John Owen, *An Exposition of the Epistle to the Hebrews*, vol. 24, *The Works of John Owen*, W. H. Goold 편집 (Edinburgh: Johnstone & Hunter, 1854), 12.

이는 것이다. 우리는 만족을 받아들인다. 즐거움을 받아들인다. 보배를 받아들인다. 그런데 이 모든 받아들임은 그리스도를 받아들이는 것이다.

또한 다른 시각에서 볼 때 그리스도를 보배로 받아들임은, 구원하는 믿음이 그리스도를 보배롭게 여기는 정서적인 차원을 포함한다는 사실을 암시한다. 나는 12장에서 구원하는 믿음은 하나님이 초자연적으로 창조하신 것이며, 따라서 귀신이나 사람이 초자연적인 신생 없이 가질 수 있는 여느 믿음과 초자연적으로 다르다고 주장했다. 이런 시각에서 보면, 이 새로운 창조물의 본질은 하나님이 믿음을 창조하시는 방식에 의해 부여된다.

고린도후서 4장 6절에 근거하여, 나는 하나님이 어떤 사람에게 그리스도를 실상 그대로, 즉 지극히 영광스럽게 경험하게 하심으로 신자를 탄생시키신다고 주장했다. 하나님은 "예수 그리스도의 얼굴에 있는 하나님의 영광을 아는 빛"을 주신다. 말하자면 하나님은 구원하는 믿음을 경험하게 하신다. 불신자가 신자가 될 때, 변한 것은 그리스도가 '아니다.' 변한 것은 그리스도에 대한 사람의 경험의 성격이다. 우리는 그리스도의 아름다우심과 가치를 보지 못하고 있었다. 그러나 이제는 그리스도를 아름답고 가치 있는 분으로, 즉 우리의 가장 귀한 보배로 보고 받아들인다.

하나님이 이 경험(즉 구원하는 믿음)을 창조하셨다는 바로 그 사실은 그리스도의 아름다우심과 가치가 이 경험의 본질(구원하는 믿음의 본질)을 결정한다는 점을 분명히 한다. 하나님이 구원하는 믿음을 주시는 목적은 우리가 그리스도를 우리의 보배로 받아들이게 하시려는 것이다. 그러므로 하나님은 그런 본질을 지닌 믿음을 창조하신다. 그 믿음의 본질은 그리스도의 영광을 보고 보배롭게 여기는 것이다. 그리스도를 보배로 받아들이지만 보배롭게 여기지 않는 믿음을 하나님이 의도하고 일으키신다는 것은 타당해 보이지 않는다. 그러므로 구원하는 믿음이 하나님의 선물이라는 바로 그 사실은 믿음의 본질이 그리스도를 보배롭게 여기는 정서적인 차원을 포함한다는 것을 의미한다. 이것이 하나님이 그분의 아들이 받아들여지기를 의도하시는 방법이다.

그러나 사안의 성격 자체를 볼 때 구원하는 믿음이 정서적인 차원(보배롭게 여김과 즐거워함, 만족함 같은)을 가지고 있음이 명백해 보인다고 말하는 것과, 실제로 성경 본문에서 구원하는 믿음의 정서적인 차원이 어떻게 표현되는지는 보는 것(훨씬 더 설득력이 있다)은 별개이다. 그것이 4부의 목표이다.

17장

구원하는 믿음은 기쁨의 실상을 맛본다

10장과 16장에서 우리는 히브리서가 제시하는 구원하는 믿음의 본질을 탐구하기 시작했다. 10장에서는 히브리서 11장 1절의 "실상"이라는 단어, 그리고 이 단어가 바라는 실재에 대한 현재적 경험으로서의 구원하는 믿음에 대해 어떤 함의를 가졌는지 초점을 맞추었다. 그리고 16장 마지막에서는 히브리서 11장 24-27절을 통해 애굽의 보화보다 더 큰 보화를 받아들인 모세의 믿음을 탐구했다. 이 장은 같은 본문을 살펴보면서도 "실상"이라는 단어의 일반적인 함의와 더 좋은 보화에 대한 모세의 시각을 통해 "히브리서는 믿음의 정서적인 본질 자체에 대해 무엇을 말해주는가?" 하는 질문을 탐구하는 것을 목표로 한다.

우리는 히브리서에서 믿음의 정의에 가장 근접하는 것이 히브리서 11장 1절이라는 점을 보았다. 나는 그 구절을 "믿음은 바라는 것들의 실상이요, 보이지 않는 것들에 대한 증거이다"라고 번역했다(KJV을 따라). 10장에서 나는 이 구절의 "실상"(ὑπόστασις, 휘포스타시스)이라는 단어가 하나님이 약속하신 미래의 것들에 대한, 특히 그리스도의 영광과 가치에 대한 현재의 경험(실재를 맛보는 것)을 의미한다고 주장했다.

히브리서를 통해 믿음이 작용하는 방식을 더 깊이 탐색해보면, 저자가 믿음에 '기쁨'이나 '즐거움'같이 현재적인 특별한 변화의 능력을 부여하는 믿음의 정서적인 차원에 특히 주목하게 만든다는 사실을 발견한다. 이를 위해 히브리서 저자는 예수님과 모세, 그리고 다른 초기 그리스도인들의 삶에서 믿음이 어떻게 작용하는지 설명한다.

우리는 이미 믿음에 대한 이 세 가지 예를 저자가 어떻게 다루는지에 상당히 주의를 기울였다. 그러나 지금까지 우리의 초점은, 그리스도를 우리의 가장 귀한 보배로 '즐거워함'이라는 믿음의 특정한 정서적인 측면이 아닌, 미래적 실재의 현재적 실현으로서의 믿음의 본질, 그리고 그리스도를 보배로 받아들임으로서의 믿음의 본질에 맞춰왔다. 그동안은 이 정서적인 측면을 암시만 했는데, 이제는 명시적으로 밝히려 한다.

예수를 바라보자

히브리서 저자는 12장 1-3절에서 예수님을 우리 믿음의 "창시자요 완성자"로 제시한다(새번역; 개역개정은 "주요 또 온전하게 하시는 이"로 번역함.-역주). 이 '창시'(ἀρχηγὸν, 아르케곤)라는 말에는 예수님의 토대(founder)로서의 역할뿐만 아니라 실례(illustration)로서의 역할도 포함된다. 예수님은 우리의 경주가 승리로 마치는 것을 확고히 하셨을 뿐만 아니라(히 7:25), 또한 우리가 어떻게 달려야 하는지를 보여주시기 위해 우리보다 앞서 달려가셨다. 그것이 히브리서 12장 1-3절의 내용이다.

11장에서 저자는 믿음으로 사는 법에 대한 긴 실례들을 구약을 통해 제시했다. 히브리서 11장에는 "믿음으로"라는 문구가 열아홉 번 나온다. 이제 히브리서 12장 1-3절에서 저자는 "믿음으로" 인내하며 달려가는 법에 대한 실례를 하나 더 추가하는데, 바로 예수님의 예이다. 그래서 저자는 우리에게 "예수를 바라보자"라고 요청한다(히 12:2). 구체적으로 저자가 우리에게 주목하라는 것은 예수님이 "십자가를 참으"신 방법, 즉 "그 앞에 있는 기쁨을 위하여"이다. 다시 말해 예수님은 우리를 위해 십자가에서 죽으셨기에 우리의 믿음의 '창시자'이실 뿐만 아니라, 또한 십자가를 참으신 방법에 있어서도 우리에게 믿음의 모범이 되신다.

효력 있는 변화를 낳는 믿음

예수님은 어떻게 십자가를 참으셨는가? 히브리서 저자는 우리가 그리스도인의 삶의 고난을 견디는 법을 배우도록 이것을 주목하기를 원한다. "너희가 피곤하여 낙심하지 않기 위하여 죄인들이 이같이 자기에게 거역한 일을 참으신 이를 생각하라"(히 12:3). 그러므로 우리는 "예수를 바라보"고(히 12:2) "생각"하려(히 12:3) 한다. 그런데 우리가 알아야 할 것은 예수님이 십자가의 무서운 일을 견디실 수 있었던 이유가 "그 앞에 있는 기쁨"(히 12:2)을 바라보셨기 때문이라는 사실이다. 예수님은 십자가와 부활 너머를 바라보셨다. 그리고 하나님이 예수님의 영광과 우리의 구원을 위해 영원 전부터 계획하신 모든 것을 보셨다. 이제껏 행해진 가장 위대한 사랑의 행위에서 예수님을 지탱해준 것은 바로 그것을 보는 기쁨이었다.

그러면 그것은 심리적으로 어떻게 작동할까? 다시 말해 '미래의' 기쁨은 어떻게 '현재에' 강력한 힘을 주어, 고통에서 벗어나기를 바라고 안정을 갈망하는 인간의 욕구를 극복하게 할까? 히브리서 저자의 답은 11장(믿음의 변화시키는 효력에 대한 장) 1절에 나타난다. "믿음은 바라는 것들의 실상이요." 내가 히브리서 11장이 믿음의 '변화시키는 효력'에 대한 장이라고 말하는 이유는 이 장에 나온 구약의 영웅들로 그 일들을 할 수 있게 한 효력 있는 힘이 바로 믿음에 있다고 열아홉 번이나 말하고 있기 때문이다.

"믿음으로"는 아브라함이 순종할 수 있었던 효과적인 방법이다(히 11:8). "믿음으로"는 다른 사람들에게도 효과적인 방법이다.

> "[그들이] 조롱과 채찍질뿐 아니라 결박과 옥에 갇히는 시련도 받았으며 돌로 치는 것과 톱으로 켜는 것과 시험과 칼로 죽임을 당하고 양과 염소의 가죽을 입고 유리하여 궁핍과 환난과 학대를 받았으니 (이런 사람은 세상이 감당하지 못하느니라) 그들이 광야와 산과 동굴과 토굴에 유리하였느니라 이 사람들은 다 **믿음으로 말미암아** 증거를 받았으나……"(히 11:36-39).

믿음으로 "실상"을 통해 지금 경험하는 미래의 기쁨

히브리서 12장 2절은 "그에게 세상이 가치가 없었던 사람"(히 11:38, ESV를 직역; 개역개정은 "세상이 감당하지 못하"는으로 번역됨-역주), 그러나 "믿음으로" 사랑하며 참은 사람에 대한 절정의 실례로 예수님을 제시한다. 저자는 예수님께서 "믿음으로" 십자가를 어떻게 참으셨는지 이렇게 진술한다. "그 앞에 있는 기쁨을 위하여 십자가를 참으사." 이 미래의 기쁨은 현재의 순종을 지속하게 하는 힘을 가졌는데(히 5:8), 이는 히브리서 11장 1절의 "믿음은 바라는 것들의 실상"이라는 진리 때문이었다.

믿음의 눈으로 부활 저편에 있는 기쁨을 보셨을 때, 예수님은 믿음으로 이 기쁨을 어느 정도 경험하셨다. 그 기쁨의 "실상"은 단지 미래에 속한 것이 아니었다. 그것은 현재에 실현되었다. '실현되었다'는 말은 '실상화되었다'(아무도 사용하지 않지만, 히브리서 11장 1절의 "실상"이라는 단어를 반영하는 표현)는 말의 보다 친숙한 표현이다. 예수님은 "바라는 것들"의 실재를 현재에 맛보셨다. 그것은 예수님의 믿음 안에 현존했다.

믿음은 바라는 것들의 실상을 현재에 경험하는 것이다. 이것이 미래의, 바라보는, 바라는 기쁨이 현재에서 사랑의 강력한 힘이 되는 방법이다. 그래서 예수님은 이제껏 행해진 가장 위대한 사랑의 행위, 즉 원수들을 구원하기 위해 "십자가를 참으"실 수 있었다.

우리의 질문에 이것이 의미하는 바는, 우리가 바라는 기쁨을 믿음으로 받아들일 때, 믿음은 바라는 기쁨의 "실상"이므로, 이 기쁨은 우리 믿음의 '실상적인' 요소나 차원이 된다는 것이다. 예수님께 이 믿음은 바라는 기쁨, 즉 구속받은 성도들과 경배하는 천사들에 둘러싸여 자신이 영원토록 응당히 받으실 영광이라는 기쁨을 받아들이는 것이었다. 우리에게 이 믿음은 바라는 기쁨, 즉 우리의 영원한 경배 가운데 높임을 받으시는 그리스도께서 우리에게 응당하지 않으나 은혜로 베푸시는 영광에 참여하는 기쁨을 받아들이는 것이다.

하나님의 약속을 통해 우리 앞에 놓인 이 기쁨은 우리의 믿음을 통해 현재적이고 강력한 힘이 된다. 믿음은 하나님의 약속에 담긴 미래의 즐거운 실재를 보며 그 실상을 지금 맛본다. 미래의 기쁨의 실상이 현재로 거슬러 들어온다. 이것이 구원하는 믿음의 정서적인 차원이다. 구원하는 믿음은 그리스도를 보배로 '받아들이는 것'이며, 지금 우리가 그것을 본다는 것은 지금 '즐거워하는' 보배로 그리스도를 받아들인다는 의미이다. 믿음은 우리가 바라는 그리스도, 모든 것을 만족시키시는 그리스도의 실상이기 때문이다.

믿음과 소망은 다른 것인가?

여기서 믿음과 소망의 관계에 대해 잠시 고찰하면 도움이 될 것이다. 나는 믿음이란, 하나님의 약속에 담긴 미래의 즐거운 실재를 보며 그 실상을 지금 맛보는 것이라고 말했다. 마찬가지로 내가 믿음을 묘사하는 방식은 믿음을 소망과 구분할 수 없는 것처럼 들린다. 그러나 믿음과 소망은 같은 것이 아니다.

이는 믿음이 과거를 보며 정말로 무슨 일이 일어났다고 믿을 수 있다는 사실에서 명백해진다. 예를 들어 바울은 이렇게 말한다. "네가 만일…… 하나님께서 그[그리스도]를 죽은 자 가운데서 살리신 것을 네 마음에 **믿으면**……"(롬 10:9). 바울은 결코 "네가 만일…… 하나님께서 그를 죽은 자 가운데서 살리신 것을 네 마음에 **소망하면**……"이라고 말하지 않을 것이다. 소망은 언제나 미래 지향적이다.

그러나 믿음은 대부분 미래 지향적이다. 믿음은 그리스도께서 죽음과 부활을 통해 이루신 과거의 승리에 기초하지만, 바로 5분 후, 그리고 무한히 영원한 시대에 대한 하나님의 약속에 초점을 맞춘다.[1] 그런데 믿음의 이런 미래 지향성은 소망의 의미와 겹쳐져서 이 둘을 거의 구분할 수 없게 된다. 따라서 헬라어 구약성경이 '신뢰'를 뜻하는 히브리어 단어(בָּטַח, 바타흐)를 '소

---

1) 내가 쓴 책인 *Future Grace: The Purifying Power of the Promises of God*, rev. ed. (Colorado Springs, CO: Multnomah, 2012);『장래의 은혜』(개정판, 좋은씨앗)는 믿음의 정서적인 본질과 함께 이런 믿음의 미래 지향성 때문에 믿음이 죄의 기만적인 약속의 뿌리를 반드시 잘라내고 사랑의 열매를 맺는다는 확신에 근거한다.

망'을 뜻하는 헬라어 단어(ἐλπίζω, 엘피조)로 50번 이상이나 번역한 것도 놀라운 일이 아니다. 예를 들면 다음과 같다. "여호와를 의뢰하고(ἔλπισον, 엘피손, 소망하고) 선을 행하라"(시 37:3). "만군의 여호와여 주께 의지하는 자(ὁ ἐλπίζων, 호 엘피존, 소망하는 자)는 복이 있나이다"(시 84:12).

바울이 이 두 용어(소망과 믿음)를 사용하는 방식에서 보듯이, 때로는 이 둘을 구분하기가 어렵다.

예를 들어 로마서 4장 18절을 보라. "아브라함이 바랄 수 없는 중에 바라고 믿었으니 이는…… 많은 민족의 조상이 되게 하려 하심이라…… [그가] 믿음이 약하여지지 아니하고 믿음이 없어 하나님의 약속을 의심하지 않고"(롬 4:18-20). 또는 골로새서 1장 23절을 보라. "여러분은 **믿음**에 튼튼히 터를 잡아 굳건히 서 있어야 하며, 여러분이 들은 복음의 **소망**에서 떠나지 말아야 합니다"(새번역). 에베소서 1장 12-13절에서 바울은 유대인들에 대해 "그리스도께 맨 먼저 **소망**을 둔" 자들이라고 말하고, 이어서 이방인들에게는 "여러분도 그리스도 안에서…… **믿었으므로**"라고 말한다(새번역). 또 로마서 15장 13절의 축도에서는 "**소망**의 하나님이 모든 기쁨과 평강을 **믿음** 안에서 너희에게 충만하게 하사 성령의 능력으로 **소망**이 넘치게 하시기를 원하노라"라고 말한다.

그러나 히브리서 11장 1절("**믿음**은 **바라는** 것들의 실상이요")은 믿음과 소망의 관계에 관한 가장 정확한 진술을 제시한다. 나는 그것에 대해 이렇게 말하고 싶다. 하나님이 약속하신 무언가에 대한 소망은 우리가 바라는 실재를 현재에 맛보고 그 능력을 경험하게 하는데, 우리는 이를 '믿음'이라고도 부를 수 있다.

재물과 향락의 소망에 대한 모세의 경험

예수님의 예에서 히브리서 11장 24-27절에 나오는 모세의 예로 넘어가 보자. 우리는 여기서도 같은 요점을 보게 된다. 구원하는 믿음은 그리스도를 지금 '즐기는' 보배로 '받아들이는 것'인데, 이는 믿음이 바라는 것의 실상, 즉 모든 것을 만족시키시는 그리스도의 실상이기 때문이다. 우리는 이미 16장에서 이 본문을 자세히 다루었다. 그러므로 여기서는 16장에서 암시했던 것 중 한 가지만 분명히 밝히려 한다. 모세의 믿음의 본질적인 요소는 바라는 미래의 기쁨의 실상을 현재에 실현하는 것이었다. 다시 말해 히브리서 저자는 믿음이 왜 바라는 것들의 실상인지에 대한(히 11:1), 그리고 믿음이 현재에 '실상화하는'(실제적인 현실로 경험하는) 구체적인 정서가 왜 기쁨이나 즐거움인지에 대한 또 다른 실례로 모세를 제시한다.

> "믿음으로 모세는 장성하여 바로의 공주의 아들이라 칭함 받기를 거절하고 도리어 하나님의 백성과 함께 고난 받기를 잠시 죄악의 낙을 누리는 것보다 더 좋아하고 그리스도를 위하여 받는 수모를 애굽의 모든 보화보다 더 큰 재물로 여겼으니 이는 상 주심을 바라봄이라 믿음으로 애굽을 떠나 왕의 노함을 무서워하지 아니하고 곧 보이지 아니하는 자를 보는 것 같이 하여 참았으며"(히 11:24-27).

예수님이 "그 앞에 있는 기쁨"을 바라보며(히 12:2) 십자가를 참으실 수 있었던 것처럼, 모세도 "상 주심을 바라"보며 "그리스도를 위하여 받는 수모"를 참을 수 있었다. 그런데 이제 우리는 이 "상 주심을 바라봄"이 모세의 현재 경험에서 어떻게 그렇게 강력해졌는지를 좀 더 구체적으로 주목할 수 있다. 모세가 그리스도라는 상의 거대함을 보았을 때("보이지 아니하는 자를 보는," 히 11:27), 그의 믿음은 "바라는 것들의 실상"이 되었다.

그리고 모세가 삶에서 경험한 그 실상의 본질은 그에게 일종의 "재물"이며 "낙"이었다. 모세는 그리스도를 위하여 받는 수모를 "애굽의 모든 보화보다 더 큰 **재물**"로 받아들였다. 또한 모세는 하나님의 백성과 함께 고난받는 것을 "잠시[의] 죄악의 **낙**"보다 더 좋은 것으로 받아들였다. 죄의 즐거움을 "잠시"라고 부르는 것은 더 좋은 즐거움이 있음을 암시한다. 즉 영원히 지속하는 즐거움이 있다(시 16:11). 이 즐거움은 "보이지 아니하는 자"라는 상으로 인한 즐거움이다.

이런 재물과 즐거움을 이중적으로 실현시킨 것, 모세를 그렇게 근본적으로 변화시킨 것은 믿음이다. "믿음으로"(히 11:24, 27) 모세는 상을 바라보았다. "믿음으로" 모세는 수모를 재물로 여겼다. "믿음으로" 모세는 잠시 누리는 죄악의 즐거움보다 보이지 않는 메시아와 함께 누리는 영원한 즐거움을 더 좋아했다. 다시 말해 믿음은 바라는 것들의 실상이다. 믿음은 상의 실상, 재물의 실상, 즐거움의 실상을 현재에 경험하는 것이다. 믿음을 통해 모세는 모든 것을 만족시키시는 그리스도를 맛보았다.

실현된 기쁨을 통해 사랑받은 그리스도인들

이제 히브리서 10장 32-35절에 나오는 초기 그리스도인들을 한 번 더 살펴보자. 그들의 경험은 "바라는 것들의 실상"(히 11:1)인 믿음이 기쁨의 형태를 띤다는 것을 확증한다.

"전날에 너희가 빛을 받은 후에 고난의 큰 싸움을 견디어 낸 것을 생각하라 혹은 비방과 환난으로써 사람에게 구경거리가 되고 혹은 이런 형편에 있는 자들과 사귀는 자가 되었으니 너희가 갇힌 자를 동정하고 너희 소유를 빼앗기는 것도 **기쁘게**[μετὰ χαρᾶς, 메타 카라스] 당한 것은 더 낫고 영구한 소유가 있는 줄 앎이라 그러므로 너희 담대함을 버리지 말라 이것이 큰 상을 얻게 하느니라"(히 10:32-35).

히브리서 11장 24-27절의 모세와 히브리서 12장 1-3절의 예수님처럼, 히브리서 10장 34절의 그리스도인들도 "더 낫고 영구한 소유"를 바라보았기에 고난을 참을 수 있었다. 예수님은 "그 앞에 있는 기쁨"(히 12:2)을 바라보셨고, 모세는 "상"(히 11:26)을 바라보았다. 이 그리스도인들은 더 낫고 영원한 미래를 바라보고 있다. 이 "바라는 것들"은 어떻게 그들의 현재 경험에서 실제적이고 유효한 것("실상")이 되었을까? 이 그리스도인들은 어떻게 투옥된 신자들에게 긍휼을 베풂으로써 자기 소유를 잃을 '위험을 감수할' 뿐만 아니라 실제로 자기 소유를 '잃을' 수 있었을까? 대답은 그들이 미래의 상을 보았기에 자기 소유를 "기쁘게"(μετὰ χαρᾶς, 메타 카라스) 잃을 수 있었다는 것이다.

이 기쁨의 경험은 그들을 두려움과 이기심에서 벗어나게 했고, 동정심을 갖게 했다. 그러면 그것은 어떤 기쁨이었을까? 어디에서 온 것이었을까? 그 기쁨은 바라는 것들의 실상이었다(히 11:1). 그들의 희생적인 사랑의 원천은 "더 낫고 영구한 소유가 있는 줄 앎"(히 10:34)이었다. 이 "더 낫고 영구한 소유"가 그들이 형제들을 위해 자기 생명을 거는 위험을 무릅쓰기를 숙고할 때 소망했던 미래였다. 그리고 그 즐거운 미래가 현재로 거슬러 흘러들어와 실재와 실상이 되었으며 강력한 효과를 낳았다. 그것은 미리 도래한 실제적인 기쁨, 미래의 기쁨을 지금 경험하는 일이었다. 히브리서 저자는 이 경험을 '믿음'이라고 부른다. "믿음은 바라는 것들의 실상이요." 그리고 이 믿음의 정서적인 차원이 기쁨이다. 믿음이 즐거운 미래("더 낫고 영구한 소유")라는 보배를 받아들일 때, 그 믿음은 미래의 기쁨에 대한 현재의 실상, 혹은 맛보기가 된다.

이 믿음이 아니면 우리는 구원받지 못한다

우리는 지금 '구원하는' 믿음에 대해 말하고 있음을 기억해야 한다. 더 낫고 영구한 미래를 받아들이는 일은 우리가 구원 얻는 회심을 할 때 경험하는 일이다. 이 단락의 마지막 구절은 이 사실에 주목한다. "그러므로 여러분의 확신[παρρησίαν, 팔레시안; 개역개정은 "담대함"으로 번역함.-역주]을 버리지 마십시오. 그 확신에는 큰 상이 붙어 있습니다"(히 10:35, 새번역). 이 큰 "상"(11장 26절에서 모세가 바라보았던 "상"과 같은 단어)을 잃는 것은 천국에 있는 아주 좋은 부동산을 잃는 것이 아니다. 그것은 천국의 상실이다. 당신이 만일 "확신"을 잃으면(최종적이며 결정적으로) 당신은 그리스도를 잃어버린다.

히브리서 저자는 이 점에 대해 3장 6절에서 이렇게 말한다. "우리가 소망의 확신(παρρησίαν, 팔레시안)과 자랑을 끝까지 굳게 잡고 있으면 우리는 그[하나님]의 집이라." 이처럼 우리는 확신으로, 즉 그리스도의 탁월성과 하나님이 그리스도 안에서 약속하신 모든 것을 믿는 믿음으로 그리스도인의 삶을 시작했으며, 또한 이 확신으로 인내한다.

그런 다음 여덟 절 뒤(히 3:14)에서, 저자는 이 요점을 히브리서 11장 1절의 "실상"이라는 단어와 명시적으로 연결한다. 저자는 최종적이며 결정적으로 확신을 잃는 것(배교)은 우리가 그리스도와의 연합을 잃었다는 의미가 아니라 애초에 확신을 가진 적이 없었음을 의미한다고 분명히 밝힌다. 히브리서 저자는 3장 14절에서 이렇게 말한다. "만일 우리가 처음의 확신(실상, ὑποστάσεως, 휘포스타세오스)을 끝까지 견고히 잡는다면, 우리는 그리스도와 함께 참여한[그리스도와 연합한] 자가 된 것이다"(ESV를 직역). 뒷날의 믿음의 인내가 지난날의 믿음의 실재를 확증한다.

히브리서 3장 6절도 같은 요점을 강조한다. "우리가 소망의 확신과 자랑을 끝까지 굳게 잡고 있으면 우리는 그[그리스도]의 집이라." 3장 14절에서 "확신"으로 번역된 단어(ὑποστάσεως, 휘포스카세오스; 개역개정은 "확신한 것"으로 번역함.-역주)는 3장 6절에서 "확신"으로 번역한 단어(παρρησίαν, 팔레시안)와 같은 말이 아니다. 그러나 근본적으로 같은 역할을 한다. 6절에서는 우리가 만일 확신을 굳게 붙잡지 않으면 우리는 하나님의 집이 아니다. 14절에서는 우리가 확신을 굳게 붙잡지 않으면 우리는 그리스도와 연합한 적이 없는 사람이다. 요점은 근본적으로 같다.

그러나 차이점이 있다. 히브리서 3장 6절의 "확신"(παρρησίαν, 팔레시안)은 히브리서 10장 35절의 같은 단어와 연결되는데, 이는 "여러분의 확신(παρρησίαν, 팔레시안)을 버리지 마십시오 그 확신에는 [최종 구원의] 큰 상이 붙어 있습니다"(새번역)라는 저자의 말이 '구원하는' 믿음에 대한 것임을 확인시켜 준다. 그러나 히브리서 3장 14절의 "확신"은 히브리서 11장 1절의 "믿음은 바라는 것들의 **실상**이요"에 나오는 "실상"(ὑποστάσεως, 휘포스타세오스)이라는 단어와 연결되는데, 이는 우리가 '믿음'에 대해 말하고 있음을 확인시켜준다.

그러므로 나는 핵심 구절인 히브리서 11장 1절과 히브리서의 세 본문(히 12:13; 11:24-27; 10:32-35)을 통해 구원하는 믿음이 그리스도를 우리의 보배로 기쁘게 받아들이는 정서적인 차원을 지닌다고 결론짓는다.

기쁨은 받아들임의 본질이다

히브리서 10장 34절의 "기쁘게"라는 문구가 데살로니가전서 1장 6절에서 데살로니가인들이 복음을 받아들인 방식에 사용된다는 점은 사소한 것이 아니다. 바울은 이 기쁨으로 받아들임을 그들의 선택에 대한 증거로 보았다. "하나님의 사랑하심을 받은 형제들아 너희를 택하심을 아노라…… 너희는 많은 환난 가운데서…… **기쁨으로**(μετὰ χαρᾶς, 메타 카라스; 히 10:34에서처럼) 말씀을 받아"(살전 1:4-6).

바울은 이것을 그리스도에 대한 자신의 복음 전파가 실제로 구원하는 효과를 거두고 있다는 증거라고 보았다. 우리가 믿는 대상이 그리스도 '더하기' 보배가 아니듯이, 구원하는 믿음도 받아들임 '더하기' 기쁨이 아니다. 그리스도께서 곧 우리가 받아들이는 보배**이시다**. 그리고 기쁨은 받아들임의 본질에 포함된다.

구원하는 믿음은 그리스도를 실망스러운 존재로 받아들이지 않는다. 그리스도를 지루하거나 어리석거나 열등하거나 부차적이거나 추하거나 바람직하지 않은 존재로 받아들이지 않는다. 구원하는 믿음은 그리스도를 있는 그대로 받아들인다. 그리스도와의 관계가 시작될 때 우리가 그분의 위대하심을 모두 아는 것은 아니다. 그러나 우리가 아는 것을 고려하여 우리는 그리스도를 가장 바람직하다고 본다. 그리스도보다 더 위대한 기쁨의 원천은 있을 수 없다. 구원하는 믿음은 이것을 맛보며(이 실상을 깨닫고) 이렇게 기쁨으로 그리스도를 받아들인다.

18장

구원하는 믿음은
복음의 진리를 사랑한다

데살로니가후서 2장에서 바울은 종말에 있을 "불법의 사람"의 도래와 신자라고 고백하는 사람들 가운데 있을 큰 배교를 다루고 있다(살후 2:3). 바울은 교회가 미혹을 받지 않도록 돕고 싶어 한다. 그래서 바울은 미혹이 어떻게 일어나는지 설명한다.

> "그 불법자가 나타남은 사탄의 활동에 따른 것인데, 온갖 능력과 거짓 표적과 기사, 모든 불의한 속임수로 멸망 받을 자들에게 이를 것이다. 이는 그들이 구원을 받기 위해 진리에 대한 사랑을 받아들이지 (ἐδέξαντο, 에덱산토) 않았기 때문이다. 그러므로 하나님께서 강력한 미혹을 그들에게 보내셔서 그들이 거짓된 것을 믿게 하신다. 이는 진리를 믿지 않고 불의를 즐거워하는 모든 사람이 심판을 받게 하시려는 것이다"(살후 2:9-12, 저자의 번역).

여기에는 몇 가지 매우 주목할 만한 점이 있다. 내가 초점을 맞추고 싶은 두 가지는 (1) "진리에 대한 사랑을 받아들이지 않았다"는 구절과 (2) "진리를 믿지 않음"과 "불의를 즐거워함"의 대조이다. 이 두 가지 모두 구원하는 믿음의 정서적인 본질을 가리켜 보인다.

진리를 사랑하지 않음과 진리를 믿지 않음

첫째로 바울은 사람들이 멸망하는 것은 "그들이 구원을 받기 위해 진리에 대한 사랑을 받아들이지(환영하지) 않았기 때문"(저자의 번역)이라고 말한다. 여기서 "진리"는 바울이 전한 복음 메시지이다. 데살로니가후서 2장 13절에서 바울은 "하나님이…… 너희를 택하사…… **진리를 믿음으로** 구원을 받게" 하셨다고 말한다. 즉 바울이 "진리"라고 부르는 그리스도의 복음을 그들이 믿음으로써 구원을 받았다고 말하는 것이다. 그러므로 바울이 데살로니가후서 2장 10절에서 사람들이 진리에 대한 사랑을 받아들이기를 거부해서 구원을 받지 못하는 것이라고 말할 때, 우리는 진리를 사랑함과 진리를 믿음 사이에 밀접한 관계가 있다는 것을 알아야 한다.

'진리를 사랑함'과 '진리를 믿음'은 다른 방식으로도 연결된다. 2장 10절에서 사람들은 "진리에 대한 사랑"이 없기 때문에 멸망한다. 2장 12절에서는 사람들이 "진리를 믿지" 않기 때문에 정죄를 받는다. 진리를 사랑하지 않음과 진리를 믿지 않음이 둘 다 심판을 초래하므로, 바울은 이 둘을 구분하지 않는 것으로 보인다.

그러나 이 말씀에서 진짜 주목할 점은 그들이 진리에 대한 사랑을 "받아들이지" 않았으며 그것이 바로 그들이 "멸망"하고 "구원" 받지 못하는 이유라고 바울이 말한다는 점이다. 바울은 단순히 "그들이 멸망하는 것은 진리를 사랑하지 않았기 때문이다"라고 말할 수도 있었다. 그러나 대신 바울은

"그들이 멸망하는 것은 진리에 대한 사랑을 받아들이지(또는 환영하지) 않았기 때문이다"라고 말했다. 무슨 의미일까?

진리를 사랑하기 위해 도움을 받는 것조차 근본적으로 거부함

인간의 상태를 이렇게 묘사하는 배경에는 인간의 마음이 중립적이지 않다는 바울의 확신이 있다. 인간의 마음의 특징은 단순히 진리에 대한 사랑의 '결여'가 아니다. 진리에 대한 사랑의 '거부'가 특징이다. 바울은 만일 타락한 인간이 복음의 진리를 사랑하게 된다면 그 사랑은 반드시 선물일 것임을 알고 있다. 진리에 대한 사랑은 '받아야' 할 것이다. 그것은 모든 사람의 특징인 영적인 죽음에서는 결코 일어나지 않는다(엡 2:1-3).

그러므로 바울은 사람들이 멸망하는 이유는, 진리를 사랑하지 않을 뿐 아니라 진리를 사랑하기를 '원하지' 않기 때문이라고 말한다. 이는 사람들이 진리를 사랑하기 위해 도움 받기를 원하지 않는 데서 알 수 있다. 만일 진리에 대한 사랑이 선물로 주어진다 해도, 사람들은 그것을 받지 않을 것이다. 이것은 진리를 사랑하지 않는 것보다 더 근본적인 문제이다. 이것은 진리를 사랑하기를 '원하지' 않음이다. 이것은 반대되는 사랑, 즉 비진리에 대한 사랑이다. 이것이 바로 사람들이 "거짓 표적들과 기사들"(살후 2:9, ESV를 직역)에 쉽게 미혹되는 이유이다. 사람들은 이미 거짓에 깊이 **빠져** 있다.

이는 구원하는 믿음에 대해 우리에게 무엇을 말해주는가? 바울은 그 연결 관계를 분명하게 밝힌다. 13절에서 우리는 "진리를 **믿음**"으로 구원을 받는다. 10절에서 우리는 "진리에 대한 **사랑**"을 근본적으로 거부하기 때문에 멸망한다. 그렇다면 구원하는 믿음에 진리에 대한 우리의 근본적인 거부를 진리로, 즉 복음에 대한 사랑으로 대체하시는 하나님의 기적이 포함된다고 생각되지 않는가? 그리고 이런 진리에 대한 사랑의 각성은 진리에 대한 믿음과 동시에 일어나며 분리할 수 없지 않겠는가? 둘 다 구원한다는 언급을 볼 때 '구원하는 믿음'이 진리를, 즉 복음에 대한 사랑을 포함한다고 말하는 것이 옳지 않겠는가? 그리고 이런 사랑이 구원하는 믿음의 정서적인 차원 아니겠는가?

구원하는 믿음은 불의에서 더 나은 즐거움을 찾지 않는다

이 결론은 데살로니가후서 2장 12절에서 바울이 말하는 두 번째 주목할 만한 진술에서 확인할 수 있다. "진리를 믿지 않고 불의를 즐거워하는 (εὐδοκήσαντες, 유도케산테스, 저자의 번역) 모든 사람이 심판을" 받는다. 이것은 놀라운 대조이다. 우리의 예상과 다르다. 바울은 진리에 대한 믿음을 거짓에 대한 믿음과 대조하지 않는다. 진리에 대한 믿음을 '불의를 즐거워함'과 대조한다. 다시 말해 구원하는 믿음의 반대되는 대안을 달리 묘사하자면 '죄를 더 즐거워하는 것'이라고 할 수 있다.

그러므로 10절에서와 마찬가지로 바울은 구원하는 믿음의 정서적인 본질에 주목하게 한다. 구원하는 믿음은 진리, 즉 복음에 대한 '사랑'을 포함한다. 또는 12절에서 시사하듯이 불의보다는 복음을 더 즐거워하는 것을 포함한다. 그러므로 구원하는 믿음은 그리스도를 진리로 받아들이는 것일 뿐만 아니라, 또한 그분을 죄의 즐거움보다 더 나은 분으로 받아들이는 것이며, 따라서 즐거움의 다른 원천들보다 그분을 더 사랑하고 소중히 하며 선호하고 보배롭게 여기는 것이다.

거짓 표적과 기사를 믿지 않는 법

데살로니가후서 2장에서 방금 본 말씀이 함축하는 바에 대해 더 생각해 보자. 한 가지 함의는 거짓 선지자들이 "거짓 표적들과 기사들"(살후 2:9, ESV를 직역)을 행할 때 우리의 '진리에 대한 사랑'이 시험을 받는다는 것이다. 사람들은 '**진리에 대한 사랑**을 거부했기 때문에' 멸망한다(살후 2:10). 진리에 대한 사랑은 사람들이 기만을 당해 멸망하지 않도록 막아주었을 것이다. 좀 더 포괄적으로 말하면, 그리스도에 대한 우리의 '믿음', 특히 그리스도의 복음의 진리에 대한 '사랑'이라는 믿음의 차원이 시험을 받는다.

이 고찰은 왜 가치가 있을까? 진리에 대한 '지식'이나 진리에 대한 '믿음'이 아닌 진리에 대한 '사랑'이 우리로 거짓 표적과 기사의 속임수를 꿰뚫어 보게 한다는 것은 독특한 이해이기 때문이다. 우리는 사랑을 분별하는 능력이라고 생각하지 않는다. 분별은 '지식'이 하는 일이다. 또 참된 사실에 대한 확고한 '믿음'은 우리가 미혹 당하지 않게 한다. 그런데 이를 부인하지 않으면서 바울은 우리의 이해에 중요한 것을 추가한다. 복음의 진리에 대한 '사랑', 즉 복음의 그리스도에 대한 사랑과 그리스도 안에서 하나님이 우리에게 베푸시는 모든 것에 대한 사랑은 참으로 분별하는 능력이다. 이 사랑이 없으면, 우리는 거짓 표적과 기사의 먹이가 될 것이다.

그리스도에 대한 사랑은 필수적인 분별 능력이다

사랑이 분별하는 능력이라는 말은 무슨 의미일까? 그리스도의 복음의 진리를 사랑한다는 것은, 기만적으로 기적을 행하는 사람들이 제시하는 대로가 아닌, 복음에 있는 그대로 그리스도를 보고 받아들인다는 의미이다. 진리를 사랑하는 사람들은 그리스도를 '하나님의' '아름다우심'과 '위대하심'을 지닌 분으로 '가치 있고' '기쁘게' 여긴다.

이 강조된 다섯 단어는 각각 사랑이 그리스도를 어떻게 보고 받아들이는지 설명하는 데 중요하다. 내가 '하나님의'라고 말하는 이유는 이 모든 특성이 하나님이 주신 것이며 하나님의 특징이기 때문이다. '아름다우심'이라고 말하는 이유는 아름다우심이 그리스도의 도덕적 탁월함의 충만함과 완전성을 요약하는 말이기 때문이다. '위대하심'이라고 말하는 이유는 장엄함과 위엄에 있어 그리스도를 능가하는 것은 없기 때문이다. '가치 있고'라고 말하는 이유는 그리스도의 가치가 다른 모든 것을 뛰어넘기 때문이다. 그리고 '기쁘게'라고 말하는 이유는 사랑이 이러한 하나님의 아름다우심과 위대하심, 가치를 받아들이는 방법이 기쁨이기 때문이다. 이런 특성들은 영혼을 기쁘게 한다.

따라서 그리스도에 대한 사랑은 복음 안에서 거기에 실제로 존재하는 것을 본다(고후 4:6). 이 사랑이 없는 다른 사람들은 그것을 보지 못한다. 즉 사랑은 복음 안에 있는 그리스도를 하나님으로 본다. 사랑은 복음 안에 있는 그리스도를 아름답게 본다. 사랑은 복음 안에 있는 그리스도를 위대하고 가치 있게, 그리고 기쁘게 본다. 이런 시각은 중립적이지 않다. 그리스도에 대한 사랑은 그리스도를 이렇게 본 다음에 중립적으로 서서 기뻐할지 말지 고민하지 않는다. 그리스도의 영광을 기뻐하는 것은, 무관심하게 하는 선택이 아니다. 그리스도 안에 있는 하나님의 영광을 있는 그대로 본다는 것은 그리스도를 사랑하고 기뻐하는 것이다.

그러므로 복음의 진리에 대한 사랑은 거짓 표적과 기사로부터 우리를 보호한다. 거짓 표적과 기사가 우리더러 그리스도를 떠나 다른 것을 받아들이라고 부를 때 사랑은 일어나서 이렇게 말한다. "아니! 내가 왜 그래야 하지? 나는 그리스도의 신성한 영광을 보았어. 그것은 영혼을 기쁘게 해. 나는 그리스도의 뛰어난 아름다우심과 위대하심과 가치에 만족해. 너는 나를 꾀어 내가 그토록 만족스럽게 보고 음미하는 분에게서 떠나게 할 수 없어." 이것이 바로 사랑의 언어이다. 그리고 거짓 표적과 기사를 분별하는 능력이다.

예수님과 모세도 이와 같은 거짓으로부터의 보호를 보여준다

데살로니가후서 2장이 함축하는 바를 더 살펴보아야 할 두 번째 이유가 있다. 바울이 이 "진리에 대한 사랑"을 구원하는 믿음의 본질적인 차원으로 취급했듯이, 거짓 표적과 기사에 대한 예수님과 모세의 경고도 같은 결론에 이르게 한다. 바울이 구원하는 믿음을 "불의를 좋아하는" 것과 대조한 것을 기억하라. "진리를 믿지 않고 불의를 좋아하는" 사람들은 "심판을 받"는다(살후 2:12). 이 대조가 의미가 있는 이유는 구원하는 믿음이 그리스도를 즐거워하는 것, 즉 그리스도를 사랑하는 것을 포함하기 때문이다. 그러므로 구원하는 믿음은 우리가 그리스도에 대한 사실을 확신하는 것뿐만 아니라 그리스도의 아름다우심에 대해 느끼는 사랑으로 이루어진다. 불신에는 "불의를 좋아하는" 것이 있다. 믿음은 그리스도의 진리를 더 크게 즐거워한다. 그러므로 그리스도에 대한 사랑은 구원하는 믿음의 본질적인 차원이다.

예수님은 '믿음'의 관점에서 거짓 표적과 기사를 다루셨다. 모세는 '사랑'의 관점에서 거짓 표적과 기사를 다루었다. 그리고 나는 바울이 믿음과 사랑이 하는 일을 철저히 살펴보고 둘을 하나로 엮어냈다고, 즉 믿음과 사랑을 그리스도를 받아들이는 한 가지 방법으로 보았다고 제안하고 있다.

예를 들어 마태복음 24장 23-27절에서 예수님은 바울이 데살로니가후서 2장에서 설명하는 기만과 시험에 대해 경고하셨다.

> "그 때에 사람이 너희에게 말하되 보라 그리스도가 여기 있다 혹은 저기 있다 하여도 [그것을] 믿지 말라 거짓 그리스도들과 거짓 선지자들이 일어나 큰 표적과 기사를 보여 할 수만 있으면 택하신 자들도 미혹하리라 보라 내가 너희에게 미리 말하였노라 그러면 사람들이 너희에게 말하되 보라 그리스도가 광야에 있다 하여도 나가지 말고 보라 골방에 있다 하여도 [그것을] 믿지 말라 번개가 동편에서 나서 서편까지 번쩍임 같이 인자의 임함도 그러하리라"(마 24:23-27).

23절과 26절에서 '그것을'을 괄호로 묶은 이유는 이 단어가 헬라어 원문에는 없기 때문이며 '그것'이라는 직접 목적어가 없는 편이 예수님의 금지를 더 포괄적으로 표현할 수 있기 때문이다. 즉 "이렇게 믿지 말라. 그런 신자가 되지 말라. 다른 사람에게 네 믿음을 주지 말라. '거짓 그리스도들'과 '거짓 선지자들'을 그리스도만큼 매력적으로 여기지 말라. 그들을 믿을 만하다고 여기지 말라!"고 하신다.

27절은 우리의 믿음에 도움을 준다. 다시 말해 "만일 거짓 그리스도들이 그리스도보다 더 위대하거나 더 바람직하다고 느껴지기 시작한다면, 그리스도께서 지평선 이쪽에서 저쪽까지 온 하늘을 비추실 때, 이 하찮은 그리스도들의 유혹하며 깜빡거리는 거짓은 밝은 한낮에 켜진 가로등 빛처럼 희미해질 것이라는 사실을 기억하라. 너희 믿음이 미혹을 당하지 않게 하라.

거짓 선지자들이 행하는 표적과 기사는 재림하시는 그리스도보다 더 영광스럽지 않다. 유혹에 넘어가지 말라! 그들을 기뻐하지 말라! 표적과 기사의 거짓된 현란함에서 만족을 찾지 말라. 하늘을 가르시고 하늘을 가득 채우시는 그리스도의 영광에 머무르라"고 하신다.

또는 마태복음 24장 11-13절로 돌아가 이 경고를 사랑의 관점에서 생각해볼 수도 있다. "거짓 선지자가 많이 일어나 많은 사람을 미혹하겠으며 불법이 성하므로 많은 사람의 **사랑**이 식어지리라 그러나 끝까지 견디는 자는 구원을 얻으리라." 그리스도를 향한 '차가운' 사랑은 거짓 선지자들의 유혹에 빠지는 것과 밀접한 관련이 있다. 예수님은 데살로니가후서에서 바울이 그랬던 것처럼 속임수를 피하는 믿음과 따스한 사랑을 명확하게 연결하지 않으시지만, 이 말씀에는 그 점이 암시되어 있다. 사랑이 식어가는 것은 불법 및 거짓 선지자에게 속는 것과 연관이 있다(마 24:11-12). 그리고 믿음의 결핍은 사람을 미혹에 빠지게 한다(마 24:23, 26).

모세의 가르침에 나타나는 사랑의 분별 능력

바울과 예수님이 거짓 표적과 기사를 다루는 배후에는 모세가 같은 문제를 다룬 놀라운 방식이 있다. 모세가 놀라운 이유는 하나님에 대한 사랑이 거짓 선지자들이 시험하는 대상이며 또한 그 시험을 통과하는 방법이라는 사실을 보여주기 때문이다. 가장 중요한 구절은 신명기 13장 1-3절이다.

"너희 중에 선지자나 꿈 꾸는 자가 일어나서 이적과 기사를 네게 보이고 그가 네게 말한 그 이적과 기사가 이루어지고 너희가 알지 못하던 다른 신들을 우리가 따라 섬기자고 말할지라도 너는 그 선지자나 꿈 꾸는 자의 말을 청종하지 말라 이는 너희의 하나님 여호와께서 너희가 마음을 다하고 뜻을 다하여 너희의 하나님 여호와를 사랑하는 여부를 알려 하사 너희를 시험하심이니라."

여기서 다섯 가지를 주목하라.

1. 모세는 이단의 의식에서 표적과 기사가 실제로 일어난다고 말한다. 그것은 속임수가 아니다. "[어떤] 선지자[가]…… 이적과 기사를 네게 보이고 **그가 네게 말한 그 이적과 기사가 이루어지고**……." 여기서 표적과 기사는 미래에 대한 예언이다. 그리고 그것은 실제로 실현된다. 만일 어떤 사람이 내일이나 1년 후에 일어날 일을 예견할 수 있다면 대중이 그를 얼마나 추종할지 쉽게 상상할 수 있다. 그런데 모세는 일부 거짓 선지자들이 그런 예언을 할 수 있다고 말한다.

2. 기적을 행하는 사람들 가운데 일부는 신자들을 참 하나님으로부터 멀어지게 하려는 의도를 품고 있다. "[그가]…… **다른 신들을 우리가 따라 섬기자**"라고 말한다면 "너는 그 선지자[의]…… 말을 청종하지 말라." 따라서 거짓된 초자연적인 표적과 기사는 여호와가 아닌 다른 신을 설득력 있게 옹호하기 위해 거짓 선지자가 마음속에 고안해내는 것이다.

3. 이런 기만적인 표적과 기사에도 하나님의 계획이 있다. 하나님은 그 계획에 대해 우리에게 이렇게 말씀하신다. "**이는 너희의 하나님**

여호와께서 너희가 마음을 다하고 뜻을 다하여 너희의 하나님 여호와를 사랑하는 여부를 알려 하사 **너희를 시험하심이니라.**" 사람에게서 '유혹'이 일어날 때, 하나님으로부터 '시험'이 일어난다. 이것이 바로 기만적인 표적과 기사에 담긴 하나님의 계획이다.

4. 이때 하나님은 하나님에 대한 사랑을 시험하신다. "너희의 하나님 여호와께서 **너희가 마음을 다하고 뜻을 다하여 너희의 하나님 여호와를 사랑하는 여부를 알려 하사** 너희를 시험하심이니라." 모세는 **믿음**이 시험을 당한다고 말할 수도 있었을 것이다(예수님이 마태복음 24장 23-27절에서 말씀하시듯이). 하지만 모세는 하나님의 사랑에 초점을 맞추고 있다.

5. 데살로니가후서 2장 9-12절에서 보았듯이, 그리고 예수님께서 마태복음 24장 12절에서 암시하신 것처럼, 하나님은 하나님을 향한 사랑을 분별하는 능력으로 취급하신다. 하나님을 향한 사랑은 거짓 표적과 기사의 속임수를 꿰뚫어 본다. 이 사랑은 기적적인 능력에 근거하지 않는다. 그랬다면, 거짓된 의식에서 나타나는 표적과 기사가 진리의 의식에서 나타나는 표적과 기사만큼이나 설득력이 있었을 것이다. 하나님에 대한 사랑은 기적적인 능력에 진정한 하나님의 아름다우심이 존재하는지(또는 부재하는지)를 '꿰뚫어 본다.' 그러므로 데살로니가후서 2장 9-12절에서와 마찬가지로 하나님에 대한 사랑은 배교를 막는 강력한 보호 장치이다.

구원하는 믿음은 진리를 기쁨으로 받아들이는 것이다

우리는 모세와 예수님, 바울이 거짓 표적과 기사를 다루는 것을 보았다. 모세는 하나님에 대한 사랑에 초점을 맞춘다. 사랑은 거짓 선지자들이 파괴하려고 하는 것이다. 그리고 사랑에는 우리를 멸망으로부터 보호하는 분별하는 능력이 있다. 예수님은 그리스도에 대한 믿음에 초점을 맞추신다. 믿음은 거짓 선지자들이 파괴하려고 하는 것이다. 그리고 믿음은 하늘을 가득 채우시는 그리스도를 굳게 붙잡는 것이다. 마태복음 24장 12절은 우리의 사랑을 식지 않게 하는 것이 그리스도를 굳게 붙잡는 것이라고 암시한다. 바울은 이런 조각들을 모아 가장 완전하게 조합한다. 바울은 그리스도에 대한 사랑을 그리스도에 대한 믿음의 본질적인 차원으로 취급한다(살후 2:9-12). 사람들이 멸망하는 것은 진리에 대한 '사랑'을 받아들이지 않기 때문이다(살후 2:10). 사람들이 멸망하는 것은 진리를 '믿지' 않기 때문이다(살후 2:12). 이는 그리스도에 대한 사랑이 구원하는 믿음의 본질적인 정서적 측면이기 때문이다. 헤르만 비치우스는 이렇게 말한다.

> 그렇게 하는 것이 불가능하다고 주장할지라도, 믿는 영혼은 믿음을 발휘하는 동안 그리스도 안에 있는 진리를 진실하게 '사랑해야' 하며, 진리를 알고 인정하는 때에 이것들이 참되다는 사실을 '즐거워하면서' 그 진리를 '기뻐해야' 한다. 그들이 알고 있는 진리가 거짓이기를 바라는 마귀나 악인들과는 전혀 달라야 한다.[1]

---

1) Herman Witsius, *The Economy of the Covenants between God and Man: Comprehending a Complete Body of Divinity*, William Crookshank 번역, vol. 1 (London: T. Tegg & Son, 1837), 345.

What is
Saving
Faith?

19장

What is Saving Faith?

구원하는 믿음은
사랑으로 세상을 이긴다

이제 사도 요한의 글을 통해 그가 하나님에 대한 사랑과 그리스도에 대한 사랑을 구원하는 믿음과 함께 엮어내는 방법을 보려고 한다. 이 장에서는 요한의 첫 번째 서신에 초점을 맞추고, 다음 장에서는 요한복음에 초점을 맞출 것이다. 함께 요한일서 5장 1-5절을 살펴보자.

"예수께서 그리스도이심을 믿는 자마다 하나님께로부터 난 자니 또한 낳으신 이를 사랑하는 자마다 그에게서 난 자를 사랑하느니라 우리가 하나님을 사랑하고 그의 계명들을 지킬 때에 이로써 우리가 하나님의 자녀를 사랑하는 줄을 아느니라 하나님을 사랑하는 것은 이것이니[즉, 하나님을 사랑한다는 것은 이런 의미이니] 우리가 그의 계명들을 지키는 것이라 그의 계명들은 무거운 것이 아니로다 무릇 하나님께로부터 난 자마다 세상을 이기느니라 세상을 이기는 승리는 이것이니 우리의 믿음이니라 예수께서 하나님의 아들이심을 믿는 자가 아니면 세상을 이기는 자가 누구냐."

사랑이 있으면, 계명은 무거운 것이 아니다

이 본문에 대한 많은 중요한 질문은 제쳐두고, 본론으로 들어가서 하나님에 대한 사랑을 그리스도에 대한 믿음과 연결하는 부분에 집중하자. 중요한 접합점은 요한일서 5장 3절과 4절의 연결이다. 3절의 "하나님의 사랑"(ESV를 직역; 개역개정은 "하나님을 사랑하는 것"으로 번역함.-역주)이라는 용어는 우리에 대한 하나님의 사랑이 아니라 하나님에 대한 우리의 사랑을 의미한다. 2절에서 **"우리가 하나님을 사랑**[할 때]…… 이로써 우리가 하나님의 자녀를 사랑하는 줄을 아느니라"라고 하는 데서 이것을 알 수 있다. 따라서 3절의 "하나님의 사랑"은 2절의 하나님을 사랑하는 행위를 가리킨다.

그러면 요한이 3절에서 말하는 것은 무엇인가? 요한은 하나님에 대한 사랑은 단지 하나님의 계명을 지키는 것이 아니라 하나님의 계명을 '무겁지 않게' 지키는 것으로 이루어진다고 말한다. "하나님을 사랑하는 것은 이것이니 우리가 그의 계명들을 지키는 것이라 그의 계명들은 무거운 것이 아니로다." "그의 계명들은 무거운 것이 아니로다"라는 말은 부수적인 정보로 덧붙인 것이 아니다. 이 진술은 요한의 주장에서 매우 중요하다. 이 진술은 하나님을 사랑한다는 것과 믿음이 있다는 것, 그리고 세상을 이긴다는 것이 무엇을 의미하는지 그 중심에 놓여 있다. 곧 알게 될 것이다.

세상을 이기면 계명의 짐이 가벼워진다

요한일서 5장 4절은 3절에 대한 논거나 근거로 제시된다. 4절이 "**무릇**"(또는 '왜냐하면')으로 시작하는 데서 알 수 있다. "**무릇** 하나님께로부터 난 자마다 세상을 이기느니라 세상을 이기는 승리는 이것이니 우리의 믿음이니라." 그러므로 4절은 거듭난 사람들이 하나님의 계명을 순종하는 것이 무겁지 않은 '이유'에 대한 설명이다. 그 '이유'는 거듭난 사람들은 "세상을 이기"기 때문이다.

그런 일이 어떻게 일어나는가? 여기서 요한이 말한 "세상"이 무엇인지 알아야 한다. '세상'은 어떻게 하나님에 대한 순종을 무겁게 만들어 순종을 방해하는가? 우리를 문제의 핵심으로 안내하는 구절은 요한일서 2장 15-16절이다.

> "이 세상이나 세상에 있는 것들을 사랑하지 말라 누구든지 세상을 사랑하면 아버지의 사랑[즉, 아버지에 대한 사랑]이 그 안에 있지 아니하니 이는 세상에 있는 모든 것이 육신의 정욕과 안목의 정욕과 이생의 자랑이니 다 아버지께로부터 온 것이 아니요 세상으로부터 온 것이라."

이 본문에 따르면 세상에 대한 우리의 사랑이 하나님에 대한 우리의 사랑을 위협한다. "누구든지 세상을 사랑하면 아버지의 사랑이 그 안에 있지 아니하니." 그러므로 우리가 하나님을 사랑하려면 세상을 "이겨"(요일 5:4)야 한다. "육신의 정욕과 안목의 정욕과 이생의 자랑"(요일 2:16)의 예속시키는 힘을 깨뜨리고 이겨내야 한다. 우리의 사랑이 세상의 종 노릇에서 해방되어야 한다. 신생하기 전에는 우리의 사랑이 하나님이 아닌 이 세상 것들에 얽매여 있다. 따라서 우리의 정서에 강력한 변화가 일어나야 한다. 우리가 선호하고 즐거워하며 바라는 것들이 세상에서 하나님으로 옮겨져야 한다. 세상에 대한 사랑이 하나님에 대한 사랑이 되어야 한다. 세상이 아니라 하나님이 우리의 기쁨과 보배가 되셔야 한다.

신생이 세상을 이긴다

요한일서 5장 4절로 돌아가보자. 요한은 우리가 바라고 보배롭게 여기는 것에 대한 이런 큰 변화가 거듭남을 통해 이루어진다고 말한다. "무릇 하나님께로부터 난 자마다 세상을 이기느니라." 신생은 세상에 대한 갈망이 하나님에 대한 갈망으로 바뀌는 이 커다란 변화의 근원이다. 이 변화를 세상을 이기는 것이라고 부른다. 우리의 정서를 장악하는 세상의 힘은 신생의 기적을 통해 깨진다. 그러므로 하나님의 계명은 더 이상 우리 본성과 조금도 어긋나지 않는다. 이제 우리의 본성은 거듭난 본성이다. 계명을 무겁게 만든 것은 하나님께 순종하기 싫어하는 우리의 옛 본성, 자아를 높이며 육신을 만족시키는 세상의 쾌락을 사랑했던 우리의 옛 본성이다. 바울은 이렇게 말한다. "육신의 생각[신생 이전에 우리가 가졌던 사고방식]은 하나님과 원수가 되나니 이는 하나님의 법에 굴복하지 아니할 뿐 아니라 할 수도 없음이라 육신에 있는 자들은 하나님을 기쁘시게 할 수 없느니라"(롬 8:7-8). 그러나 신생을 통해 육신과 세상에 대한 이 반역적인 예속이 극복된다. "육신의 정욕과 안목의 정욕"에 대한 오래된 중독이 깨질 뿐 아니라 새로운 욕망, 새로운 사랑이 살아난다. 이 때문에 하나님의 계명은 이제 우리가 해야 할 일이 아니라 하고 '싶은' 일이 되었다. 계명은 더 이상 무거운 것이 아니다.

믿음은 신생을 경험하는 방법, 즉 세상을 이기는 방법이다

요한은 요한일서 5장 4절 후반절에서 이 놀라운 경험의 핵심이 '믿음'이라고 덧붙인다. "무릇 하나님께로부터 난 자마다 세상을 이기느니라 **세상**

을 이기는 승리는 이것이니 우리의 믿음이니라." 다시 말해 세상을 이김은 '신생'을 통해 하나님이 주시는 것이며, '믿음'을 통해 우리가 경험하는 것이다. 이런 이유로 1절은 "믿는 자마다 하나님께로부터 난 자"라고 말한다.

그러므로 5장 4절의 내용은 하나님의 계명이 무겁지 않은 이유에 대한 설명이다. 그 이유는 한편으로 말해 우리가 거듭났기 때문이다. 다른 한편으로 말하면, 우리에게 '믿음'이 있기 때문이다. 믿음은 세상을 이긴다(요일 5:4b). 그리고 신생은 세상을 이긴다(요일 5:4a). 이것은 두 가지 측면에서 바라본 같은 경험이다. 세상을 이긴다는 것은 하나님의 계명을 무겁게 만드는 우리 마음의 성향을 이긴다는 의미이다. 그러므로 신생과 믿음은 모두 계명이 무거워지지 않는 방법이라고 할 수 있다.

이제 우리는 이 믿음(하나님의 아들 예수님에 대한 믿음, 5절)과 하나님에 대한 사랑의 연관성을 살펴볼 준비가 되었다. 그 연관성은 하나님에 대한 사랑과 그리스도에 대한 믿음이 둘 다 계명이 무거워지지 않는 방법으로 묘사된다는 것이다. 3절은 이렇게 말한다. "하나님을 사랑하는 것은 이것이니 우리가 그의 계명들을 지키는 것이라 **그의 계명들은 무거운 것이 아니로다.**" 4절은 하나님의 계명이 무겁지 않은 이유가 "세상을 이기는 승리는⋯⋯ 우리의 믿음이기" 때문이라고 말한다. 믿음은 우리의 정서에서 세상에 예속된 욕망을 왕좌로부터 몰아내고 하나님을 제자리에 모신다. 요한은 이를 하나님을 사랑하는 것이라고도 부른다.

따라서 요한일서 5장 1-5절에 대한 나의 결론은, 요한의 생각에 구원하는 믿음은 하나님을 사랑하는 정서적인 차원을 포함한다는 것이다. 5장 3-4절은 세상을 이기고 계명의 무거움을 해소하는 두 가지 다른 방법을 설명하는 것이 아니다. 하나의 방법을 하나님에 대한 사랑과 그리스도에 대한 믿음이라는 서로 다른 표현을 사용해 복합적으로 설명하고 있다.

내가 '복합적'이라는 단어를 사용하는 것은 내 결론을 과장하지 않기 위해서다. 나는 그리스도에 대한 믿음과 하나님에 대한 사랑이 '같다'고 말하는 것이 아니다. 구원하는 믿음은 거듭난 영혼이 그리스도를 받아들이는 다양한 방법의 복합체라고 말하는 것이다. 그리고 그리스도를 받아들이는 방법 가운데 하나는 그리스도를 하나님의 계명을 힘겹게 만드는 모든 것보다 우월한 분으로 받아들이는 것이다. 요한은 이것을 믿음이라고 부른다. 또한 그것을 하나님을 사랑하는 것이라고 부른다.

에드워즈가 전적으로 옳다는 것이 아니다

이 본문에 대한 조나단 에드워즈의 결론이 옳을 수는 있지만, 나는 에드워즈만큼 나가지는 않는다. 요한일서 5장 3절과 4절의 연관성에 근거하여 에드워즈는 이렇게 결론을 내린다.

> 이것(4절)은 요한이 앞서 말한 것(3절), 즉 하나님에 대한 우리의 사랑이 하나님의 명령을 지키는 데 따르는 어려움을 극복하게 한다고 설명하는 구절이다. 이는 사랑이 구원하는 믿음의 핵심이며 그 생명과 능력이고 그로 인해 구원하는 믿음이 큰 효과를 낳는다는 것을 보여준다.[1]

---

1) Jonathan Edwards, *Writings on the Trinity, Grace, and Faith*, Sang Hyun Lee와 Harry S. Stout 편집, vol. 21, *The Works of Jonathan Edwards* (New Haven, CT: Yale University Press, 2003), 448. 나는 조나단 에드워즈를 사랑하지만, 그의 확신에 있어서든 그의 표현에 있어서든 에드워즈가 정정할 필요가 없다고 생각하지는 않는다. 독자가 알아야 할 점은 에드워즈가 오직 믿음으로 말미암은 칭의를 말하는 방식이 가장 공세에 시달리는 부분이라는 것이다. 다음 두 사람을 비롯해 다른 이들은 에드워즈의 견해, 또는 적어도 그의 표현 방식이 역사적인 개혁주의의 가르침과 일치하지 않는다고 비판한다. George Hunsinger, "Dispositional Soteriology: Jonathan Edwards on Justification by Faith Alone" in *Westminster Theological Journal*, vol. 66, no. 1(2004); J. V. Fesko, *Justification: Considering the Classic Reformed Doctrine* (Phillipsburg, NJ: P&R, 2008).

하나님에 대한 사랑이 "구원하는 믿음의 핵심"이라고 말할 때 에드워즈는 믿음의 다른 성경적인 측면이나 함의들을 전혀 부정하지 않는다. 에드워즈는 믿음을 지식(notitia, 노티티아)과 동의(assensus, 아센수스)와 신뢰(fiducia, 피두시아)라고 말하는 전통적인 설명을 거부하지 않는다. 오히려 에드워즈는 성경 본문을 따르려고 노력한다. 하나님에 대한 사랑이 구원하는 믿음의 핵심이라고 할 때 에드워즈는, 시편 저자가 경험했듯이, 세상을 이기고 계명을 무거운 의무가 아닌 복된 기쁨으로 바꾸는 믿음의 "생명과 능력"을 염두에 두고 있다. "내가 사랑하는 주의 계명들을 스스로 즐거워하며"(시 119:47). "내가 주의 계명들을 금 곧 순금보다 더 사랑하나이다"(시 119:127). "주의 계명은 나의 즐거움이니이다"(시 119:143).

구원하는 믿음의 이런 측면을 "구원하는 믿음의 핵심"이라고 불러야 하는지는 논쟁의 여지가 있다. 요한일서 5장 3-4절에 비추어 볼 때, 하나님에 대한 사랑은 분명히 구원하는 믿음의 '강력한' 요소이다. 그리고 웨스트민스터 신앙고백이 의롭다 하심을 받는 믿음은 "다른 모든 구원하는 은혜를 항상 동반하며 따라서 그것은 죽은 믿음이 아니라 사랑으로 역사한다"(11.2)라고 말하는 이유를 설명하는 데 큰 도움이 된다.

에드워즈의 말(나도 동의하는)은, 의롭다 하심을 받는 믿음이 '항상' 거룩함의 열매를 맺는 이런 놀라운 결과를 낳는(히 12:14) 이유는, 믿음으로 의롭다 하심을 받은 사람은 거듭나서 성령을 받았기 때문일 뿐만 아니라, 또한 의롭다 하심을 받는 믿음 자체가 죄에 대한 세상의 욕망을 극복하고 무거운 계명을 행복한 순종의 길로 변화시키는 특성이 있기 때문이다. 또한 지극히 가치 있고 만족을 주시는 하나님에 대한 사랑이 그 안에 있기 때문이다.

20장

구원하는 믿음은 그리스도께 만족한다

이제 요한복음으로 넘어가면, 성경 전체에서 영생에 이르는 믿음에 가장 일관되게 초점을 맞추는 부분을 발견한다. 여기서 우리는 성경의 다른 어느 곳보다 믿음의 정서적인 차원에 대해 더 직설적으로 말하는 것을 볼 수 있다. 놀랍게도 요한복음에는 믿음 또는 신앙을 뜻하는 명사(πίστις, 피스티스)가 나오지 않는다. 대신 '믿다'나 '믿음을 갖다'를 뜻하는 동사(πιστεύω, 피스튜오)가 98번이나 나타난다.

'믿다'라는 동사를 사랑한 요한

요한이 이렇게 두드러지게 명사보다 동사를 선택함으로써 우리에게 무엇을 말하려고 했는지 확실하게 알지는 못하지만, 이를 우연이라고 할 수는 없다. 우리는 요한일서 5장 4절에서 요한이 '믿음'이라는 명사를 기꺼이 사용하는 것을 보았다. "세상을 이기는 승리는 이것이니 우리의 믿음(πίστις, 피스티스)이니라." 요한일서 5장 4절은 요한이 명사 '믿음'을 사용한 유일한 예이다.[1] 이어지는 글에서 나는 요한이 복음서에서 '믿다'라는 동사만을 사용하고 '믿음'이라는 명사는 사용하지 않는 이유를 추측해보려 한다.

때때로 성경 저자는 사람으로서는 완전히 설명할 수 없는, 그러나 하나님만 아시면서 우리에게 좋은 결과를 낳는 방식으로 단어들을 사용한다. 요한이 사용한 "믿다"라는 용어를 다룰 때 중요한 점은 요한이 이 동사를 선호한 이유를 충분히 설명하는 것이 아니라, 요한이 이 동사를 사용해서 무엇을 하는지를 깊이 파고드는 것이다.

받아들임으로서의 믿음

우리는 '그리스도를 받아들임'이 구원하는 믿음의 본질에 얼마나 중요한지를 한 차례 이상(7장과 12장) 언급했다. 이는 바울에게만 그런 것이 아니라("그러므로 너희가 그리스도 예수를 주로 받았으니 그 안에서 행하되", 골 2:6) 요한에게도 마찬가지다(요 1:12; 5:43; 6:21; 12:48; 13:20). 요한은 그리스도를 '받아들임'과 그리스도를 '믿음'이 우리 경험의 두 차원임을 알려준다. 이 둘은 완전히 같지는 않지만, 요한복음 1장 12절에서는 서로 바꾸어 쓸 수 있는 말로 사용된다.

> "[예수께서] 자기 땅에 오매 자기 백성이 영접하지 아니하였으나 **영접하는 자 곧 그 이름을 믿는 자들**에게는 하나님의 자녀가 되는 권세를 주셨으니 이는 혈통으로나 육정으로나 사람의 뜻으로 나지 아니하고 오직 하나님께로부터 난 자들이니라"(요 1:11-13).

---

[1] 나는 요한복음과 요한서신의 저자가 같은 사람이라고 믿는다. 그것이 교회의 전통이며, 복음주의 학계의 일치된 의견이고, 가장 중요하게는 언어와 문체, 개념의 강력한 유사성이 이를 확증한다.

이 장에서 우리의 질문은, 요한이 이해한 '믿음을 받아들임'이란 개념과 그가 믿음을 묘사한 더 정서적인 다른 표현들은 어떻게 일치하는가이다.

요한이 사용한 '믿다'의 폭넓은 절대적 용법

이 장의 목적상, 요한이 믿는 대상과 믿음을 연결시키기 위해 사용하는 다양한 단어들에 대해서는 자세히 설명할 필요가 없다. 예를 들어, '피스튜오'(pisteuō, '나는 믿는다')는 뒤에 전치사 '에이스'(eis, '안으로'; 30회 이상 나온다. 예. 요 1:12; 2:11, 23)나 '엔'(en, '안에'; 요 3:15)이 나오거나, 또는 여격 목적어(요 5:24; 6:30)나 직접 목적어(요 11:26)가 나오거나, 앞에 '호티'(hoti, '것'; 요 8:24; 개역개정에는 "줄"로 번역됨.-역주)가 나온다. 내가 하려는 말은 믿음에 대한 요한복음의 모든 언급에서 구원하는 믿음이 정서적인 차원을 포함하지 않는 구절은 없다는 것이다.

요한복음에서 '믿음'에 대해 폭넓게 생각해야 하는 이유가 있다. 즉 '믿음'의 의미가 광범위한 용법을 포괄한다고 생각해야 하는 이유가 있다. 예를 들어, 요한복음에서는 예수님이 아무런 대상 없이 '믿음'을 언급하시는 일이 매우 잦다는 것이다(약 18회). 이런 절대적인 용법의 예로는 다음과 같은 구절들을 들 수 있다. "너희가 내 양이 아니므로 **믿지** 아니하는도다"(요 10:26). "예수의 말씀으로 말미암아 **믿는** 자가 더욱 많아"(요 4:41). "너희는 표적과 기사를 보지 못하면 도무지 **믿지** 아니하리라"(요 4:48). "**믿는** 자는 영생을 가졌나니"(요 6:47).

대상이 없는 '믿음'의 이런 절대적 용법은 요한이 그가 사용한 모든 용례에 담긴 '믿음'의 본질에 대한 개념을 우리가 가지기를 바란다는 것을 시사한다. 요한은 그의 복음서에 나타나는 모든 용례를 통해 우리가 '믿음'의 의미를 채우기를 기대한다. 나는 이제 그 의미의 일부가 중요한 정서적인 차원이라고 주장할 것이다.

믿음은 영적으로 먹고 마시는 것이다

예수님이 자신을 마실 생수(요 4:10-14; 6:35)로, 하늘에서 내려온 떡(요 6:41, 48, 51)으로, 단순히 보는 것만 아니라 사랑해야 할 세상의 빛(요 3:19)으로 말씀하셨다는 사실은 믿음이 최고의 음식을 먹고 가장 만족스러운 물을 마시며 가장 영광스러운 빛을 사랑하는 것과 같다는 의미이다(참조. 요 1:14).

요한복음 6장 35-37절에서 예수님은 이렇게 말씀하신다.

> "나는 생명의 떡이니 내게 **오는** 자는 결코 주리지 아니할 터이요 나를 **믿는** 자는 영원히 목마르지 아니하리라 그러나 내가 너희에게 이르기를 너희는 나를 보고도 **믿지** 아니하는도다 하였느니라 아버지께서 내게 주시는 자는 다 내게로 **올** 것이요 내게 오는 자는 내가 결코 내쫓지 아니하리라."

6장 35절에서 주리지 않기 위해 '오는 것'과 목마르지 않기 위해 '믿는 것'의 평행은 예수님이 '믿는 것'을 '오는 것'으로 보셨으며, '오는 것'을 '믿는 것'으로 보셨다는 점을 말해준다. 이 평행은 6장 36-37절에서 다시 볼 수 있다. 예수님은 36절에서 어떤 사람들은 예수님을 보고도 믿지 않는다고 말씀하신다. 그리고 37절에서 그 근본적인 이유를 말씀하신다. "아버지께서 내게 주시는 자는 다[오로지 그들만] 내게로 **올** 것이요." 다시 말해, 그들이 믿지 않은 이유는 아버지께서 예수님께 "주시는" 자들만이 "올" 것이기 때문이다. 따라서 37절에서 예수님께 '오지' 않았다는 것은 36절의 '믿지' 않았다는 것과 서로 바꾸어 쓸 수 있는 말이다.

똑같은 사고의 흐름이 요한복음 6장 64-65절에도 나온다. 예수님은 이렇게 말씀하신다.

> "너희 중에 **믿지** 아니하는 자들이 있느니라 하시니 이는 예수께서 **믿지** 아니하는 자들이 누구며 자기를 팔 자가 누구인지 처음부터 아심이러라 또 이르시되 그러므로 전에 너희에게 말하기를 내 아버지께서 오게 하여 주지 아니하시면 누구든지 내게 **올** 수 없다 하였노라."

다시 말해 어떤 사람들이 '믿지' 않는 이유는 "내 아버지께서 오게 하여 주지 아니하시면 누구든지 내게 **올** 수 없"기 때문이라는 설명이다. '오는 것'이라는 선물은 '믿는 것'으로 경험된다.

우리는 나중에 '믿는 것'을 '오는 것'으로 간주하는(요 6:35) 것이 믿음을 '받아들임'으로 간주하는 것(요 1:12)과 어떻게 일치하는지를 살펴볼 것이다. 무언가를 향해 '오는 것'과 무언가로부터 '받는 것'은 영혼의 반대되는 움직임처럼 보이지만, 우리는 이 둘이 어떻게 일치하는지 보여주려고 노력할 것이다. 그러나 지금 보았으면 하는 요점은 35절에 나오는 '주리지 않는다'라는 말과 '목마르지 않는다'라는 말의 함의이다.

> 내게 오는 자는 **결코 주리지 아니할** 터이요
> 나를 믿는 자는 **영원히 목마르지 아니하리라**

'결코 아니하다'와 '영원히 아니하다'라는 말은 '오는 것'과 '믿는 것'이 '영원한' 생명을 낳는다는 사실을 시사한다. 요한은 6장 47절("믿는 자는 영생을 가졌나니")과 58절("이 떡을 먹는 자는 영원히 살리라")에서 이 점을 분명히 한다.

영생은 영생을 나누는 것을 포함한다

이 영생은 영원하고 완전한 만족의 경험으로 묘사된다. 여기서 주리지 않고 목마르지 않는 것은 '육적으로' 먹고 마시는 것을 가리키지 않는다. 요한복음 4장에 나오는 우물가의 여인은 예수님이 다시는 목마르지 않는 물을 권하셨을 때 이런 실수를 했다. "주여 물 길을 그릇도 없고 이 우물은 깊은데"(요 4:11). 예수님은 그녀를 바로잡으셨다. "나는 물리적인 물과 육적인 갈증을 말하는 것이 아니다. 우물 물이나 그 물의 물리적인 효과에 대해 말하는 것이 아니다. 나는 네 영혼의 가장 깊은 필요와 갈망에 대해 말하고 있다."

> "이 물을 마시는 자마다 다시 목마르려니와 내가 주는 물을 마시는 자는 영원히 목마르지 아니하리니 내가 주는 물은 그 속에서 영생하도록 솟아나는 샘물이 되리라"(요 4:13-14).

따라서 그리스도께서 주시는 생수를 마시면 끝없는 만족("영원히 목마르지 아니하리니")뿐만 아니라 다른 사람에게도 넘쳐흐르는 만족("솟아나는 샘물")을 얻는다.

예수님은 요한복음 7장 37-38절에서 이 점을 다시 말씀하시는데, 여기서도 '예수님을 믿는 것'과 '예수님께 오는 것'이 평행된다. 그리고 요한복음 4장 14절에서처럼 예수님께 오는 것과 예수님을 믿는 것의 결과는 목마르지 않을 뿐 아니라 영생하도록 솟아나는 샘물이 되는 것이다.

> "명절 끝날 곧 큰 날에 예수께서 서서 외쳐 이르시되 누구든지 목마르거든 내게로 **와서** 마시라 나를 **믿는** 자는 성경에 이름과 같이 그 배에서 생수의 강이 흘러나오리라 하시니"(요 7:37-38).

예수님께 '오고' 예수님을 '믿고' 생수이신 예수님을 '마심'으로 누리는 상은 다시는 목마르지 않는 것 이상이다. 거기에는 생명을 주는 넘쳐흐름도 포함된다. 예수님은 영혼의 진정한 만족은 다른 사람에게까지 넘쳐흐르는 충만함으로 절정에 이른다는 것을 아신다. 영생의 선물에는 영생의 나눔이라는 선물도 포함된다.

믿음은 생수이신 예수님에게서 영혼의 만족을 얻는 것이다

다시 요한복음 6장 35절로 돌아가자. 우리는 믿음을 이렇게 설명할 수 있다. 믿음은 예수님 안에서 영원히 만족하기 위해 마음이 예수님께 나아오는 것이다. 이 구절의 평행은 바로 이점을 보여준다.

> 내게 **오는** 자는 결코 주리지 아니할 터이요
> 나를 **믿는** 자는 영원히 목마르지 아니하리라

믿음은, 영혼이 구하는 만족을 끝까지 탐색하는 식으로 마음이 예수님께 나아오는 것이다. 내가 '만족'이라는 단어를 사용하는 이유는, 우리가 일반적으로 물과 떡의 효과를 기쁨으로 묘사하지 않기 때문이다. 비록 예수님은 자신의 목적을 그들의 '기쁨'이라고 말씀하셨지만 말이다(요 15:11; 17:13). 무더운 날 시원한 음료를 마시면 우리는 '만족스럽다'라고 말한다. 이것이 예수님이 사용하신 비유이다. 마실 물이 더 귀했던 1세기에는 그런 음료가 주는 만족감이 훨씬 더 컸을 것이다.

빛 또는 어둠을 사랑하는 것은, 믿는 것 또는 믿지 않는 것이다

예수님은 물을 마시는 것과 떡을 먹는 것만 아니라 빛을 사랑하는 것으로도 믿음을 묘사하셨다. 요한복음 3장 18-19절에서 예수님은 이렇게 말씀하셨다.

> "그를 **믿는** 자는 심판을 받지 아니하는 것이요 **믿지** 아니하는 자는 하나님의 독생자의 이름을 **믿지** 아니하므로 벌써 심판을 받은 것이니라 그 정죄는 이것이니 곧 빛이 세상에 왔으되 사람들이 자기 행위가 악하므로 빛보다 **어둠을 더 사랑한** 것이니라."

예수님을 믿지 않는 사람이 처한 곤경을 묘사하는 방법은 두 가지다. 하나는 하나님 편에서 묘사하는 것으로, 그가 하나님의 정죄 아래 있다고 말한다. 그는 **"믿지** 아니하므로 벌써 **심판을 받은** 것이니라"(요 3:18). 다른 하나는 사람 편에서 묘사하는 것으로, 불신자가 어둠을 사랑한다고 말한다.

"그 정죄는 이것이니 곧 빛이 세상에 왔으되 사람들이 자기 행위가 악하므로 빛보다 **어둠을 더 사랑한** 것이니라"(요 3:19).

따라서 요한복음 3장 19절은 세상의 빛이신 그리스도를 믿지 않는 것(요 8:12)을 "빛보다 어둠을 더 사랑한 것"으로 묘사한다. 즉 빛을 '믿지' 않는 것은 빛을 '사랑하지' 않는 것이다. 빛을 믿지 않는 이유는 빛이 없어서가 아니라 어둠을 더 사랑하기 때문이다. 이것은 우리가 무엇을 '아는지'에 대한 문제라기보다 우리가 무엇을 더 깊이 '사랑하는지'에 대한 문제이다. 우리는 데살로니가후서 2장 10-12절에서 바로 이 점을 보았다. 거기서는 진리를 '사랑하지' 않는 것과 진리를 '믿지' 않는 것이 사실상 같았다(참조. 18장). "그들이 구원을 받기 위해 진리에 대한 '사랑'을 받아들이지 않았기 때문이다.…… 그들은 진리를 '믿지' 않았다"(저자의 번역). 따라서 여기 요한복음 3장에서는 그들이 "어둠을 [사랑하기]" 때문에 "믿지 아니"한다고 말한다.

사슴이 시냇물을 찾기에 갈급함 같이

요한복음에서처럼, 나는 예수님이 믿음을 다루시는 것을 보며 구원하는 믿음이 본질적으로 정서적인 차원을 가지고 있다는 결론을 내린다. 그 차원은 우리의 영혼이 굶주리지 않도록 생명의 떡을 먹는 것(요 6:35, 51), 다시는 목마르지 않도록 생수를 마시는 것(요 4:10-11; 6:35; 7:38), 그리고 그분의 영광스러운 광채로 인해 세상의 빛을 사랑하는 것으로 묘사된다. "우리가 그의 영광을 보니 아버지의 독생자의 영광이요"(요 1:14; 참조. 3:19).

우리는 예수님이 시편에 표현된 가장 깊은 갈망의 성취로서 자신을 세상에 제시하신다는 사실에 참으로 놀라지 않을 수 없다. 예수님은 시편을 사랑하셨으며 시편 안에서 사셨다. 시편은 예수님이 십자가 위에서 버림받으셨을 때 하신 부르짖음("나의 하나님, 나의 하나님, 어찌하여 나를 버리셨나이까", 마 27:46; 시 22:1)을 제공한 책이다. 그뿐 아니라 예수님께 그분을 믿는 사람은 인간의 영혼이 누리도록 창조된 만족을 경험하게 되리라는 확신을 준 책이기도 하다. 예수님은 이렇게 말씀하셨다. "나를 믿는 자는 **성경에 이름과 같이** 그 배에서 생수의 강이 흘러나오리라"(요 7:38).

성경 어디에도 이와 똑같은 말씀은 없다. 예수님은 성경 안에서 살며 배운 것을 종합하여 말씀하신 것이다. 그러니 우리가 어떻게 시편을 떠올리지 않을 수 있겠는가?

"주의 앞에는 충만한 기쁨이 있고
주의 오른쪽에는 영원한 즐거움이 있나이다"(시 16:11).

"하나님이여 사슴이 시냇물을 찾기에 갈급함 같이
내 영혼이 주를 찾기에 갈급하니이다
내 영혼이 하나님
곧 살아 계시는 하나님을 갈망하나니"(시 42:1-2).

"하나님이여 주는 나의 하나님이시라
내가 간절히 주를 찾되
물이 없어 마르고 황폐한 땅에서
내 영혼이 주를 갈망하며
내 육체가 주를 앙모하나이다……
주의 인자하심이 생명보다 나으므로……

골수와 기름진 것을 먹음과 같이
나의 영혼이 만족할 것이라"(시 63:1, 3, 5).

"내 육체와 마음은 쇠약하나
하나님은 내 마음의 반석이시요 영원한 분깃이시라"(시 73:26).

"그가 사모하는 영혼에게 만족을 주시며"(시 107:9).

"내 영혼이 마른 땅 같이 주를 사모하나이다"(시 143:6).

분명히 예수님은 우리가 그분께 왔을 때 시편 저자들이 하나님과의 교제에서 누렸던 것보다 더 적은 것을 발견하기를 바라지 않으셨을 것이다. 그렇지 않다. 예수님께 오는 것, 즉 예수님을 믿는 것은 시편 저자들이 갈망하고 맛보고 누렸던 것의 성취, 즉 생명을 주고 영혼을 만족시키는 성취를 보고 음미하는 것이다.

오는 것과 받아들이는 것

앞에서 나는 이 문제를 다루겠다고 이야기했다. 즉 '예수님께 오는 것'으로서의 믿음(요 6:35)은 '예수님을 받아들이는 것'으로서의 믿음(요 1:12)과 어떻게 일치하는가? 예수님이 믿음을 묘사하신 방법 가운데 하나는 마시고 다시는 목마르지 않기 위해 예수님께 오는 것이다(요 6:35). 하지만 '오는 것'과 '받아들이는 것'은 영혼의 반대되는 움직임처럼 보인다. 이 두 가지가 어떻게 일치할까? 어떻게 믿음은 언제나 본질적으로 '그리스도를 받아들이는 것'이면서 동시에 '영혼의 영원한 만족을 위해 그리스도께 오는 것'일까?

그 해답의 일부는 '오는 것'이 육체의 행위가 아니라 영혼이나 마음의 행위임을 깨닫는 데 있다. 하늘의 떡을 먹고 생수를 마시는 것이 육체의 행위가 아니듯이, 음식과 음료이신 그리스도께 오는 것도 육체적인 이동이 아니다. 그것은 근육으로 하는 일이 아니라 마음으로 하는 일이다. 신체가 마비된 사람도 운동선수만큼 충분히 할 수 있다. 그러므로 우리는 "마음은 어떻게 **오는가**?"라고 물어야 한다.

지나가야 할 거리도, 들여야 할 시간도 없다

물리적인 이동이 아니니 지나가야 할 물리적인 거리도 없다. 마음은 지리적인 거리를 건너가지 않는다. 1미터도, 1센티미터도, 1밀리미터도 가지 않는다. 그러므로 지나가는 데 드는 시간도 없다. 마음이 그리스도께 '올' 때 그 마음은 한 시간도, 1분이나 1초도 이렇게 나아가면 그리스도께 도달할까 궁금해하면서 나아가지 않는다.

오는 것은 믿는 것이다. 그리고 믿음에는 영생의 약속이 즉시 주어진다. "믿는 자는 영생을 가졌나니"(요 6:47). 거기에는 기다림이 없다. 믿음과 생명 사이에는 시간의 간격이나 거리의 간격이 없다. 믿는 것은 영생을 얻는 것이다. 그러므로 오는 것은 영생을 얻는 것이다.

이 오는 것은 어떤 것인가? 마음은 어떻게 움직이는가? 마음은 정서와 함께 움직인다. 예를 들어 마음은 미움과 함께 뿌리치면서 움직인다. 마음은 사랑과 함께 받아들이면서 움직인다. 마음이 구원을 얻고자 그리스도께

오는 것은 다른 무엇보다 그리스도를 선호하는 일이 마음에 일어나는 것이다. 이는 지옥에서의 따분한 탈출을 마지못해 선호하는 것이 아니다. 우리는 그리스도를 행복하게 선호한다. 우리를 지옥에서 건져주시는 구원자께서 우리 영혼을 만족시키시기 때문이다. 그분은 물이고 떡이며 빛이시다. 이 선호는 갈망이다. 그것은 통과할 거리나 지나야 할 시간이 없는 영혼의 움직임이다.

이 생명과 빛의 선물이 나타나면 영혼이 움직인다. 영혼은 먹고 마시러 온다. 살아있는 믿음이 창조되는 순간, 갈망하는 마음은 이 샘에서 저 샘으로, 이 음식에서 저 음식으로, 이 보배에서 저 보배로 돌아선다. 이것이 마음이 온다는 말이 뜻하는 움직임이다.

영혼이 그리스도께로 올 때 지나야 할 거리도 없고 들여야 할 시간도 없으므로 구원(신생, 영생, 칭의)은 하나님이 주신 생명의 첫 번째 떨림에서, 즉 영혼의 믿음의 첫 번째 심장 박동에서 일어난다. 우리의 옛 보배가 더 이상 매력적이지 않으며 그리스도를 자신의 가장 귀한 보배로 여기게 되는 기적의 첫 순간, 바로 그 순간에 생명과 그리스도와 그리스도 안에서 하나님이 우리에게 베푸시는 모든 것을 소유하게 된다.

예수님은 "내게 오는 자는 내가 결코 내쫓지 아니하리라"고 약속하셨다(요 6:37). 이 말씀이 함축하는 바는 우리가 그리스도께 오면 우리가 거기에 있게 된다는 것이다. 구원하는 믿음의 행위에는 '오는 중'이 없다. 그리스도께 '오는 중'일 수 있는 많은 길이 있지만, 요한의 어휘로는 '그리스도께 오는 것'이란 믿는 것이며, 믿는 즉시 영생을 얻는다. 이 '오는 것'은 결코 쫓겨남이 없고 오는 자를 구원한다. 그 첫 순간에 우리는 거기에 있다. 우리가 그리스도 안에 있고 그리스도께서 우리 안에 계신다.

아들이 있는(아들을 받아들인) 사람은 누구나 생명이 있다

이렇게 그리스도께 '오는 것'을 설명했으므로, 이제 우리는 그리스도께 '오는 것'으로서의 구원하는 믿음과 그리스도를 '받아들이는 것'으로서의 구원하는 믿음 사이의 관계를 깊이 생각해볼 수 있다.

'그리스도를 받아들인다'는 용어는, 문맥 없이 그 자체로는 받아들이는 사람의 성향을 명확히 말해주지 않는다. 우리는 어떤 사람을 좋아하거나 사랑하거나 존경하거나 즐거워하거나 신뢰하지 않고도 받아들일 수 있다. 또 '받아들이다'라는 단어는 받아들여지는 대상이 있다는 사실에 초점이 있다. 이는 받아들여지는 대상의 움직임을 주목하게 한다. 그리스도께서 받아들이는 사람을 향해, 즉 받아들이는 사람과의 관계 안으로 움직이신다. 강조점은 받아들여지는 분의 필요성에 있다.

이 점은 구원하는 믿음의 본질을 설명하는 데 절대적으로 중요하다. 이 받아들임의 정서적인 본질에 대해 내가 말해야 할 어떤 것도 이 진리를 바꾸지 못한다. 구원하는 믿음은 우리 외부에서 '다른 존재'가 우리를 향해, 그리고 우리 안으로 들어오는 것이다. 이것이 우리의 유일한 구원의 소망이다. 우리는 자신을 구원하지 못한다. 우리 외부에서 오시는 구주가 필요하다. 영생은 우리 외부에서 온다.

"아들이 있는 자에게는 생명이 있고"(요일 5:12). 구원을 얻는 방식으로 그분을 받아들이면, 그분이 우리 것이 된다. 하나님이 그분 안에서 우리를 위해 베푸시는 모든 것이 우리에게 온다. 우리는 그것을 받아들인다. '그분'을 받아들인다.

받아들여지시는 그리스도께서
곧 우리가 와서 마시는 것의 중심이시다

이런 '받아들임'만이 구원하는 믿음을 설명하는 유일한 방법은 아니다. 믿음을 '받아들임'으로 설명하는 길은 한 가지가 아니다. 구원하지 못하는 방식으로 '받아들이는' 것도 가능하다. 바울은 "우리가…… 너희를 권하노니 하나님의 은혜를 헛되이 받지 말라"(고후 6:1)라고 말했다. 예수님은 헛되지 않은 받아들임을 설명하신다. 우리는 예수님을 음식처럼 먹고, 물처럼 마시며, 빛처럼 사랑하라는 예수님의 말씀에서 그것을 살펴보았는데, 이런 묘사는 구원하는 '받아들임'이 정서적인 차원을 가지고 있음을 보여준다.

그러므로 하나님이 예수님 안에서 우리에게 베푸시는 모든 것으로 만족하기 위해 영혼이 예수님께 '오는 것'을 구원하는 믿음이라고 말하는 것과 받아들임으로서의 믿음은 모순되지 않는다. 그것은 받아들임을 설명해준다. 받아들임을 더 완전하게 정의한다. 구원하는 믿음이 인간의 마음에서 경험되는 더 많은 차원을 끌어낸다.

그리스도를 받아들이는 것에는 영혼의 만족을 위해 그분께 오는 정서적인 차원이 있다고 말할 때, '받아들여지시는 분'이 여전히 중심이라는 사실은 절대로 바뀌지 않는다. 그리스도께서 여전히 우리가 그분께 오는 일의 중심이시다. 우리가 그리스도의 생명의 잔에 입술을 댈 때도 받아들여지시는 그리스도께서 여전히 중심이시다. 우리가 하늘의 떡을 깨무는 때도 받아들여지시는 그리스도께서 여전히 중심이시다.[2]

---

2) 이렇게 이의를 제기하는 사람이 있을 수 있다. "믿음은 받아들이고, 그리스도께서는 만족시키십니다. 즉 물잔을 마시는 것은 행위이며, 만족시킨 것은 물 자체입니다. 믿음은 받아들이는 행위입니다. 그 '결과'가 기쁨과 만족 등이며, 이것은 받아들임 자체의 '필수적인' 부분은 아닙니다." 또 다른 반대자는 이렇게 말할 수 있다. "우리는 먼저 고기를 맛본 다음 고기를 좋아합니다." 내 대답은 첫 번째 이의에 범주의 혼동이 있다는 것이다. 먼저 만족시키는 객관적인 실재가 있고, 다음으로 만족하는 주관적인 경험이 있다. 그러므로 이 둘

'그리스도께 오는' 그림은 '그리스도를 받아들이는' 그림을 보완한다. 영혼을 향한 그리스도의 움직임에 덧붙여 그리스도를 향한 영혼의 움직임이 추가된다. 영혼의 움직임은 받아들이는 분에 대한 갈망의 각성이다. 그 갈망은 영혼의 움직임이다. 그것은 하나님이 주신 목마름으로 받아들인 물의 샘에 입술을 대는 움직임이다. 그것은 하나님이 주신 굶주림으로 받아들인 떡의 풍성함에 혀를 대는 움직임이다. 그것은 받아들인 구주를 감싸 안으려고 두 팔을 벌리는 포옹의 움직임이다. 그것은 받아들인 영광의 빛으로 기울어지는 움직임이다. 그것은 친구(요 15:15)와 조력자(요 14:16), 주님(요 13:14)과 선생님(요 3:2)께 문을 여는 기쁘고 간절한 영혼의 움직임이다.

'믿다'는 만족할 줄 모르는 동사이다

나는 요한이 그의 복음서에서 동사 '믿다'를 98번이나 사용하고 명사 '믿음'이나 '신앙'을 전혀 사용하지 않는 이유를 추측해보겠다고 이야기했다. 이것은 내 추측이다. 요한은 받아들이고 오고 마시고 먹고 사랑하는 영혼의 영적 행위를 전면에 내세우기를 좋아한다. 요한은 믿음을 영혼의 상태나 형편으로 말하기보다는 이 편을 더 선호한다. 믿는다는 것은 '상황'이나 '상태'가 아니라 영혼의 '행위'이다. 즉 모든 것을 만족시키시는 그리스도의

을 서로 대립시키지 말아야 한다. 첫 번째 실재(그리스도, 만족시키는 보배)는 두 번째 실재(믿음, 그리스도에 의해 만족하는 경험)를 배제하지 않고 오히려 거기에 근거를 제공한다. 물론 "믿음은 받아들이고, 그리스도께서는 만족시키신다." 그러나 내 요점(그리고 이 책의 요점)은 구원하는 믿음이 그리스도를 불만족스러운 물기 정도로 받아들이지 않는다는 것이다. 구원하는 믿음은 그리스도를 만족스럽게 받아들인다. 그리스도를 만족스럽게 받아들이는 것(그리스도께서 만족스러우시다는 교리로서가 아니라)은 그리스도 안에서 만족하는 경험이다. 이것은 또한 두 번째 이의, 즉 "우리는 먼저 고기를 맛본 다음 고기를 좋아합니다"에 대한 내 대답이기도 하다. "주의 인자하심을 맛보"는(벧전 2:3) 것이 아니라면 그 맛봄은 구원하는 맛봄이 아니다. 보배롭게 여기는(좋아함) 정서적인 행위에 앞서 중립적으로 맛보는(믿음) 행위는 없다. 이 책의 주요 요점 가운데 하나는 소중하게 맛보는 맛봄이어야만 구원하는 맛봄이라는 것이다.

영광을 영적으로 들이마시고 섭취하며 껴안고 음미하는 것이다.

믿음은 그리스도 안에서 만족하는 '상태'나 그리스도 안에서 즐거워하는 '상태'도 아니다. 오히려 요한은 우리가 충분히 마셨다는 듯이 생수의 잔을 내려놓지 않는다는 점을 강조하기 원한다. 우리는 배가 불렀다는 듯이 하늘의 떡 덩어리를 옆으로 밀어두지 않는다. 우리는 이제 영광을 충분히 보았다는 듯이 세상의 빛을 커튼으로 가리지 않는다. '믿음'은 그렇게 하지 않는다.

믿음은 끊임없이 받고 끊임없이 오는 것이다. 그리스도께서는 우리 영혼을 위해 자신을 음료와 음식과 빛으로 항상 주신다. 우리는 항상 입술을 그 잔에 대고, 혀를 그 떡에 대며, 눈을 그 빛에 둔다. 그리스도 안에서의 삶은 가득 찬 주전자 옆에 놓인 가득 찬 컵 같은 것이 아니다. 그 삶은 포도나무와 가지의 관계와도 같다. "나는 포도나무요 너희는 가지라 그가 내 안에, 내가 그 안에 거하면 사람이 열매를 많이 맺나니 나를 떠나서는 너희가 아무 것도 할 수 없음이라"(요 15:5). 믿음은 포도나무에 달린 가지가 하는 일이다. 믿음은 마신다. 먹는다. 멈추지 않는다. 믿음은 거한다. 영원토록.

우리는 요한이 '믿음'이라는 단어보다 '믿다'라는 단어를 더 좋아하는 이유에 대해 더 많은 것을 보고 말할 수 있다. 나는 요한이 구원하는 믿음을 매일, 영원히 경험할 수 있다고 말했다는 점이 얼마나 기쁜지 모른다.

놀랍지 않은 4부의 내용

거듭 말하지만, 이 책에서 믿음을 일반적으로 설명하고(2부) 믿음은 보배를 받아들이는 것이라고 설명할 때(3부) 구원하는 믿음의 정서적인 본질이 너무 일찍 끼어들었다. 그래서 4부의 목적은 그런 침범이 정당했음을 보여 주는 것이었다.

- 구원하는 믿음이 천국을 얻기 위해 기쁨으로 모든 것을 파는 것과 같다면(마 13:44),
- 구원하는 믿음이 우리의 가장 소중한 가족보다 예수님을 더 사랑하는 것을 의미한다면(마 10:37),
- 구원하는 믿음이 불안을 물리친다면(마 8:26),
- 구원하는 믿음이 의심을 물리친다면(마 14:31),
- 구원하는 믿음이 세상을 유업으로 받는다는 약속을 받아들이는 것이라면(롬 4:13, 20),
- 구원하는 믿음이 그리스도 안에 있는 하나님의 영광을 보는 것이라면(고후 4:6),
- 구원하는 믿음이 바라는 기쁨의 현재적 실현이라면(히 11:1; 12:2),
- 구원하는 믿음이 예수님을 다른 모든 특권보다 더 가치 있게 아는 것이라면(빌 3:8),

그렇다면 4부에서 구원하는 믿음이 다음과 같다는 것을 보고 우리는 놀랄 것인가? 구원하는 믿음은,

- 보배이신 그리스도를 받아들이는 것일 뿐만 아니라, 그리스도를 보배롭게 여기는 것이다(히 11:25-26).
- 우리 앞에 놓인 기쁨이 있다는 사실에 동의하는 것일 뿐만 아니라, 그 기쁨의 실상을 지금 맛보는 것이다(히 11:1).

- 복음의 진리를 아는 것일 뿐만 아니라, 복음의 진리를 사랑하며 불의보다 그리스도께 더 큰 기쁨을 발견하는 것이다(살후 2:10-12).
- 육신의 정욕과 안목의 정욕보다 우리 하나님 아버지가 더 좋다고 확언하는 것일 뿐만 아니라, 하나님의 계명에 대한 세상의 혐오를 이겨내기 위해 실제로 그분을 사랑하는 것이다(요일 5:3-4).
- 그리스도께서 생명의 떡이요 생수이심을 깨닫는 것일 뿐만 아니라, 영혼이 만족하도록 먹고 마시는 것이다(요 6:35).

그렇다. 놀라지 말아야 한다. 이것이 하나님이 성경에서 말씀하시는 것이기 때문이다.

What is Saving Faith?

5부

이 믿음은 복음을 어떻게 전하는가?
: 전도와 회개와 확신에 대한 성경적 이해

예수님 그분 자체를 가장 즐거워하며 전한다
보배를 받아들이는 비용을 계산하도록 한다
보배를 거부하는 대가에 대해 경고한다
회개는 보배가 바뀌는 마음의 혁신이다
정서적인 믿음을 권하는 것이 가능한가?
정서적인 믿음은 확신을 약화시키지 않는가?

이 책의 핵심인 성경 해석을 마쳤다. 이제 구원하는 믿음에 대한 정의를 요약하여 제시하려 한다. 어쨌든 이 책의 제목은 『존 파이퍼의 구원하는 믿음』(What is Saving Faith?)이 아닌가? 나는 기꺼이 그렇게 하려고 하지만, 내가 정확한 정의를 내릴 수 있기 때문은 아니다. 내가 책에서 읽거나 직접 써본 모든 정의는 불충분하다.

나는 이미 "믿음은 측량할 수 없는 그리스도의 영광에 이성적으로, 그리고 정서적으로 반응하며 그 영광을 반영하는 살아 있는 실재로서, 우리가 완벽하게 정의하거나 설명할 수 있다고 생각하는 것은 어리석은 일"이라고 말했다(참조. 12장 주2). 내가 구원하는 믿음을 정의하는 논문(문장은 고사하고)이 아니라 책을 쓴 이유가 이 때문이다. 정의를 내리려는 모든 시도(책을 길게 쓰더라도)는 우리가 구원하는 믿음이라고 부르는 실제 경험의 중요한 측면들을 놓치곤 한다. 그렇지만 나는 다음과 같이 정의한다.

구원하는 믿음의 정의 요약

구원하는 믿음은 하나님이 주시는 인간 마음의 행위로서, 하나님이 그리스도 안에서 우리를 위해 하셨고 우리에게 베푸시는 모든 것과 함께 예수 그리스도를 가장 귀한 보배로 받아들이는 행위이다.[1] 내가 감히 이런 정의를 내리는 이유는 내 용어가 매우 광범위해서 내가 언급하지 않은 광대하고 영광스러운 실재들도 포함할 수 있기 때문이다.

- '받아들이다'라는 단어는 믿고, 신뢰하고, 껴안고, 마시고, 먹고, 쉬고, 기대하고, 바라고, 만족하고, 기뻐하고, 즐거워하고, 보배롭게 여기는 등 마음의 무수한 변이를 모두 포함한다.

- '가장 귀한 보배로'라는 말은 그리스도의 모든 탁월하심(보배로우신 주님, 보배로우신 구주, 보배로우신 왕, 보배로우신 지혜와 의, 구속, 조력자, 인도자, 친구, 물, 음식, 빛 등)에 무한한 가치를 부여할 수 있게 한다.

- '예수 그리스도'라는 말은 그리스도를 가장 귀하게 받아들여지고 보배로우신 분으로서 중심에 놓는다. 그리스도께서는 보배이시며 모든 좋은 것의 총합이시다.

- '하나님이 그리스도 안에서 우리를 위해 행하셨고 우리에게 베푸시는 모든 것과 함께'라는 말은 가장 영광스러우면서도 불만스러운

---

[1] 여기서 '마음'은 영적인 정서의 기관에 국한되지 않고 생각을 일으키는 마음의 성경적인 기능도 포함한다(마 15:19).

개괄적인 진술이다. 이 말은 그리스도께서 그분의 삶과 십자가, 부활, 승천에서 이루신 모든 것을 포함한다. 또한 그리스도께서 지금 하늘에서 중보로 이루고 계시는 모든 것을 포함한다. 그리고 그리스도께서 재림과 영원한 통치에서 이루실 모든 것을 포함한다. 이 말은 하나님이 그리스도 안에서 '하신' 모든 일뿐만 아니라 하나님이 그리스도 안에서 우리를 위해 '하시는' 모든 일(하나님 자신만큼이나 광대하고 만족을 주는 것)을 포함한다.

- '그리스도 안에서'라는 말은 아버지 하나님이 어떤 분이시며 우리를 위해 어떤 일을 행하시는지와 아들 하나님이 어떤 분이시며 우리를 위해 어떤 일을 행하시는지를 영원히 끊을 수 없게 결합한다. 아들이 베푸시는 은택과 기쁨 중에 아버지가 베푸시는 은택과 기쁨이 아닌 것이 없다.

구원하는 믿음의 의미가 너무나 광대해서 어린아이나 성경 이야기를 거의 모르는 사람이 경험할 수 있는 수준을 넘어선다는 데 낙담해야 할까? 아니다! 왜냐하면 기독교 신앙의 모든 회심(가장 단순한 어린아이부터 박사까지)은 지식의 범위와 반응의 강도가 제한적이면서 다양하기 때문이다. 회심하는 데는 성령님이 그리스도와 그분의 구원 사역을 진정으로 보게 하셔서 구원하는 믿음을 일깨우실 수 있을 정도의 복음이면 충분하다. 구원하는 믿음은 어느 정도의 진리가 전해지든 그리스도를 받아들이며 보배롭게 여긴다. 이러한 갓난아이 같은 믿음의 진정성은 그리스도의 진리 되심과 아름다우심의 모든 새로운 풍경을 기쁘게 환영하는 것으로 증명된다.

여섯 가지 함의

이제 이 책의 범위에서 내가 해야 할 일은 우리가 살펴본 것이 담고 있는 여섯 가지 함의를 설명하고(5부), 마지막으로 우리가 발견한 것들을 하나님의 영광 및 창조의 궁극적인 목적과 연관시키는 것(결론)이다. 그 함의들은 다음 여섯 가지 질문과 관련이 있다.

1. 구원하는 믿음이 그리스도를 가장 귀한 보배로 여기는 정서적인 받아들임이라면, 우리는 전도할 때 어떤 방식으로 그런 믿음을 요구할 수 있는가? 사람들을 어떻게 이런 경험으로 인도할 수 있는가?

2. 구체적으로, 그리스도를 따르기 전에 제자가 되는 '비용을 계산'해 보라는 그리스도의 요구(눅 14:28)는 어떻게 이해해야 하는가? 이 요

구는 그리스도를 보배롭게 여기는 영적인 정서를 일깨우는 믿음에 부합하는가?

3. 불신자에게 임박한 심판을 경고하는 성경의 본은 어떠한가? 그런 경고가 어떻게 그리스도에 대한 '따스한 받아들임'을 불러일으킬 수 있는가?

4. 회개란 무엇이며, 그리스도를 보배로 받아들이는 것과 어떤 관련이 있는가? 그리스도께로 향하는 구원 얻는 회심에는 회개가 꼭 필요한가?

5. 이것이 회심을 근본적으로 불가능하게 만들지는 않는가? 전도할 때 우리가 '결단'을 요청하는 것은 가능성이 있어 보인다. 그러나 영적인 '정서'를 불러일으키는 것은 가능성이 희박해 보인다.

6. 마지막으로, 믿음의 싸움에서 귀중한 확신의 경험을 약화시키지는 않았는가? 정서는 곧잘 변하고 오르락내리락하는데, 우리가 그리스도께 속해 있다는 확신을 어떻게 항상 누릴 수 있는가?

이제 이 책의 남은 각 장에서 이 질문들을 하나씩 다루어보자.

21장

예수님 그분 자체를
가장 즐거워하며 전한다

이 책에 대한 나의 간절한 기도 가운데 하나는 하나님이 이 책을 사용하셔서 우리가 다른 사람들을 그리스도에 대한 구원하는 믿음으로 부르는 일에 더 많은 열매를 맺게 하시는 것이다. 나는 우리가 전도할 때 사람들을 어디로 부르는지 성경을 통해 설명하려고 노력했다. 그렇다면 이 책은, 우리가 카페에서 개인적인 대화를 나누거나 예배 중의 설교나 노방 전도를 통해 다른 사람들을 그리스도께로 인도하는 데 어떤 의미를 지닐까?

그리스도의 탁월하심을 말하라

바울은 디모데에게, 그리고 모든 목회자와 장로들에게 "전도자의 일을 하"라고 말한다(딤후 4:5). 그리고 베드로는 이 명령을 모든 그리스도인에게로 확대한다. "너희는 택하신 족속이요 왕 같은 제사장들이요 거룩한 나라요 그의 소유가 된 백성이니 이는 너희를 어두운 데서 불러 내어 그의 기이한 빛에 들어가게 하신 **이의 아름다운 덕을 선포하게 하려 하심이라**"(벧전

2:9). 세 구절 뒤에서 베드로는 이 선포의 목적은 우리의 선한 행실로 장식된 그리스도의 탁월하심이 다른 사람들을 이끌어 "[하나님이] 오시는 날에 하나님께 영광을 돌리게 하려"는 것이라고 말한다(벧전 2:12).

'복음 전도자'(evangelist)와 '복음 전도'(evangelism)라는 말은 '복음'이나 '좋은 소식'을 뜻하는 헬라어 '유앙겔리온'(εὐαγγέλιον)에서 나온 영어단어 '복음'(evangel)이라는 말에서 나왔다. 복음을 전하는 것은 좋은 소식을 선포하는 것이다. 우리는 그리스도를 믿으라고 불신자들을 부름으로써 좋은 소식을 선포한다. 또한 신자들을 복음에 대한 더 깊은 이해와 믿음과 삶으로 부름으로써 좋은 소식을 선포한다. 신자들의 임무가 "너희를 어두운 데서 불러 내어 그의 기이한 빛에 들어가게 하신 이의 아름다운 덕을 선포"하는 것이라는 베드로의 말은 복음 전도를 설명한 것이었다. 왜냐하면 좋은 소식은 가장 본질적으로 인격의 탁월함이 충만하시고 성취하신 일들이 완전하신 그리스도를 전하는 것이기 때문이다.

복음의 최고선이신 그리스도

이는 복음 전도가 그리스도의 영광에서 정점에 이르는 것을 추적해보면 알 수 있다. 바울은 거듭해서 복음을 "그리스도의 복음"이라고 부른다(롬 15:19; 고후 9:13; 10:14; 갈 1:7; 빌 1:27; 살전 3:2). 그리스도의 복음은 그리스도께서 가져오시고 전파하신 복음이다. 그것은 그리스도께서 곧 최고의 선물이자 보배이신 복음이다.

바울은 자신의 복음 전파를 설명할 때 단순하게 "우리는…… **그리스도를 전하니**"라고 말한다(고전 1:23). 자신이 복음 전파를 위해 부르심을 받은 일을 설명할 때는 "나에게 이 은혜를 주신 것은 **측량할 수 없는 그리스도의 풍성함**을 이방인에게 전하게" 하시려는 것이라고 말한다(엡 3:8). 그리고 불신자들이 알지 못하도록 사탄이 가린 복음의 내용을 설명할 때는 "하나님의 형상이신 **그리스도의 영광을 선포하는 복음의 빛**"라고 말한다(고후 4:4, 새번역). "그리스도의 영광"은 좋은 소식 가운데 가장 좋은 소식이다. 우리는 이 그리스도의 영광을 보고 맛보며 거기에 참여한다. "이를 위하여 우리의 복음으로 너희를 부르사 **우리 주 예수 그리스도의 영광을 얻게** 하려 하심이니라"(살후 2:14).

그리스도의 복음의 가장 큰 선물은 그리스도이시며, 하나님이 그리스도 안에서 우리에게 베푸시는 모든 것이다.

그리스도께서 이루신 일과 풍성하심

당연히 죄를 용서받지 못한 죄인은 누구도 그리스도를 모시기를 기대할 수 없다. 우리는 반드시 죄에서 구원받아야 한다(마 1:21). 그러기에 복음은 "너희의 구원의 복음"이라고 불린다(엡 1:13). 그리스도의 측량할 수 없는 풍성하심은 "그의 은혜의 풍성함을 따라 그의 피로 말미암아 속량 곧 죄 사함"을 받은 것을 포함한다(엡 1:7).

이런 은혜의 풍성함은 또한 영생과 기쁨이라는 선물을 포함한다. 따라서 하나님이 자기 백성을 그리스도 예수 안에서 살리시는 것은 "그리스도 예수 안에서 우리에게 자비하심으로써 그 은혜의 지극히 풍성함을 오는 여러 세대에 나타내려 하심"이다(엡 2:7). 우리의 구원을 이루시기 위한 그리스도의 모든 것과 행하시는 모든 일은 그리스도의 측량할 수 없는 풍성하심을

영원히 누리는 데서 절정에 도달하며, 이는 그리스도에 대한 좋은 소식에 포함되어 있다.[1]

그러므로 우리가 전도할 때, 즉 복음을 선포하거나 이웃과 나눌 때, 우리는 가장 본질적이고 궁극적으로 사람들에게 '그리스도', 즉 그리스도 그분 자체를 전한다. 분명히 우리는 큰 기쁨으로 죄 사함(행 10:43)과 하늘 법정에 서의 칭의(롬 8:30), 하나님과의 화평 및 하나님의 진노로부터의 자유(롬 5:1; 살전 1:10), 죽음의 두려움에 대한 승리(히 2:14), 새롭고 영광스러운 몸으로의 부활(빌 3:21), 영생(요 3:16), 성령님의 내주하심과 인치심(롬 8:11; 엡 1:13), 하나님의 아들과의 교제(고전 1:9), 삶의 가장 큰 목적(고후 5:15), 확실한 소망(골 1:5), 표현할 수 없는 기쁨(벧전 1:8)을 전한다. "그리스도의 풍성함"은 다함이 없다. 우리가 전도하면서 복음을 나눌 때마다 이것들을 다 언급할 수는 없다. 그러므로 우리는 그리스도의 풍성한 보물 상자에서 수많은 복음의 선물들 가운데 무엇을 꺼내야 할지 분별하게 해달라고 기도해야 한다.

전도는 그리스도와 그분 안에 있는 모든 것을 전하는 것이다

우리가 좋은 소식의 선물들을 보여주기 위해 온갖 노력을 기울일 때 필수적으로 전해야 하는 것은 그리스도이다. 그리스도 안에는 모든 보화가 감추어져 있다. 우리가 그리스도를 가지면, 우리는 그리스도께서 우리에게 베푸시는 모든 것과 우리를 위해 이루신 모든 것을 갖게 된다. 우리의 전도 대상이 그리스도를 받아들이면, 그는 자기가 그리스도 안에서 받아들인 충

---

[1] 그리스도 안에서 하나님 자신이 복음의 가장 위대하고 좋은 선물이시라는 사실에 대한 더 자세한 설명과 증거는 다음을 보라. John Piper, *God Is the Gospel: Meditations on God's Love as the Gift of Himself* (Wheaton, IL: Crossway, 2005); 존 파이퍼, 『하나님이 복음이다』, 전의우 역, IVP.

만함을 발견하면서 영원토록 기쁨을 누릴 것이다. 웨스트민스터신학교에서 오랫동안 신학 교수로 재직한 존 머리(John Murray, 1898-1975)는 전도와 복음을 값없이 전하는 일에 대해 이렇게 설명했다.

전해지는 분은 그리스도이시다. 더 엄밀히 말하면 **그분이** 자신을 전하신다. 구속의 은혜의 전 범위가 포함된다. 그 모든 측면에서, 그리고 절정에 이른 영광의 극치에 있어서 구원은 서곡이다. 그리스도께서 모든 것의 구현이시기 때문이다. 그리스도의 사람들은 그분 안에서 완전해지며, 그리스도께서는 하나님에게서 나와서 그들에게 지혜와 의와 거룩함과 구원함이 되신다. 그리스도께서 우리를 그분께로 초대하실 때 그것은 그리스도 그분 자체를 소유하고, 따라서 주님과 구주로서 그분의 정체성을 규정하는 모든 것을 소유하라는 것이다.[2]

복음에서 전해지는 것은 그리스도이시다. 다른 모든 복은 그리스도 안에 있다. 우리가 그리스도를 받아들이면, 우리는 다른 모든 복을 소유한다. 그리스도는 모든 사람에게 값없이 주어진다. 그리스도께서는 자기에게 오는 모든 사람에게 자신을 주신다. 그리스도께서는 자신을 값없이 주시며, 누구든지 그 제공 조건을 충족시키는 사람에게는 자신을 주기를 결코 거부하지 않으신다.

---

2) John Murray, "The Atonement and Free Offer of the Gospel," in *Collected Writings of John Murray*, vol. 1, *The Claims of Truth* (Carlisle, PA: Banner of Truth, 1976), 82; 강조는 원본의 것. 이어지는 내용은 내 책의 다음 장에서 가져온 여러 단락을 고쳐 쓴 것이다. "'My Glory I Will Not Give to Another,' Preaching the Fullness of Definite Atonement to the Glory of God," in *From Heaven He Came and Sought Her: Definite Atonement in Historical, Theological, and Pastoral Perspective*, David Gibson과 Jonathan Gibson 편집 (Wheaton, IL: Crossway, 2013), 633-67.

누구든지!

그렇다면 이 조건들은 무엇일까? 곧 그리스도를 믿는 것, 그리스도를 영접하는 것이다.

"영접하는 자 곧 그 이름을 믿는 자들에게는 하나님의 자녀가 되는 권세를 주셨으니"(요 1:12).

"[누구든지] 그를 믿는 자는 심판을 받지 아니하는 것이요"(요 3:18).

"[누구든지] 아들을 믿는 자에게는 영생이 있고"(요 3:36; 6:47).

"[누구든지] 내게 오는 자는 내가 결코 내쫓지 아니하리라"(요 6:37).

"[누구든지] 내게 오는 자는 결코 주리지 아니할 터이요 나를 믿는 자는 영원히 목마르지 아니하리라"(요 6:35).

"[누구든지] 나를 영접하는 자는 나를 보내신 이를 영접하는 것이니라"(요 13:20; 참조. 마 10:40).

"[누구든지] 나를 믿는 자는 죽어도 살겠고"(요 11:25).

"주 예수를 믿으라 그리하면 너와 네 집이[네가] 구원을 받으리라"(행 16:31).

전도할 때 우리는 이 모든 광범위한 '누구든지'를 진지하게 대한다. 우리는 그리스도의 모든 영광과 모든 구원의 은택과 함께 그리스도를 모든 사람에게, 그리고 믿게 될 누구에게나 전한다. 우리는 차별하지 않는다. 택하심을 받은 사람이 누구인지 분간하려고 하지 않는다. 하나님이 부르신 증거를 찾으려고 하지 않는다. 인종이나 민족, 계급, 성별, 교육 수준, 재산, 죄의 정도에 따라 편애하지 않는다.

우리는 모든 사람에게 차별 없이 선포한다. "그리스도를 영접하십시오, 그러면 당신의 죄가 덮어질 것입니다. 그리스도를 받아들이십시오, 그러면 정죄를 받지 않을 것입니다." 우리는 간청하고 애원하며 바울과 함께 이렇게 말한다. "우리가 그리스도를 대신하여 사신이 되어 하나님이 우리를 통하여 너희를 권면하시는 것 같이 그리스도를 대신하여 간청하노니 너희는 하나님과 화목하라"(고후 5:20). 우리는 가능하다면 눈물로 호소한다. "오십시오! 값없이 생명수를 받으십시오(참조. 계 22:17). 그리스도께서는 당신을 거절하지 않으실 것입니다. 그리스도의 모든 것이, 그리고 그리스도께서 죽음과 부활과 통치를 통해 이루신 모든 것이 당신의 것이 될 것입니다!"

모든 회심자는 자기가 아는 것 이상을 받아들인다

그리스도께로 새롭게 회심하는 사람이 그 순간에 하나님이 그들의 영원한 구원을 완전히 성취하신 일을 전부 알 필요는 없다(실제로 한꺼번에 다 알 수도 없지만). 그렇지만 우리는 전도할 때 그 사실을 전한다. 우리는 그리스도의 죽음이 그분의 백성을 위해 확보한 모든 은택을 전한다. 하나님이 창세 전에 그들을 선택하셨다(엡 1:4). 자녀 삼기로 예정하셨다(엡 1:5). 새 언약의 보혈로 그들의 신생과 믿음, 칭의, 성화, 견인과 영화를 결정적으로 값 주고 사셨으며 확보하셨다(눅 22:20). 그리스도께서 "다 이루었다"(요 19:30)라고 외치셨을 때, 그 언약이 택함 받은 자들을 위해 영원히 인침을 받고 확실해졌다. 그리스도께서 신부를 값 주고 사셨다(엡 5:25). 신부가 오는 것과 믿는 것과 그의 순종과 견인과 영원한 영광은 하나님의 신실하심과 그 아들의 보혈의 가치만큼이나 확실하다. 하늘에 있는 모든 복(엡 1:3), 즉 하나님의 모든 약속(고후 1:20), 합력하여 선을 이루는 모든 것(롬 8:28), 아끼지 않으시는 좋은 것(시 84:11), 그리고 마침내 죄 없이 모든 것을 만족시키는 교제를 하나님과 영원히 누리는 것(벧전 3:18), 이 모두가 전도를 통해 전해진다. 이 모두가 그리스도 안에 있기 때문이다. 그리스도께서는 우리가 복음을 선포할 때 전하는 것의 총합이시다. 그리스도께서 삶과 죽음과 부활을 통해 이 모두를 성취하셨다. 그리스도를 갖는다는 것은 이 모두를 갖는 것이다.

긍휼히 여김과 확신이 있는 세계 선교

명백한 사실이지만 분명히 밝히려 한다. 복음 전도에 대한 이 비전과 받는 사람 누구에게나 값없이 전하는 이 복음은 우리가 긍휼히 여기는 마음과 확신을 가지고 세계 선교라는 위대한 사역에 뛰어들게 한다. '긍휼히 여김'이 있어야 하는 이유는 우리 자신이 큰 사랑을 받았기 때문이다. 그리고 다른 사람들도 이 위대한 구원에 동참하기를 갈망하는 마음을 하나님이 우리 안에 넣어 주셨기 때문이다. '확신'이 있어야 하는 이유는 영적으로 죽은 사람을 살리는 복음의 능력이, 아무리 반대가 심하더라도 사람들로 믿게 하는 복음의 능력이, 속죄 자체에 담겨 있기 때문이다.

그리스도의 눈부신 인격과 십자가의 놀라운 업적은 우리에게 전 세계의 미전도 종족에 대한 열정을 품게 한다. 우리는 모든 종족 모든 사람에게 하나님이 당신을 사랑하시며, 그리스도 안에서 가장 큰 구속을 베푸셔서 하나님 자신과 영원히 모든 것을 만족시키는 교제를 누리게 하셨다고 말하기를 주저하지 않는다(요 3:16). 이 메시지와 제안은 지구상 모든 사람에게 유효하고 진실하다. 숨이 막힐 정도로 영광스럽다. 어떻게 이 소식을 세상 모든 사람, 모든 민족에게 전하고 싶지 않을 수 있겠는가?

'보배'를 언급하지 않아도 되는가?

이 시점에서 누군가가 이렇게 물을 수 있다. "왜 복음 제시에서는 '보배'라는 말을 사용하지 않습니까? 그리스도를 믿는 것과 그리스도를 영접하는 것에 대해 반복해 언급하면서도 '그분을 당신의 보배로 믿으십시오'라거나 '그분을 당신의 보배로 받아들이십시오'라고 말한 적이 한 번도 없는데, 왜입니까?" 두 가지 이유 때문이다.

1. 단지 말을 하기보다 실재를 보아야 한다

이 책의 주된 목표는 우리가 전도할 때 사용하는 말을 바꾸는 것이 아니다. 우리가 실재를 보는 방식을 바꾸는 것이 목표이다. 그러면 적절한 말은 따라 나오게 되어 있다. 또한 말은 복음 제시마다 다를 수 있다.

내가 분명히 밝히려고 하는 실재는 그리스도께서 복음의 중심이시자 최대의 선이시라는 사실이다. 그리스도께서는 모든 좋은 것의 총합이시다. 그리스도께서 곧 지극히 위대하고 영광스럽고 가치 있는 모든 좋은 것'이시며', 그분은 자신의 죽음과 부활을 통해 모든 좋은 것을 '확보하셨다.' 그러므로 그리스도께서는 그 자체로 무한히 소중하며 바람직하고 만족스러운 분이시다. 그리스도 '자체'가 우주와 복음의 가장 귀한 보배이시다.

구원하는 믿음, 즉 구원을 위해 믿고 받아들이는 것은 그리스도 자체를 믿고 받아들이는 것이다. 구원하는 믿음은 그리스도를 다른 귀한 것을 얻는 데 유용한 도구로 보지 않는다. 구원하는 믿음은 그리스도 자체를 바라본다. 즉 그리스도를 가장 영광스러우시며(고후 4:4), 모든 것을 만족시키시는(요 6:35) 분으로 본다. 구원하는 믿음은 말할 수 없을 만큼 가치 있는 복음의 모든 선물 가운데 그리스도를 가장 귀한 보배로 받아들인다.

이것이 이 책에서 내가 분명히 하려는 '실재'이다. 나는 다양한 문화와 언어를 가진 무수한 개인과 미전도 종족 가운데 이루어질 수많은 복음 제시에서 '이 실재를 어떻게 표현해야 할지' 감히 제시하지 않으려 한다. 언어는 중요하다. 하지만 실재는 더 중요하다. 그리고 진실한 사람들의 경우에는 실재가 언어 선택을 지배한다. 실재를 보고 사랑하며 다른 사람들이 그 실재를 받아들이기를 보기 갈망하는 사람은 복음 전도의 모든 상황에서 진실하고 도움이 되는 말을 찾기 위해 기도하면서 성경적으로 노력할 것이다.

2. 달다는 말보다 달콤함을 맛보는 것이 낫다

"그리스도를 '당신의 보배로' 받아들이라"라는 표현을 '고집하지' 않은 두 번째 이유는 사람들이 자신의 믿음을 설명하기 위해 새로운 표현을 받아들이게 하는 것이 전도의 목표가 아니기 때문이다. 전도의 목표는 사람들이 신생이라는 '기적'을 경험하게 하는 것이다. 이 기적을 통해 그들의 마음은 그리스도의 아름다우심과 가치와 바람직하심을 실제로 맛보게 될 것이다. 이를 맛보는 것이 그 맛을 말로 표현하는 것보다 훨씬 더 중요하다.

우리는 "꿀은 달콤하다"라는 문장을 배우는 것보다 꿀을 달콤하게 맛보는 것이 더 중요하다. "꿀은 달콤하다"라는 문장은 알지만 꿀을 맛보지 못한 사람보다, 그 문장을 전혀 듣지 못했지만 꿀을 맛본 사람이 꿀의 달콤함을 더 즐길 수 있다. "구원하는 믿음은 그리스도를 가장 귀한 보배로 받아들이는 것입니다"라는 문장을 전혀 듣거나 말하지 않고서도 그리스도를 지극히 가치 있고 만족스러운 분으로 영접함으로써 완전히 구속받고 변화될 수 있다.

물론 꿀이 달콤하다고 말하는 것은 사람들이 그 달콤함을 맛보고 경험하는 데 도움이 될 '수' 있다. 사람들에게 그리스도께서 보배시라고 말하는 것은 그리스도를 보배로 경험하는 데 도움이 될 '수' 있다. 하지만 자연적인 감정과 영적인 정서는 일반적으로 그렇게 작용하지 않는다. 좋아하지 않는 음식을 맛있게 먹으라고 말한다고 해서 그 음식이 좋아지는 것은 아니다. 일반적으로 불신자에게 그리스도께서 위대하고 만족스러운 보배시라고 말하는 '자체'가 그리스도를 보배롭게 여기는 마음을 일으키지는 않는다. 그래서 나는 우리가 복음을 어떻게 선포할 것인지 설명하려고 노력하기 위해 그리스도께서 '얼마나' 위대하신지, 그분이 실제로 이루신 일이 무엇인지 구체적인 사항을 일부 설명하려고 노력했다.

사람들에게 꿀은 달콤하다고 말하는 것, 그리스도께서는 보배시라고 말하는 것은 좋은 일이다. 그러나 사람들이 꿀을 맛보게 하는 것, 그리고 그리스도의 영광의 귀중하고 구체적인 사항들과 그분이 복음에서 제안하시는 놀라운 세부 내용들을 사람들에게 말하는 것은 더 좋은 일이다. 내가 하는 말을 오해하지 말기 바란다. "그리스도를 보배롭게 여기다", "그리스도를 소중히 여기다", "그리스도 안에서 만족하다"와 같은 사실상의 정서적인 표현을 사용하는 것은 사람들이 실재를 놓치고 있을지도 모른다는 사실을 일깨우는 데 매우 도움이 될 수 있다고 생각한다. 그러나 내가 여기서 강조하는 것은 우리가 누군가에게 그리스도께서 보배시라고 말하는 것이 '그리스도를 보배로 경험하는' 현실을 반드시 불러일으키지는 않는다는 사실이다. 오히려 우리가 구체적으로, 그리고 실제로 그리스도의 아름다우심과 위대하심과 가치를 설명할 때, 특히 우리 자신이 그리스도 안에서 진정한 만족을 누리는 것을 사람들이 볼 때 더 자주 사람들이 그런 경험을 하게 될 것이다.[3]

항상 그리스도를 보배로 보여주어야 한다

우리의 전도는 내용과 태도에 있어 그리스도를 가장 가치 있는 분으로 보여주는 것을 목표로 해야 한다. 전도할 때 우리는 '항상' 그리스도를 가장 귀한 보배로 보여줄 것이다. 때때로 우리는 사람들에게 "그리스도를 보배롭게 여기세요!"라고 말할 것이다. 이렇게 '말하는 것'은 유용하다. 그러나 그리스도께서 보배시라는 것을 '보여주는 일'은 항상 유용하다. 말은 매우 중요하지만, 실재는 가장 중요하다.

우리가 그리스도의 인격의 어떤 측면을 강조하든지, 또는 복음의 어떤 선물을 제시하든지, 우리는 가장 큰 보배이신 그리스도 그분께 관심을 기울이게 하는 성경의 충실한 표현을 사용해야 한다. 만일 우리가 '용서'의 달콤함에 대해 말한다면, 그 용서를 달콤하게 만드는 주된 요인이, 깨끗한 양

---

[3] 나는 여러 해 전에 그리스도의 영광을 구체적으로 나누어야겠다는 이런 부담감을 절실히 느껴서 *Seeing and Savoring Jesus Christ* (Wheaton, IL: Crossway, 2001); 『예수님이 복음입니다』 (송용자 역, 부흥과개혁사, 2008)라는 짧은 책을 썼다. 이 책의 배경이 되는 확신이 내가 지금 여기서 말하는 것이다. 즉 사람들이 그리스도를 가장 귀한 보배로 자각하려면 단지 그분이 '계신다'는 것만 아니라 '어떠하시다'는 것을 들어야 한다.

심이나 지옥에서 벗어남이 아니라(물론 이것들도 헤아릴 수 없이 귀하지만!) 죄책감 없이 갖는 예수님과의 교제(고전 1:9)와 하나님 그분을 누리는 즐거움에 이르는 것(벧전 3:18)임을 분명히 하자. 만일 우리가 '영생'과 고통이 없는 '부활의 몸'에 대해 말한다면, 그 새로운 몸이 귀중한 주된 이유는 불타는 일 없이 하나님의 영광을 보고 즐거워하기에 적합한 몸이기 때문이며, 또한 하나님 우편에서 영원한 즐거움을 누리는 데 방해받지 않도록 고통이 없는 몸이기 때문인 것을 분명히 하자(시 16:11).

새로운 표현이 아니라 새로운 출생이 목표이다

내가 어떻게 전도할 것인지를 설명하며 이 책의 중심 표현, 즉 구원하는 믿음은 그리스도를 가장 귀한 보배로 받아들이는 것이라거나 구원하는 믿음은 하나님이 그리스도 안에서 우리에게 베푸시는 모든 것을 보배롭게 여기고 즐거워하며 만족스러워하는 것이라는 말을 항상 사용하라고 주장하지 않는 이유는 바로 이 두 가지 때문이다. 내 목표는 근본적으로 점점 더 많은 사람이 '보배롭게 여기다'라는 표현을 사용하는 것이 아니라, '실제로' 그리스도를 가장 '보배롭게 여기는' 사람이 점점 더 많아지는 것이다. 나는 이 표현이 유용하다고 생각한다. 이 표현이 제자리를 찾을 것으로 생각한다. 하지만 그것이 목표는 아니다. 목표는 명목상의 그리스도인이 아닌 진정한 그리스도인이다. 목표는 단지 새로운 표현이 아니라 새로운 출생이다. 목표는 단지 그리스도께서 보배로우시다고 말하는 입이 아니라 그리스도를 보배롭게 여기는 마음이다.

22장

보배를 받아들이는 비용을 계산하도록 한다

우리의 복음 전도가 "측량할 수 없는 그리스도의 풍성함"(엡 3:8)을 보여주는 것이 주가 되어야 한다는 것이 내 생각이지만(보배를 보여주는 것이 보배롭게 여기는 마음을 불러일으키는 최선의 방법이기 때문에), 이는 (1)비용을 계산하라는 요청과 (2)경고, (3)회개하라는 명령을 배제하지 않는다. 예수님과 사도들은 전도할 때, 그리고 구원하는 믿음을 제시하려고 노력할 때 이 세 가지를 모두 사용했다. 그러므로 나는 이렇게 묻고 싶다. "이 책의 요점은 복음 전도의 이 세 가지 전략과 어떤 관련이 있는가?" 다음 세 장은 이 세 가지를 하나씩 다룬다.

그리스도를 따르는 비용에 대한 바울의 고백

바울은 복음을 전할 때 "측량할 수 없는 그리스도의 풍성함"을 찬미했을 뿐만 아니라 그리스도를 영접하면 환난을 겪게 될 것이라고 분명히 밝혔다. 다시 말해 바울은 사람들이 그리스도를 따르는 비용을 계산해보기를 원했다. 우리는 바울이 새신자들에게 이런 말을 했다는 것을 알고 있다. 바울과 바나바가 최근에 개척한 어린 교회들을 견고히 세우고자 돌아왔을 때, 누가는 그들이 "돌아가서 제자들의 마음을 굳게 하여 이 믿음에 머물러 있으라 권하고 또 **우리가 하나님의 나라에 들어가려면 많은 환난을 겪어야 할 것이라**"(행 14:21-22)고 말했다고 전한다. 마찬가지로 바울도 디모데에게 "무릇 그리스도 예수 안에서 경건하게 살고자 하는 자는 박해를 받으리라"(딤후 3:12)고 말했다.

그런데 바울이 전도 초기부터 이런 메시지를 전했다고 생각할 충분한 근거가 있다. 데살로니가에 새로 세워진 교회에 편지를 썼을 때 바울은 디모데를 그들에게 돌려보내며 이것은 "너희를 굳건하게 하고 너희 믿음에 대하여 위로함으로 아무도 이 여러 환난 중에 흔들리지 않게 하려 함이라 **우리가 이것을 위하여 세움 받은 줄을 너희가 친히 알리라**"(살전 3:2-3)고 말했다. 다시 말해 바울은 그들이 무엇을 예상해야 하는지 처음부터 말해주었다. 바울이 그리스도인이 되는 비용을 감춰서 사람들을 꾀어내려 했다고 생각할 근거가 전혀 없다. 바울은 새로운 신자들에게도 그 점을 분명하고 확실하게 밝혔다.

예수님은 미끼를 던져 낚아채지 않으신다

회심자들에게 비용을 계산하라고 권면한 바울의 본보기는 예수님이 전도하실 때 비용에 대해 솔직히 말씀하신 것에 비추어볼 때 놀라운 일이 아니다. 가장 눈에 띄는 본문은 누가복음 14장 25-33절이다.

"수많은 무리가 함께 갈새 예수께서 돌이키사 이르시되 무릇 내게 오는 자가 자기 부모와 처자와 형제와 자매와 더욱이 자기 목숨까지 미워하지 아니하면 능히 내 제자가 되지 못하고 누구든지 자기 십자가를 지고 나를 따르지 않는 자도 능히 내 제자가 되지 못하리라 너희 중의 누가 망대를 세우고자 할진대 자기의 가진 것이 준공하기까지에 족할는지 먼저 앉아 그 비용을 계산하지 아니하겠느냐 그렇게 아니하여 그 기초만 쌓고 능히 이루지 못하면 보는 자가 다 비웃어 이르되 이 사람이 공사를 시작하고 능히 이루지 못하였다 하리라 또 어떤 임금이 다른 임금과 싸우러 갈 때에 먼저 앉아 일만 명으로써 저 이만 명을 거느리고 오는 자를 대적할 수 있을까 헤아리지 아니하겠느냐 만일 못할 터이면 그가 아직 멀리 있을 때에 사신을 보내어 화친을 청할지니라 이와 같이 너희 중의 누구든지 자기의 모든 소유를 버리지 아니하면 능히 내 제자가 되지 못하리라."

예수님은 제자가 되기 위해 그분께 올 때 고려해야 할 네 가지 비용을 말씀하신다. (1)자기 가족을 미워함(26절), (2)자기 목숨을 미워함(26절), (3)자기 십자가를 짐(27절), (4)자신의 모든 소유를 버림(33절).

비용 계산에 대한 두 가지 단서

여기서 실제로 말하는 것이 무엇인지 알도록 두 가지 단서가 도와준다. 첫째로 예수님은 망대를 완공할 만큼 돈이 충분하지 않은 건축가와 전투에서 승리할 만큼 병사가 충분하지 않은 왕을 예로 들어 제자가 되는 비용을 설명하셨다. 그런데 이어서 "네가 가진 모든 것을 버리지 않으면 내 제자가 될 수 없다"(참조. 눅 14:33)라고 결론을 내리신다. 이상한 말씀이다. 이 예화는 "가진 것이 충분한가?"라고 물은 다음 "가진 것을 버리라"라고 말하기 때문이다. 이것이 단서다.

또 다른 단서는 이것이다. 예수님은 우리가 예수님의 제자가 되려면 자기 목숨을 미워해야 한다고 말씀하신 직후에 우리가 자기 십자가를 져야 한다고 덧붙이신다(눅 14:27). 이렇게 예수님은 우리가 그리스도께 나아올 때 자기 자신을 어떻게 대해야 하는지를 두 가지 방식으로 설명하신다. 하나는 미움이고, 다른 하나는 기꺼이 고난과 죽음을 감수하는 것이다. 나는 두 번째 단서를 가지고 첫 번째 단서를 설명하겠다. 다시 말해 자신에 대한 미움의 감정은, 특히 그것이 적대감을 느낀다는 평범한 의미를 나타낸다면, 거의 무익하다. 자신에 대한 분노와 적대감은 예수님을 섬기는 것이 아니다. 그러므로 예수님은 분명히 말씀하신다. "내가 말하는 '미움'은 네가 (내 제자로서) 나를 위해 자기를 미워하는 것처럼 보일 일들을 기꺼이 견뎌내는 것이다. 왜냐하면 세상은 단순히 네가 신화를 위해 목숨을 버린다고 생각할 것이기 때문이다."

그러므로 두 단서는 같은 방향을 가리킨다. 비용을 계산하라는 것은 "내 제자가 될 만큼 네가 이 세상에서 가진 것이 충분한가?"를 의미하지 '않는다.' 오히려 "미워하는 것처럼 보일지라도, 네가 가진 소중한 것들을 기꺼이 잃을 수 있는가?"를 의미한다. 그리스도를 따른다는 것은 종종 가족을 잃을 수도 있다는 뜻이다. 가족을 잃는 대가를 치르며 그리스도를 선택하는 것은 마치 가족을 미워하는 것처럼 보일 것이다. 또 그리스도를 부인하는 대신 투옥이나 처형을 선택하는 일은 자기 목숨을 미워하는 것처럼 보일 것이다.

내 안에서 충분한 보배를 가졌느냐?

예수님의 말씀대로 '구원하는 믿음'이 주님을 따르는 참 제자가 되는 유일한 길이라면(요 3:36; 11:25-26), 비용 계산에 대한 이 본문은 구원하는 믿음의 본질에 대해 우리에게 무엇을 말해주는가? 첫째로 이 본문은 구원하는 믿음의 내적인 역학 관계 일부를 설명하고 있다. 예수님은 구원의 길이 두 가지라는 듯 말씀하시며 자기모순을 일으키신 것이 아니다. 우리는 구원하는 믿음으로 예수님의 참 제자(유다 같은 제자가 아니라 요한 같은 제자)가 된다. 우리는 예수님을 우리 삶의 가장 귀한 보배로 받아들임으로써 예수님이 영원히 보존하시는 제자가 된다(눅 22:32; 요 10:27-28). 이것이 바로 구원하는 믿음이 하는 일이다. 이것이 바로 이 본문이 말하는 점이다.

망대 건축자가 가진 것이 완공하기에 "족할는지"(눅 14:28), 그리고 왕이 가진 병력이 이기기에 '족할는지'(눅 14:31) 물으실 때 예수님은 긍정적인 쪽을 가리키고 계신다. 네가 가진 것이 충분하냐? 무엇을 충분히 가졌느냐? 예수님은 이렇게 비유를 마무리하신다. "너는 네가 가진 모든 것을 포기해야 한다." 즉 자기 소유보다 예수님을 더 원해야 한다는 뜻이다. 이것이 논점이다. 이 비유는 자기희생에 대해 아무렇게나 하신 이야기가 아니다. 예수님을 따르고 구원받는 데 무엇이 필요한가 하는 이야기이다. 그리고 이야기의 요점은 예수님이 가족과 소유, 이 땅의 생명보다 더 가치 있으시다는 것이다.

"네가 가진 것이 충분하냐?"라는 질문은 이런 결론에 이른다. "너는 다른 보배들을 포기할 만큼 내 안에서 충분한 보배를 가졌느냐? 만일 네가 내 안에서 가장 귀한 보배를 발견하지 못했다면, 너는 아직도 내 제자가 될 준비가 되지 않은 것이다."

보배의 역전

다른 본문에서 예수님은 이것이 요점이라고 확인시켜 주신다. 예수님은 가족을 잃고 십자가를 지는 것을 가족보다 더 주님을 사랑하는 것으로 묘사하신다. 이제는 논점이 가족에 대한 '미움'이 아니라 예수님에 대한 더 큰 사랑이다.

"내가 온 것은 사람이 그 아버지와, 딸이 어머니와, 며느리가 시어머니와 불화하게 하려 함이니 사람의 원수가 자기 집안 식구리라 아버지나 어머니를 나보다 더 사랑하는 자는 내게 합당하지 아니하고 아들이나 딸을 나보다 더 사랑하는 자도 내게 합당하지 아니하며 또 자기 십자가를 지고 나를 따르지 않는 자도 내게 합당하지 아니하니라"(마 10:35-38).

나는 이 책의 14장에서 여기서 말하는 사랑이 우리에게 가장 소중한 사람들에 대한 사랑이라고 주장했다. 그리고 예수님께 "합당하다"는 것은 구원받을 자격이 있다는 뜻이 아니라 구원하시는 예수님의 용납을 받기에 적합한 대상이라는 뜻이라고 주장했다. 다시 말해 이 본문은 우리가 예수님과 구원의 관계를 맺는 방법을 설명한다. 우리는 마음의 변화를 경험함으로 예수님께 온다. 그 변화는 가족이나 이 땅의 생명보다 예수님을 더 보배롭게 여기는 것이다.

비용을 계산하라, 보배의 가치를 판단하라

그러므로 우리는 전도할 때 비용을 계산해보라고 촉구해야 한다. 사람들이 계산해야 할 비용은 바로 이것이다. 즉 "당신은 구세주가 얼마나 절실히 필요한지, 영원한 행복에 대한 갈망이 얼마나 큰지 생각하면서, 그리고 하나님의 아들이신 예수님의 위대하심과 영광과 가치를 생각하면서, 또 죄 사함을 위한 그분의 죽으심과 영원한 기쁨을 위한 부활이 모든 것을 충족시킨다는 것을 생각하면서, 예수님이 지상의 모든 보배보다 더 필요하고 더 소중하다는 사실을 마음으로 깨닫는가? 가족과 목숨을 잃는 것을 비용으로 치르더라도 예수님을 가장 귀한 보배로 받아들이고 믿을 준비가 되었는가?"

사람들에게 비용을 계산해보라고 조언하는 것은 그리스도의 가치를 정확하게 판단하라는 요청이다.

23장

보배를 거부하는 대가에 대해 경고한다

22장의 초점은 구원하는 믿음을 가지면 치르게 될 비용이었다. 이번 장의 초점은 구원하는 믿음을 갖지 않으면 치르게 될 대가이다. 신약의 복음 전도에서는 둘 다 중요하다.

예수님과 바울의 경고

성경에서 예수님보다 더 자주 지옥에 '던져질' 위험을 경고한 사람은 없다.[1] 오늘날 일부 사람들은 예수님을 다정하고 용서를 베푸시며 죄인들의 친구로서 파티를 즐기는 분으로 묘사한다. 반면 사도 바울에 대해서는 청교도적인 기독교를 만들어낸 엄격하고 냉정하며 무자비한 사람으로 묘사한다. 둘 다 편향된 묘사이다. 바울은 지옥이라는 단어를 한 번도 사용하지

---

1) 오늘날 일부 교사들은 사람들이 일반 계시와 특별 계시를 통한 하나님의 은혜를 거부함으로써 지옥을 '선택한다'고 강조한다. 어떤 의미에서는 맞는 말이다. 그러나 예수님은 그런 식으로 말씀하지 않으셨다. 예수님은 사람들이 지옥에 자발적으로 뛰어드는 것이 아니라 하나님이 거기에 '던지신다'고 말씀하셨다. 지옥을 선택하는 것과 지옥에 '던져지는' 것에 대한 더 자세한 고찰은 내가 쓴 다음의 글을 참조하라. "How Willingly Do People Go to Hell?" October 28, 2009, Desiring God 웹사이트, https://www.desiring god.org/.

않았지만, 예수님은 지옥에 대해 열한 번이나 분명하게 경고하셨다. 예수님은 지옥에 대해 "영원한 불"(마 18:8)이 있고, "바깥 어두운 데"(마 8:12)이며, "슬피 울며 이를 갈"(눅 13:28) 곳이고, "고통"(눅 16:23)이 있는 장소라고 언급하신다.

바울은 '지옥'(γέεννα, 게헨나)이라는 단어를 사용하지는 않았지만, 지옥의 실재에 대해 경고한다. 즉 "주의 얼굴과 그의 힘의 영광을 떠나 [당하는] 영원한 멸망의 형벌"(살후 1:9)을 경고한다. 바울은 예수님을 믿지 않는 위선자들에게 이렇게 경고한다.

> "이런 일을 행하는 자를 판단하고도 같은 일을 행하는 사람아, 네가 하나님의 심판을 피할 줄로 생각하느냐 혹 네가 하나님의 인자하심이 너를 인도하여 회개하게 하심을 알지 못하여 그의 인자하심과 용납하심과 길이 참으심이 풍성함을 멸시하느냐 다만 네 고집과 회개하지 아니한 마음을 따라 진노의 날 곧 하나님의 의로우신 심판이 나타나는 그 날에 임할 진노를 네게 쌓는도다"(롬 2:3-5).

바울은 자기 동족 유대인들이 예수님을 메시아로 믿게 하려고 눈물로 간청하며 애썼지만(롬 9:2-3; 10:1; 빌 3:18) 그들은 계속 거부했다. 그러자 바울은 이렇게 말했다. "하나님의 말씀을 마땅히 먼저 너희에게 전할 것이로되 너희가 그것을 버리고 영생을 얻기에 합당하지 않은 자로 자처하기로 우리가 이방인에게로 향하노라"(행 13:45-46). 이는 예수님을 거부하는 것은 생명을 거부하는 것이라는 경고였다. 왜냐하면 "아들이 있는 자에게는 생명이 있고 하나님의 아들이 없는 자에게는 생명이 없"기(요일 5:12) 때문이다. 바울은 임박한 심판에 대한 경고를 자신이 전한 "복음"의 일부라고까지 말했다. "나의 복음에 이른 바와 같이 하나님이 예수 그리스도로 말미암아 사람들의 은밀한 것을 심판하시는 그 날이라"(롬 2:16).

사랑에 도움이 되는 경고

우리의 복음 전도에 대해 내가 제기하는 질문은 "심판에 대한 경고는 그리스도를 가장 보배롭게 여기는 구원하는 믿음의 본질과 어떤 관련이 있는가?"이다. 이 질문이 더욱 긴급한 이유는 많은 사람이 그런 경고는 사랑이 아니라 두려움만 낳을 뿐이라고 생각하거나 느끼기 때문이다. 무엇보다 요한이 이렇게 말하지 않았는가? "사랑 안에 두려움이 없고 온전한 사랑이 두려움을 내쫓나니 두려움에는 형벌이 있음이라 두려워하는 자는 사랑 안에서 온전히 이루지 못하였느니라"(요일 4:18). 그러면 심판의 경고가 어떻게 사랑에 도움이 될 수 있는가?

바울은 이런 심판에 대한 경고가 단지 두려움만 낳지 않고 실제로 사랑에 도움이 된다고 분명히 믿었다. 예를 들어 바울은 이렇게 말했다. "만일 누구든지 주를 사랑하지 아니하면 저주를 받을지어다"(고전 16:22). 바울은 사람들을 그리스도께로 인도하기 위해 그 자신이 저주를 받을 준비까지 되어 있었다(롬 9:3). 물론 불가능한 일이지만 말이다. 그만큼 바울은 회심자들의 믿음이라는 희생 제물 위에 자신의 생명을 쏟아부었다(빌 2:17). 바울은 이런 갈망과 하나님이 주시는 영감으로 "주님을 사랑하지 않으면 멸망한다!"라고 말한 것이다.

물론 우리가 독버섯을 먹으려는 사람에게 "먹지 마세요! 먹으면 죽어요!"라고 외친다고 해서 그 외침이 그를 좋은 버섯을 좋아하는 사람으로 만들지는 않는다. 우리도 알고 바울도 아는 사실이다. 그러나 그것은 사랑의 외침이다. 그리고 그 외침은 그 사람을 살아있게 해서 어떻게 해서든 좋은 버섯을 즐기게 할 수도 있다. 다시 말해 심판에 대한 경고는 경고를 받은 사람들의 마음을 즉시 하나님을 사랑하도록 만들지 않는다. 지옥이 뜨거워 보인다고 해서 그리스도를 아름답게 보게 되는 것은 아니듯이 말이다.

불타는 집에서 아름다운 빛으로

단순히 지옥에 대한 두려움 때문에 천국에 들어가는 사람은 아무도 없다. 하지만 천국의 아름다움과 그리스도의 영광을 깨닫기까지 지옥에 대한 두려움 덕분에 영혼을 파괴하는 죄를 자제한 어린이나 청소년들이 얼마나 많은가? 바울이 "만일 누구든지 주를 사랑하지 아니하면 저주를 받을지어다"라고 말할 때 그는 교회 안의 위선자들이 즉시 이렇게 말할 거라고 기대하지 않았다. "오, 자기를 사랑하지 않는다고 나를 저주하실 그리스도라니, 얼마나 아름답고 훌륭하고 바람직한가!" 사실 그보다는 "당신은 내가 그런 주님을 사랑하기를 바라는군요!"라는 냉소적인 대답을 들을 것이다.

나는 바울이 이렇게 대답할 것으로 생각한다. "저는 여러분이 경고와 심판만 하시는 하나님을 사랑하기를 바라지 않습니다. 제가 편지 마지막에 경고를 적은 이유는 제가 쓴 편지를 여러분이 다시 읽어보기를 바라기 때문입니다. 저는 하늘에서 경고하시는 바로 이 주님이 '우리 죄를 위하여 죽으셨다'고 (고전 15:3) 알려드렸습니다. 저는 두려움이 아니라 상상할 수 없는 즐거움으로 여러분을 그리스도의 사랑의 잔치에 참여하게 하려고 노력했습니다. '하나님이 자기를 사랑하는 자들을 위하여 예비하신 모든 것은 눈으로 보지 못하고 귀로 듣지 못하고 사람의 마음으로 생각하지도 못하였다 함과 같으니라'(고전 2:9). 원하신다면 제 경고를 비웃으셔도 됩니다. 하지만 제 복음과 제 생명은 하나님이 그분을 사랑하는 자들을 위해 예비하신 상상할 수 없는 보배로 인한 기쁨으로 여러분을 이끌기 위해 있습니다. 이것을 걷어차지 마십시오. 여러분이 아직은 그것을 보배로, 여러분의 영혼을 만족시키는 보배로 맛볼 수 없다면, 적어도 밀어내지는 마십시오. 계속 바라보고, 계속 기도하십시오. 하나님이 여러분의 눈을 열어주시기를 바랍니다. 제 경고가 여러분을 불타는 죄의 집에서 끌어내 그리스도의 아름다운 빛에 들어가게 하기를 기도합니다."

두려움은 보배롭게 여기는 데 도움이 된다

바울은 심판에 대한 경고나 심판의 두려움에 떨며 도망하는 것이 구원하는 믿음에 걸림돌이 된다고 생각하지 않았다. 사랑으로 사용하면 걸림돌이 아니다. 바울은 믿음이 있는 이방인들이 믿지 않는 유대인들에게 자랑하고 싶은 유혹을 받자 이렇게 경고했다. "그들[믿지 않는 유대인들]은 믿지 아니하므로 꺾이고 너는 믿으므로 섰느니라 높은 마음을 품지 말고 도리어 **두려워하라** 하나님이 원 가지들도 아끼지 아니하셨은즉 너도 아끼지 아니하시리라"(롬 11:20-21).

다시 말해 교만이 당신의 삶에서 우위를 차지해 당신의 믿음을 난파시켜서 당신이 일컫는 믿음이 '헛된 것'으로(참조. 고전 15:2) 판명되면, 당신은 가지처럼 부러져 불에 던져질 것이다(요 15:6). 바울은 왜 이런 말을 했을까? '그들이 믿음에 굳게 서게 하기' 위해서였다. "그들은 **믿지 아니하므로 꺾이**

고 너는 **믿으므로** 섰느니라." 심판에 대한 두려움이 믿음에 도움이 된다는 것을 이보다 더 명확하게 말할 수 있었을까? 지옥의 두려움은 그리스도를 보배롭게 여기는 데 도움이 된다.

경고는 큰 선물이다

내 마음에 교만이나 정욕, 탐욕이 일어나는 것을 깨달을 때 나는 이런 죄가 내 삶에서 더 강력해져서 모든 것을 만족시키는 그리스도의 아름다움을 보지 못하게 될까 봐 두렵다. 그런데 바울은 바로 그렇게 두려워해야 한다고 말했다. "교만하지 말고 **두려워하라**. 정욕에 빠지지 말고 **두려워하라**. 탐욕에 빠지지 말고 **두려워하라**." 죄에 눈이 멀어 서서히 자멸해가는 데서 나를 끌어내어 그리스도의 아름다움의 빛 가운데로 인도하는 자비로우신 성령님이 그때마다 이 두려움을 내 안에 일깨워주시니 얼마나 감사한가!

그리스도인이여, 주의하라. 많은 사람이 우리의 전도와 인내에 있어 경고의 역할과 하나님을 두려워하는 것에 대해 비성경적인 내용들을 배워왔다. 만일 믿음으로 말미암은 칭의와 택함 받은 자의 안전에 대한 당신의 견해가 당신은 하나님의 심판을 두려워할 필요가 없고 사람들에게 심판을 경고할 필요도 없다고 생각하게 한다면, 알아야 할 것을 아직도 모르는 것이다. 경고는 전도와 하나님이 택하신 자의 인내에 있어 은혜의 수단이다. 경고가 우리로 그리스도를 사랑하게 만들지는 않는다. 그러나 그분의 가치를 다시는 볼 수 없는 어둠에 빠지지 않도록 우리를 붙잡아준다. 오, 우리가 경고를 받는다는 것이 얼마나 큰 선물이며 얼마나 큰 은혜인가!

What is
Saving
Faith?

24장

회개는 보배가 바뀌는 마음의 혁신이다

우리는 전도할 때 믿음의 비용과 불신의 대가에 대해 경고하는 것이 그리스도를 보배롭게 여기라는 요청에 도움이 된다는 것을 보았다. 이제는 하나님이 "어디에서나 모든 사람에게 회개하라고 명"하신(행 17:30, 새번역) 것의 의미가 무엇인지 물으려 한다. 이 명령은 그리스도를 믿고 무엇보다 보배롭게 여기라는 명령과 어떤 관련이 있는가? 이 명령은 우리의 복음 전도에 어떤 영향을 미치는가?[1]

회개는 신약 메시지의 기초이다

회개하라는 명령은 예수님의 메시지의 기초이다. 우리는 회개하라는 명령이 "네가 거듭나야 한다"(요 3:7, ESV를 직역)라는 명령과 거의 동의어임을 보게 될 것이다. 예수님이 공적 사역을 시작하셨을 때 가장 먼저 하신 명령

---

[1] 이 단락에 나오는 내용 일부는 내가 쓴 다음의 글을 고쳐 쓴 것이다. "Thoughts on Jesus's Demand to Repent: Letters from Cambridge #2," April 19, 2006, Desiring God 웹사이트, https://www.desiringgod.org/.

은 "회개하라"였다. "이 때부터 예수께서 비로소 전파하여 이르시되 회개하라 천국이 가까이 왔느니라 하시더라"(마 4:17; 참조. 막 1:15). 예수님은 자신이 세상에 오신 이유가 바로 회개를 요청하기 위해서라고 말씀하셨다. "내가 의인을 부르러 온 것이 아니요 죄인을 불러 회개시키러 왔노라"(눅 5:32). 예수님 앞에서 회개해야 할 필요성은 예수님의 독특한 위대하심과 관련이 있다. "심판 때에 니느웨 사람들이 일어나 이 세대 사람을 정죄하리니 이는 그들이 요나의 전도를 듣고 회개하였음이거니와 **요나보다 더 큰 이가 여기 있으며**"(마 12:41).

회개하라는 명령은 사도들의 복음 전도 메시지에서도 기초였다. 베드로는 오순절에 "그러므로 너희가 **회개하고** 돌이켜 너희 죄 없이 함을 받으라"(행 3:19)라는 명령으로 공적인 사역을 시작했다. 그리고 바울은 아테네에서 전한 메시지의 절정에서 "알지 못하던 시대에는 하나님이 간과하셨거니와 이제는 어디든지 사람에게 다 명하사 **회개하라** 하셨으니"(행 17:30)라고 말했다.

바울은 두 번이나 회개하라는 명령으로 자신의 메시지를 요약했다. 에베소 장로들과 작별 인사를 하면서 바울은 이렇게 말했다. "유익한 것은 무엇이든지…… 거리낌이 없이 여러분에게 전하여…… 유대인과 헬라인들에게 하나님께 대한 **회개**와 우리 주 예수 그리스도께 대한 믿음을 증언한 것이라"(행 20:20-21). 또 말년에 아그립바왕에게 재판을 받을 때는 이렇게 말했다. "나는 하늘로부터 받은 환상을 거역하지 않고, 먼저 다마스쿠스와 예루살렘에 있는 사람들에게, 다음으로 온 유대 지방 사람들에게, 나아가서는 이방 사람들에게, **회개하고** 하나님께로 돌아와서, 회개에 합당한 일을 하라고 전하였습니다"(행 26:19-20, 새번역).

회개는 영생에 이르는 길이다

　예수님과 사도들이 널리 전한 이 명령은 왜 그렇게 공통적이고도 시급한 명령이었을까? 여기에는 죄를 용서받고 하나님의 심판으로부터 벗어나 영생을 획득하는 문제가 걸려 있기 때문이다. 예수님은 사도들에게 세계 선교를 명하면서 이렇게 말씀하셨다. "이같이 그리스도가 고난을 받고 제삼일에 죽은 자 가운데서 살아날 것과 또 그의 이름으로 **죄 사함을 받게 하는 회개**가 예루살렘에서 시작하여 모든 족속에게 전파될 것이 기록되었으니"(눅 24:46-47). 사도행전 5장 31절에는 회개와 죄 사함의 관계가 암시되어 있는데, 베드로는 이렇게 말한다. "[하나님이] **이스라엘에게 회개함과 죄 사함을** 주시려고 그[예수]를 오른손으로 높이사 임금과 구주로 삼으셨느니라." 이 연관 관계는 베드로가 마술사 시몬에게 그의 "악함"을 경고하면서 회개와 죄 사함을 연결할 때 다시 분명하게 나타난다. "그러므로 너의 이 악함을 **회개하고** 주께 기도하라 혹 마음에 품은 것을 **사하여** 주시리라"(행 8:22).

　죄 사함이 중요한 이유는 죄를 용서받지 않으면 사람이 멸망하기 때문이다. 예수님은 누가복음 13장 3절에서 회개와 하나님의 심판에서 벗어나는 것의 관계를 분명히 밝히신다. "너희도 만일 회개하지 아니하면 다 이와 같이 망하리라"(눅 13:3). 세례 요한은 이 관계를 더 분명하게 밝혔다. "독사의 자식들아 누가 너희에게 일러 장차 올 진노를 피하라 하더냐 그러므로 회개에 합당한 열매를 맺고 속으로 아브라함이 우리 조상이라 말하지 말라"(눅 3:7,8). 회개하지 않으면 하나님의 진노를 피할 길이 없다. 긍정적으로 바꾸어 말하면, 사람은 회개를 통해 영생을 얻는다. 이것이 이방인이 성령님을 선물로 받았음을 깨달았을 때 교회가 내린 결론이다. "그러면 하나님께서 이방인에게도 **생명 얻는** 회개를 주셨도다"(행 11:18).

불필요한 문제

회개가 예수님과 사도들의 메시지의 기초라면, 그리고 회개가 죄 사함과 영생의 선물을 가져다주고 진노를 면하게 한다면, 회개란 무엇일까? 회개는 구원하는 믿음과 어떤 관련이 있을까? 마치 우리는 회개가 믿음의 역할을 감당하는 것처럼 생각한다. 믿음은 우리가 죄 사함을 받는 방법이다(행 10:43). 믿음은 우리가 영생을 얻는 방법이다(요 6:47; 딤전 1:16). 믿음은 우리가 정죄를 피하는 방법이다(요 3:18; 살후 2:12).

나는 많은 사람이 믿음과 회개의 관계에서 문제를 실제보다 더 크게 본다고 생각한다. 사람들은 악한 행위에서 외적으로 돌이키는 것을 회개로 생각하는 경향이 있다. 그러나 이런 식으로 생각하면, 즉 회개가 죄 사함의 통로가 되면 심각한 문제가 생긴다(실제로 그렇다). 회개에 대한 이런 관점은 우리가 죄 사함을 얻고 하나님과 올바른 관계를 맺으려면 행위를 깨끗하게 해야 한다고 여기게 한다. 그러나 이는 오직 믿음으로만 의롭게 된다는 성경의 가르침과 모순된다. 또한 우리가 죄 사함을 받기 '위해서'가 아니라 그리스도 안에서 죄 사함을 받았기 '때문에' 행위를 깨끗하게 한다는 중요한 진리를 모호하게 만들 수 있다(참조. 11장).

회개는 자신의 보배를 바꾸는 일이다

회개를 악한 행위에서 외적으로 돌이키는 것으로 보는 이 견해가 문제인 이유는, 신약이 회개를 그렇게 보지 않기 때문이다. 회개는 하나님이 주신 깊은 마음의 변화를 의미한다. 요한이 묘사한 거듭남(요 3:7; 요일 5:1)이나 바울이 묘사한 그리스도 안에서 새로운 피조물 됨(고후 4:6; 5:17; 엡 2:10; 4:24)과 거의 동의어라고 할 수 있다.[2] 따라서 회개는 신생과 마찬가지로 우리의 구원에 있어서 믿음이 하는 역할과 경쟁하지 않는다. 회개는 자신을 보배로 여기며 높이는 우리 마음의 경향이 하나님을 보배로 여기며 높이는 새로운 경향으로 대체되는 속사람의 기적적인 변화이다.

신약에서 네 가지를 살펴볼 때 이를 알 수 있다.

1. 메타노에오

첫째로 '회개하다'라는 헬라어 '메타노에오'(μετανοέω)는 행위의 변화를 의미하지 않는다. 메타노에오는 '메타'(*meta*)와 '노에오'(*noeō*) 두 부분으로 나뉜다. 두 번째 부분인 '노에오'는 마음의 작용을 의미하는데, 넓게 이해하면 사고와 지각뿐만 아니라 성향과 목적도 포함된다. 뒤에서 사도행전 8장 20-22절을 논의하며 보게 되겠지만, 회개에서 정신과 마음의 기능은 완전하게 구별되지 않는다. 첫 번째 부분인 '메타-'는 일반적으로 움직임이나 변화를 의미하는 접두사이다.[3] 그러므로 '회개하다'의 기본 의미는 마음의 지각과 성향과 목적의 변화를 경험하는 것이다. 굳이 의미를 확장하지 않더라도, 보배롭게 여기는 것의 변화라고 말할 수 있다.

---

2) 회개는 구원하는 믿음과 마찬가지로 하나님의 역사이며 선물이다. 디모데후서 2장 24-26절은 이 점을 가장 분명하게 보여준다. "주의 종은 마땅히 다투지 아니하고 모든 사람에 대하여 온유하며 가르치기를 잘하며 참으며 거역하는 자를 온유함으로 훈계할지니 **혹 하나님이 그들에게 회개함을 주사** 진리를 알게 하실까 하며 그들로 깨어 마귀의 올무에서 벗어나 하나님께 사로잡힌 바 되어 그 뜻을 따르게 하실까 함이라." 또한 다음 구절들에서도 이 점을 볼 수 있다. "[하나님이] **이스라엘에게 회개함**과 죄 사함을 주시려고 그[예수]를 오른손으로 높이사 임금과 구주로 삼으셨느니라"(행 5:31). "하나님께서 이방인에게도 **생명 얻는 회개를 주셨도다**"(행 11:18).

3) 예를 들어 '메타'(*meta*)를 접두사로 사용하는 단어들은 다음과 같다. '메타바이노'(*metabainō*, 장소를 옮기거나 바꾸다), '메타발로'(*metaballō*, 사고방식을 바꾸다), '메타고'(*metagō*, 어떤 장소로 안내하거나 이동하다), '메타티데미'(*metatithemi*, 운송하다, 다른 장소에 놓다, 전달하다), '메타모르포오'(*metamorphoō*, 다른 사람의 눈에 띄게 변하다, 변형되다), '메타스트레포'(*metastrephō*, 상태나 조건의 변화를 일으키다, 변화시키다, 변경하다), '메타스케마티조'(*metaschematizō*, 형태를 바꾸다, 변형시키다, 변화시키다) 등.

2. 새로운 행위는 회개가 아니다

둘째로 '회개'가 외적인 행위의 변화가 아닌 이유는, 외적인 행위의 변화는 회개의 '열매'로 요구되기 때문이다. 외적인 행위의 변화는 "회개에 합당한 열매"(눅 3:8)라고 불린다. 바울은 자신의 사역에서 이를 추구했다고 요약했다. "[나는] 이방 사람들에게, 회개하고 하나님께로 돌아와서, **회개에 합당한** 일을 하라고 전하였습니다"(행 26:20, 새번역). 이 돌아옴은 이 세상을 소중히 여기는 데서 하나님을 소중히 여기는 데로 돌아서는 마음의 방향 전환이다. 이것이 회개다. 그리고 회개의 결과는 "회개에 합당한 일들"(ἄξια τῆς μετανοίας ἔργα πράσσοντας, 악시아 테스 메타노이아스 에르가 프라쏜타스)이라고 불리는 새로운 행위이다. 이 행위는 회개가 아니다. 회개의 열매이다.

마찬가지로 세례 요한은 무리에게 이렇게 말했다. "누가 너희에게 일러 장차 올 진노를 피하라 하더냐 그러므로 회개에 합당한 열매를 맺[으라]"(ποιήσατε οὖν καρποὺς ἀξίους τῆς μετανοίας, 포이에사테 운 카르푸스 악시우스 테스 메타노이아스, 눅 3:7-8). 그런 다음 세례 요한은 '회개에 합당한' 열매들의 실례를 제시한다. 무리에게는 "옷 두 벌 있는 자는 옷 없는 자에게 나눠 줄 것이요 먹을 것이 있는 자도 그렇게 할 것이니라"고 말하고, 세리들에게는 "부과된 것 외에는 거두지 말라"고 하며, 군인들에게는 "사람에게서 강탈하지 말며 거짓으로 고발하지 말고 받는 급료를 족한 줄로 알라"고 말한다(눅 3:11-14).

회개는 행위의 변화가 아니라, 행위의 변화를 낳는다. 회개는 마음과 생각의 변화이다(*meta-noeō*, 메타노에오). 회개하라는 명령은 외적인 변화를 낳는 내적인 변화를 경험하라는 명령이다. 마찬가지로 신생과 그리스도 안의 새 창조도 외적인 변화를 낳는다.

3. 마술사 시몬의 마음

셋째로 베드로는 하나님의 은사를 돈으로 사려고 했던 마술사 시몬의 욕망을 직시하면서 그의 '마음'에서 악함을 발견하고 회개를 치료책으로 처방했다.

> "네가 하나님의 선물을 돈 주고 살 줄로 생각하였으니 네 은과 네가 함께 망할지어다 하나님 앞에서 **네 마음**[καρδία, 카르디아]이 바르지 못하니 이 도에는 네가 관계도 없고 분깃 될 것도 없느니라 그러므로 너의 이 악함을 회개하고 주께 기도하라 혹 **마음에 품은 것**을 사하여 주시리라"(행 8:20-22).

베드로는 시몬의 문제가 그의 마음에 있다고 두 번이나 말한다. 시몬의 마음은 하나님을 향해 '바르지'(εὐθεῖα, 유데이아) 않았다. 그는 마음에 '품은 것'(ἐπίνοια, 에피노이아, 의도)을 용서받아야 했다. 회개할 때 변하는 것은 마음이다. 마음이 하나님을 향해 근본적으로 변한다. 시몬은 능력, 즉 마술의 능력을 사랑했다. 그는 자신이 사랑하는 것을 얻는 세상적인 방법만 알고 있었다. 그는 돈으로 하나님의 능력을 살 수 있다고 생각했다. 시몬에게는 마음이 하나님께로 돌아서는 완전하고 새로운 방향 전환이 필요했다. 그의 마음은 방향이 비뚤어져 있었다. 하나님에게서 떠나 자기 자신을 높이는 능력을 향해 구부러져 있었다. 말하자면 시몬의 마음은 곧게 펴져야 했다. 그러면 그의 마음에 '품은 것'이 하나님을 향하게 될 것이다. 자기를 높이는 일이 아니라 하나님을 높이는 일이 그의 보배가 될 것이다. 그것이 바로 회개이다.

4. 하나님의 영광을 향한 회개

넷째로 요한계시록에서 요한은 "그들의 행위"(계 16:11)와 "손으로 행한 일"(계 9:20), "살인"(계 9:21), "음행을 회개"하지 않는(계 2:21) 불신자들에 대해 말한다. 이 외적인 행위에 대해 회개하라는 요한의 강조점은 회개가 내적인 마음과 생각의 변화라는 요점과 모순되지 않는다. 다만 우리가 앞서 말한 내용, 즉 외적인 선한 행위는 내적인 마음의 변화의 열매라는 것, 그리고 외적인 악한 행위와 절교하는 방법은 새로운 마음을 얻는 것, 즉 회개하는 것임을 가정할 뿐이다. 특히 요한계시록에는 지금 말하고 있는 요점에 대해 중요한 본문이 나온다. 요한은 이렇게 말했다.

> "넷째 천사가 그 대접을 해에 쏟으매 해가 권세를 받아 불로 사람들을 태우니 사람들이 크게 태움에 태워진지라 이 재앙들을 행하는 권세를 가지신 하나님의 이름을 비방하며 또 **회개하지 아니하고 주께 영광을 돌리지 아니하더라**"(계 16:8-9).

마지막 문장은 문자 그대로 번역되지 않았다. 문자 그대로 옮기면 이렇다. "그들은 그에게 영광을 돌리는 회개를 하지 않았다"(οὐ μετενόησαν δοῦναι αὐτῷ δόξαν, 우 메테노에산 두나이 아우토 독산). 하나님께 영광을 돌리는 것은 단순히 회개에 '추가되지' 않는다. 즉 회개를 하고, 그런 다음 영광을 돌리는 것이 아니다. 그렇지 않다. 하나님께 영광을 돌리는 것은 회개가 하는 일의 본질적인 부분이다. 그것이 바로 변화다. 회개는 자기를 높임에서 하나님을 높임으로 마음과 생각이 바뀌는 것(메타노이아)이다.

'하나님께 영광을 돌리는 것'은 베드로가 시몬이 회개를 통해 반드시 경험해야 한다고 말했던 새로운 의도("마음에 품은 것," 행 8:22)를 설명한다. 바울이 에베소 장로들에게 그들과 함께 지내는 동안 유대인과 이방인들에게 "**하나님께 대한 회개**와 우리 주 예수 그리스도께 대한 믿음"(행 20:21)을 증 거했다고 말했을 때, 가장 근본적으로 염두에 두었던 것이 바로 이것이다. 모든 인간은 본성적으로 마음이 "바르지 못"해서(행 8:21. 참조. εὐθεῖα, 유데이아) 하나님의 영광을 사랑하지 않는다. 우리는 피조물을 선호한다(롬 1:23). 그 러므로 하나님을 향해 완전히 새로운 방향 전환이 일어나야 한다. 이것이 바울이 말하는 "**하나님께 대한 회개**"(εἰς θεὸν μετάνοιαν, 에이스 데온 메타노이안, 행 20:21)의 의미이다. 요한은 이 새로운 방향 전환의 본질을 하나님께 영광을 돌리기 위한 회개라고 부른다(계 16:9).

회개와 믿음의 각성

이 네 가지 관찰을 통해 나는 신약에서 말하는 회개가 외적인 행위의 변 화가 아닌 마음과 생각의 변화라고 결론 내린다. 이 변화는 신생(요 3:7)과 그리스도 안에서의 새로운 창조(엡 2:10)에서 일어나는 변화와 사실상 똑같 은 것이다. 이 변화를 통해 생각은 하나님을 달리 보고, 마음은 하나님을 달리 보배롭게 여긴다. 마음의 눈이 열려 그리스도의 얼굴에 있는 하나님 의 영광을 본다(고후 4:6). 그리스도 안에서 하나님의 진정한 아름다움과 가 치를 보는 이 시각이 마음을 자유롭게 한다. 마음은 잠시 누리는 죄악의 낙 이 그리스도 안에 있는 보배들보다 더 우월하다는 미혹에 더이상 예속되지 않는다.

그러므로 회개를 통해 마음은 굽은 것 없이 하나님의 영광을 향해 곧게 펴진다. 하나님이 그리스도 안에서 마음과 생각의 가장 귀한 보배가 되신다. 이를 통해 하나님이 영광을 받으신다. 이런 새로운 마음의 방향 전환을 위해 우리에게 필요한 세상에서 가장 자연스러운 일은 예수님께 대한 구원하는 믿음을 경험하는 것이다. 이런 이유로 바울은 자신의 메시지를 "하나님께 대한 회개와 우리 주 예수 그리스도께 대한 믿음"(행 20:21)이라고 요약했다. 하나님의 영광이라는 최고의 가치를 향하는 회개의 각성은 하나님의 형상이신 그리스도를 보배롭게 여기는 구원하는 믿음의 각성과 동시에 일어난다(고후 4:4).

우리는 전도할 때 사람들에게 하나님을 향한 회개를 촉구하며 예수님께 대한 구원하는 믿음을 가지라고 요청한다. '회개'에 대해 말할 때 우리는 구부러지고 죄악된 마음의 상태에 초점을 맞춘다. 마음이 변화되어야 한다. 마음이 회개, 즉 '메타노이아'를 경험해야 한다. '믿음'에 대해 말할 때 우리는 회개와 함께 생겨나는 마음의 긍정적인 경험, 즉 예수님께 대한 믿음에 초점을 맞춘다. 회개는 불신에서 믿음으로 옮겨가는 마음과 생각의 변화이다. 자기를 높이는 즐거움에서 하나님을 높이는 즐거움으로, 거짓 믿음에서 구원하는 믿음으로, 이 세상을 보배롭게 여기는 데서 그리스도를 무엇보다도 보배롭게 여기는 데로 옮겨가는 것이다.

What is
Saving
Faith?

25장

정서적인 믿음을
권하는 것이 가능한가?

　내가 구하는 믿음의 정서적인 본질(그리스도를 무엇보다 보배롭게 여기는 것을 포함하는)을 명백히 밝히면, 어떤 사람들은 내가 전도를 더 어렵게 만들거나 심지어 불가능하게 만든다고 생각한다. 그들은 사람들에게 그리스도를 믿거나 신뢰하거나 영접하라고 권하는 것이 더 구체적이고 분명하며 가능한 일이라고 생각하는 것 같다. 그들은 어떤 사람을 불신앙에서 믿음으로 인도하려고 노력할 때 새로 회심한 사람이 "그리스도를 나의 구주와 주님으로 **보배롭게 여깁니다**"라고 말하기보다 "그리스도를 나의 구주와 주님으로 **믿습니다**"라고 말할 가능성이 더 크다고 생각하는 것 같다.

　이러한 우려의 이면에는 '그리스도를 믿는 것'은 우리가 할 수 있고 알 수 있는 결정인 데 반해, '그리스도를 보배롭게 여기는 것'은 우리가 '결정'하거나 '행할' 수 없고 마찬가지로 통제할 수 없는 정서적인 경험(감정처럼)이라는 인식이 깔려 있다. 또한 보배롭게 여기는 것 같은 정서는 그 강도나 진지함, 진실성이 커지거나 작아지는 정도의 변화가 있는 반면에, 믿음은 흑백이나 양자택일에 더 가깝다는 인식이 있다. 믿음이 있거나 없거나 둘 중 하나라는 것이다.

그러므로 여기서 다루려고 하는 우려는 두 가지다. 첫 번째는 구원하는 믿음이 그리스도를 보배롭게 여기는 것 같은 정서적인 요소들을 포함한다는 주장은 복음 전도를 사실상 불가능하게 만들거나 적어도 훨씬 더 힘들게 만든다는 우려이다. 두 번째는 정서는 강도나 진실성의 정도가 늘 달라지므로 믿음을 가변적이고 불안정한 것으로 만든다는 우려이다. 그리스도를 보배롭게 여기는 마음이 그렇게 가변적이라면 어떤 사람이 구원하는 믿음을 가졌는지 어떻게 알 수 있겠는가? 첫 번째 우려는 복음 전도를 위태롭게 하는 것처럼 보인다. 두 번째 우려는 확신을 위태롭게 하는 것처럼 보인다. 이번 장과 다음 장에서는 이 우려들을 하나씩 다룰 것이다.

결정은 우리가 하는 것이지만, 정서는 우리가 만드는 것이 아니다

복음 전도가 불가능해진다는 우려의 이면에는 사람은 자기 정서를 일으키거나 없앨 수 없다는 생각이 깔려 있다. 우리는 결정을 내릴 수 있다. 그렇지만 정서는 그렇게 할 수 없다. 정서는 마음의 반사작용으로서 무언가를 경험하는 데서 비롯된다. 한밤중에 집에 누군가가 침입하는 소리를 들으면 '두려움'이 일어난다. 남편이 전쟁에서 살아 돌아온다는 소식을 들으면 '기쁨'이 일어난다. 암이 사라졌다는 의사의 말을 들으면 '감사'가 일어난다. 올림픽 마루 운동에서 3회 공중회전을 하는 선수를 보면 '놀라움'이 일어난다. 유타주의 산에서 한밤에 구름 한 점 없는 하늘의 은하수를 보면 '경이감'이 일어난다.

'영적인' 정서는 이런 마음의 반응들과 똑같지 않지만(서론에서 설명했듯이) 비슷하다. 구원하는 믿음에서 영적인 정서는 그리스도에 대한 영적 인식에 대한 반응으로 나타나는 성령님의 특별한 역사이다. 그러나 단순한 생각의 반응이 아니라 마음의 반응이므로 감정적인 삶에 관여한다. 정서는 결정 그 이상이다. 따라서 그런 우려는 자연스러운 감정뿐만 아니라 영적인 정서에도 해당된다.

정서와 결정의 차이는, 결정은 숙고한 다음 의식적으로 정한다는 것이다. 결정은 '내린다.' '느낄' 필요가 없다. 감정과 결정이 서로 얽혀 있을 수 있지만, 만일 감정을 느낀다면 결정보다 더 많은 일이 일어나고 있다는 뜻이다. 물론 우리는 정서를 경험하기 위해 어떤 조치를 취할 수 있다. 우리는 경이로움과 놀라움이 느껴지는 장소에 갈 수 있다. 두려움을 일으키는 공포 영화를 보러 갈 수도 있다. 클래식 음악을 듣고 즐거움을 느끼도록 음악을 공부할 수도 있다. 그러나 구원하는 믿음을 가지라고 요청받는 순간에 우리는 정서가 생겨나게 할 수 없다. 우리는 그리스도를 보배로 경험하기를 선택할 수 없다. 보배롭게 여기는 마음은 단순히 우리의 선택에 따라 즉시 일어나는 것이 아니다.

그렇다고 해서 영적인 정서가 도덕 관념을 초월한다는 의미는 아니다. 영적인 정서는 열이나 딸꾹질 같은 것이 아니다. 그런 정서가 우리에게 '일어난다'는 말은 마치 소름이 돋듯이 정서가 일어난다는 뜻이 아니다. 내가 염두에 두는 정서의 '발생'에는 지각하는 '마음'과 마음을 끌어당기는 '의지'가 모두 관련되어 있다. 만일 마음이나 의지와 관련이 없는 감정이 우리에게 일어난다면, 그 감정은 도덕적 기준이 없다. 즉 도덕적으로 선하지도 악하지도 않다.

예를 들어, 나는 하나님을 경외하는 영적인 정서와 손바닥에 땀이 나거나 무릎이 떨리는 육체적 감각을 구분한다. 이런 육체적 감각은 내가 말하는 영적인 정서가 아니다. 우리는 손바닥에 땀이 나는 것에 대해 책임이 없다. 그러나 우리는 하나님을 경외하는 마음, 그리고 직면한 실재에 부합하는 다른 모든 경건한 정서를 지닐 책임이 있다. 우리가 비록 그런 정서를 즉각 통제할 수 없다 하더라도 그렇다. 이 정서들은 선물로 주어진다.

죄가 주범이다

이 우려에 대한 나의 첫 번째 대답은 신약이 말하듯이 구원하는 믿음을 갖는 일은 인간의 힘으로 불가능하다는 것이다. 내가 그것을 불가능하게 만든 것이 아니다. 죄가 불가능하게 만들었다. 젊은 부자가 예수님께 등을 돌리며 따르기를 거부했을 때(마 19:22) 예수님은 낙타가 바늘귀로 들어가는 것이 부자가 하나님의 나라에 들어가는 것보다 쉽다고 말씀하셨다. 제자들은 깜짝 놀라며 "그렇다면 누가 구원을 얻을 수 있으리이까" 하고 말했다. 그러자 예수님은 "사람으로는 **할 수 없으나** 하나님으로서는 다 하실 수 있느니라"라고 대답하셨다(마 19:25-26).

바울은 자연인의 이런 마음 상태를 이해하고 이렇게 말했다. "육에 속한 사람은 하나님의 성령의 일들을 받지 아니하나니 이는 그것들이 그에게는 어리석게 보임이요, 또 **그는 그것들을 알 수도 없나니** 그러한 일은 영적으로 분별되기 때문이라"(고전 2:14). "육신의 생각[자연인의 생각]은 하나님과 원수가 되나니 이는 하나님의 법에 굴복하지 아니할 뿐 아니라 **할 수도 없음이라**"(롬 8:7). "허물로 **죽은** 우리"(엡 2:5). 그리고 이 죽은 상태는 그리스도의 영광을 보지 못하는 '눈멂'도 포함된다. "이 세상의 신이 믿지 아니하는 자들의 마음을 혼미하게 하여 그리스도의 영광의 복음의 광채가 **비치지 못하게 함이니** 그리스도는 하나님의 형상이니라"(고후 4:4).

우려의 전환

따라서 나는 이 우려의 방향을 바꾸고 싶다. 우리가 염려할 것은 내가 구원하는 믿음을 불가능하게 만든다는 것이 아니라, 많은 사람이 구원하는 믿음을 가능하게 만들려고 노력한다는 점이다. 내가 구원하는 믿음을 자연인의 능력을 넘어서는 것으로 만든다고 걱정하지 말고, 많은 사람이 믿음의 의미를 자연인의 능력 안에 넣으려고 조정하는 것을 걱정해야 한다. 이것이 현대의 진정한 위험이다. 자연인이 신생의 기적 없이도 내릴 수 있는 그런 결정은 구원을 얻는 결정이 아니다. 유다는 예수님을 따르겠다고 '결정했지만' 구원받지 못했다. 우리가 살아가는 문화적 환경이 어떻게 믿음을 인간이 제어할 수 있는 행위로 취급하도록 부추기는지는 앞서 2장에서 설명했다.

하나님은 인간이 할 수 없는 일을 인간을 통해 행하신다

그렇다면 우리는 인간이 할 수 없는 일을 추구하면서 어떻게 전도할 수 있을까? 우리는 그리스도를 전하는 일을 통해 하나님이 신생의 기적을 행하셔서 구원하는 믿음을 일으키신다는 확신을 가지고 전도한다. 카페에서 커피를 마시며 복음을 나눌 때 성령님이 기적적으로 역사하셔서 하나님이 그 대화를 통해 그리스도의 영광을 나타내게 하신다.[1] 바울은 그리스도께서 인간이 할 수 없는 일을 하도록 자신을(그리고 우리를!) 보내셨다고 말했다.

---

1) 나는 팟캐스트 "존 목사에게 물어보세요"(Ask Pastor John)에서 사람을 그리스도께 인도하는 방법에 대해 방송한 적이 있다. 이를 참고하면 도움이 될 것이다. "How Do I Lead Someone to Christ?," August 10, 2020, Desiring God 웹사이트, https://www.desiringgod.org/.

"내가 너를…… 그들에게 보내어 그 눈을 뜨게 하여 어둠에서 빛으로, 사탄의 권세에서 하나님께로 돌아오게 하고"(행 26:17-18).

하나님이 바울을 보내 복음을 전하게 하신 사람들은 그리스도의 빛을 보지 못하고 있었다(고후 4:4). 그들은 허물과 죄로 죽어 있었다(엡 2:1-3). 사탄에게 속박되어 있었다(딤후 2:26). 그래서 바울은 그들의 눈을 뜨게 하고 생명과 자유를 주기 위해 보냄을 받았다. 우리도 마찬가지이다. 우리는 눈먼 자를 보게 하고 죽은 자를 살리기 위해 보냄을 받는다. 우리는 할 수 없는 일을 하도록 보냄을 받는다. 우리의 전도에서 불가능한 일이 일어나는 이유는 우리가 복음을 통해 하나님의 아들을 전할 때 하나님이 자유와 생명을 주시기 때문이다. 적절한 실례는 루디아다. 바울이 복음을 전했을 때 "주께서 그 마음을 열어 바울의 말을 따르게"(행 16:14) 하셨다. 바울이 루디아의 마음을 열지 않았다. 복음을 통해 하나님이 여셨다. 하나님은 인간이 할 수 없는 일을 인간을 통해 행하신다.

전도는 죄인들의 구원에 필수적이다. "나는 심었고 아볼로는 물을 주었으되 오직 하나님께서 자라나게 하셨나니"(고전 3:6). 인간이 심고 물을 준다. 그러면 하나님이 불가능한 일을 행하신다. 하나님이 생명을 주신다. 고린도후서 4장 4절에 나오는 눈멂과 고린도후서 4장 6절에 나오는 하나님이 보게 하시는 기적 사이에는 필수적인 5절, 즉 바울이 그리스도를 선포하는 일이 있다. "우리는 우리를 전파하는 것이 아니라 오직 그리스도 예수의 주 되신 것과 또 예수를 위하여 우리가 너희의 종 된 것을 전파함이라." 이것이 "하나님께서 예수 그리스도의 얼굴에 있는 하나님의 영광을 아는 빛을 우리 마음에 비추셨느니라"고 한 6절의 기적이 의미하는 것이다.

마른 뼈들아, 여호와의 말씀을 들을지어다!

불가능한 일을 하도록 보냄을 받은 사람은 바울이 처음이 아니다. 하나님은 에스겔을 마른 뼈가 가득한 골짜기에 세우시고 "너희 마른 뼈들아 여호와의 말씀을 들을지어다"라고 "이 모든 뼈에게 대언"하라고 하셨다(겔 37:4). 이처럼 전도는 바로 마른 뼈들에게 하나님의 말씀을 전하는 것이다. 이 일은 왜 소망이 있는가? 하나님이 이렇게 말씀하셨기 때문이다. "내가 생기를 너희에게 들어가게 하리니 너희가 살아나리라 너희 위에 힘줄을 두고 살을 입히고 가죽으로 덮고 너희 속에 생기를 넣으리니 너희가 살아나리라 또 내가 여호와인 줄 너희가 알리라"(겔 37:5-6).

생명을 창조하는 부름

인간으로서는 불가능한 전도에서 인간의 역할을 깨닫는 또 다른 방법은 하나님이 우리의 복음 초청을 창조 행위로 바꾸신다는 점에 주목하는 것이다. 예수님이 나사로의 무덤 앞에 서셨을 때, 죽은 사람이 무덤에서 걸어 나오게 하는 일은 인간적으로 불가능했다. 죽은 사람에게 말을 거는 것은 인간적으로 어리석은 일이었고, 그에게 나오라고 말하는 것은 우스운 일이었다. 하지만 예수님이 "큰 소리로 '나사로야, 나오너라' 하고 외치시니, 죽었던 사람이 나왔다"(요 11:43-44, 새번역). 그 부르심이 생명을 창조했다.

우리의 전도도 마찬가지다. 하나님은 인간의 말로 기적을 일으키신다. 하나님은 죽은 자를 살리시고, 눈먼 자가 보게 하시며, 귀먹은 자가 듣게 하신다. 그들은 예수님의 음성을 듣는다. "내 양은 내 음성을 들으며 나는 그들을 알며 그들은 나를 따르느니라"(요 10:27). 우리는 누가 예수님의 양인지 모른다. 우리가 할 일은 그리스도의 메시지를 전하는 것이다. 예수님의 양들이 그 메시지를 듣게 하는 것은 하나님의 일이다. 그들은 창세 전에 선택받아 이미 하나님에게 속해 있다(엡 1:4). 그들은 이미 하나님의 것이다(요 17:9). 복음이 전파될 때 하나님은 그들에게 생명과 시력, 들을 수 있는 귀와 믿음을 주신다. "영생을 주시기로 작정된 자는 다 믿더라"(행 13:48). 우리는 심는다. 물을 준다. 복음을 전한다. 하나님이 생명과 믿음을 주신다.

그리스도를 참되며 '또한' 귀중한 분으로 제시하기

구원하는 믿음의 정서적인 차원, 곧 무엇보다 그리스도를 보배롭게 여기는 것이 우리가 믿음을 가지지 못하도록 만드는 것이 아니다. 죄가 이미 그렇게 했다. 하지만 구원하는 믿음을 이런 식으로 보는 것은 전도에 영향을 '미친다.' 구원하는 믿음이 그리스도의 참되심을 믿는 것뿐 아니라 그리스도를 보배롭게 여기는 것도 포함한다는 사실을 이해하면, 우리는 전도할 때 그리스도의 참되심을 토론하면서 그들의 마음을 설득할 뿐 아니라(행 17:2, 17; 18:4, 19; 19:8; 24:25) 그리스도의 위대하심과 아름다우심과 가치를 설명하려고 노력할 것이다. 그리스도께서 완전히 참되시다는 사실을 우리의 생각에서 사람들의 생각으로 전달하게 될 것이며, 그리스도께서 지극히 귀중하시다는 사실을 우리의 마음에서 사람들의 마음으로 전하게 될 것이다.

또한 예수님의 헤아릴 수 없는 선물인 용서와 칭의와 영생뿐만 아니라 인격체로서 예수님의 측량할 수 없는 영광도 찬양할 것이다. 복음을 타산적으로, 즉 그저 편의주의적으로 제시하지 않도록 노력할 것이다. 그리고 그리스도를 죄 가운데 있는 사람이 원하는 모든 것을 얻는 데 '유용한' 분에 불과하다는 듯이 말하지 않을 것이다. 오히려 세상 최고의 쾌락보다 더 좋은 경이로움과 즐거움이 그리스도께 있음을 성경과 자신의 경험을 통해 보여주려고 노력할 것이다. 그리스도께서 주시는 선물과 그밖에 모든 면에 있어 그분이 곧 영원히 함께할 즐거움이심을 보여주려고 노력할 것이다.

우리가 예수님을 보여주면, 하나님은 기뻐하며 놀라게 하신다

우리는 사람의 마음에 경이와 놀라움과 감탄을 일으킬 수 없다. 하지만 하나님은 하실 수 있다. 우리가 하나님의 말씀을 통해 보여주는 것을 사람들이 보도록 하나님이 그들의 영적인 눈(엡 1:18)을 열어 그렇게 하신다. 우리는 사람들이 그리스도를 가장 귀한 보배로 여기게 할 수 없다. 그러나 우리는 기쁨으로 그 보배를 가리켜 보일 수 있으며, 그 보배와 그것이 우리 삶에 미치는 영향에 대해 최선을 다해 설명할 수 있다. 우리의 일은 보여주는 것이다. 사람들로 기뻐하며 놀라게 하는 것은 하나님의 일이다.

우리는 이 보배를 어떻게 보여주는가? 우리는 성경으로 가서 우리의 보물상자를 그리스도의 영광으로 가득 채운다. 그리고 그리스도의 영광을 묵상한다. 그러면 그리스도의 영광으로 인해 우리의 정서가 변한다(고후 3:18). 그리고 하나님이 기회를 주시면, 우리는 보물상자를 열어 사람들이 볼 수 있도록 보배를 꺼낸다. 다음은 내 보물상자에서 가져온 그리스도의 영광의 컬렉션이다.[2]

---

[2] 나는 2004년 컨퍼런스에서 이 컬렉션을 처음으로 선보였다. "Sex and the Supremacy of Christ, Part 2," Desiring God 2004 National Conference, https://www.desiringgod.org/.

- 보배로운 **신성**: 그리스도께서는 모든 속성에 있어 아버지 하나님과 동등하시다. 하나님의 영광의 광채이시고 본체의 형상이시며, 모든 탁월함이 무한하시고 무궁하시다.

- 보배로운 **영원성**: 이는 그리스도께서는 결코 시작이 없으시며 언제나 계신다는 생각, 즉 모든 것을 규정하시고 영원히 존재하시는 그분의 실재에 비하면 모든 우주는 그림자처럼 약하고 일시적이라는 생각, 그러나 그리스도께서는 완전하고 절대적인 실재라는 불가해한 생각이 사람의 마음에 끓어 넘치게 한다.

- 보배로운 **불변성**: 그리스도께서는 그분의 모든 미덕과 모든 성품, 모든 약속에 있어 절대 변함이 없으시고, 어제나 오늘이나 영원토록 동일하시다.

- 보배로운 **지식**: 그리스도의 지식은 도서관을 마치 성냥갑처럼 보이게 하며, 인터넷의 정보를 1940년대 농부의 어설픈 연감처럼 보이게 하고, 양자물리학을 초등학교 1학년 교과서처럼 보이게 한다.

- 보배로운 **지혜**: 그리스도께서는 어떤 까다로운 문제에도 당황하신 적이 전혀 없으며, 가장 지혜로운 사람도 그분께 조언할 수 없다.

- 보배로운 **권세**: 그리스도께서는 하늘과 땅과 지옥을 다스리신다. 그리스도의 허락이 없이는 사람과 귀신이 한 치도 움직일 수 없다. 그리스도께서는 때와 계절을 바꾸시며, 왕들을 폐하시고 왕들을

세우신다. "하늘의 군대에게든지 땅의 사람에게든지 그는 자기 뜻대로 행하시나니 그의 손을 금하든지 혹시 이르기를 네가 무엇을 하느냐고 할 자가 아무도 없도다"(단 4:35).

- 보배로운 **섭리**: 그리스도의 섭리가 없이는 새 한 마리도 땅에 떨어지지 않으며, 머리카락 하나도 희거나 검게 되지 않는다.

- 보배로운 **말씀**: 그리스도의 말씀은 매 순간 우주를 지탱하며, 우리가 아직도 전혀 상상하지 못하는 모든 분자와 원자와 아원자 세계의 존재를 유지하신다.

- 보배로운 **능력**: 그리스도께서는 물 위를 걸으시고, 한센병 환자를 깨끗하게 하시며, 저는 자를 고치시고, 눈먼 자가 눈을 뜨게 하시며, 귀먹은 자가 듣게 하시고, 폭풍이 그치게 하시고, 죽은 자를 살리시는데 말씀 한마디로, 심지어 생각만으로도 그렇게 하신다.

- 보배로운 **순결**: 그리스도께서는 전혀 죄를 짓지 않으시며, 나쁜 태도나 악한 생각을 단 1000분의 1초 동안도 품지 않으신다.

- 보배로운 **신뢰성**: 그리스도께서는 자기 말을 어기거나 약속을 하나라도 땅에 떨어지게 하는 법이 결코 없으시다.

- 보배로운 **공의**: 그리스도께서는 정한 때에 십자가 위에서, 그리고 지옥에서 우주의 모든 도덕적인 셈을 청산하신다.

- 보배로운 **오래 참으심**: 그리스도께서는 우리의 둔함을 10년이 지나고 20년이 지나도록 참으시며 이 땅과 세상에 대한 최후 심판을 보류하셔서 많은 사람이 회개하게 하신다.

- 보배로운 **순종**: 그리스도의 순종은 아버지의 계명을 온전히 지키셨을 뿐 아니라 십자가의 극심한 고통도 기꺼이 받아들이신 주권적이면서도 복종하는 순종이다.

- 보배로운 **온유**: 이는 상한 갈대를 꺾지 않으시며 꺼져가는 등불을 끄지 않으시는 온유와 겸손과 부드러우심이다.

- 보배로운 **진노**: 언젠가 그리스도께서 이 세상에 맹렬한 진노를 쏟으시면 사람들은 어린양의 진노를 대면하려 하기보다 바위와 산들에게 자기들을 으스러뜨려 달라고 외칠 것이다.

- 보배로운 **은혜**: 그리스도께서는 영적으로 죽은 반역자들에게 생명을 주시고, 하나님을 미워하며 지옥을 향해 가는 자들에게 믿음을 일으키실 뿐 아니라, 불경건한 자들이 주님의 의로 의롭다 함을 얻게 하신다.

- 보배로운 **사랑**: 그리스도께서는 우리가 죄인이었을 때에 기꺼이 우리를 위해 죽으시고 우리에게 자유를 주셔서 영원히 주님을 귀중히 여기는 기쁨이 계속 커지게 하신다.

- **보배로운 기쁨**: 그리스도께서는 삼위일체의 교제 가운데서 다함이 없는 기쁨을 누리시며, 온 우주를 일으키시고, 언젠가 분투하는 모든 성도의 유업이 될 무한한 힘과 능력을 지니신다.

이 보배 컬렉션은 맛보기에 불과하다(벧전 2:3). 그리스도의 엄하심과 불패성, 존엄성, 단순성, 복잡성, 단호하심, 평온, 깊이, 용기 같은 보배들까지 말하려면 지면이 부족하다. 우주 어디에서나 흠모할 만하고 찬양할 만한 무엇이 있다면, 그것은 예수 그리스도 안에 극도로 압축되어 있다.

"이는[그분은] 하나님의 영광의 광채시요 그 본체의 형상이시라 그의 능력의 말씀으로 만물을 붙드시며 죄를 정결하게 하는 일을 하시고 높은 곳에 계신 지극히 크신 이의 우편에 앉으셨느니라"(히 1:3). 우리가 이 책을 읽는 오늘도 그리스도께서는 거기에 계신다. 우리가 복음을 나눌 때도 그리스도께서는 거기에 계신다. 그리고 그분의 보좌에 앉아 계시는 동안, 그리스도께서는 그분의 성령을 통해 우리와 함께 계신다. 주님이 우리를 도우신다. 붙들어주신다. 해야 할 말을 주신다(사 41:10; 마 28:20; 눅 12:11-12).

내가 전도를 불가능하게 만든 것이 아니다. 죄가 불가능하게 만들었다. 나는 전도를 성경적이고 담대하며 소망이 넘치게, 그리고 그리스도의 보배들로 풍성하게 만들려고 노력하고 있다. 이 모든 것이 "그의 이름을 위하여 모든 이방인 중에서"(롬 1:5) 더 많은 열매를 맺게 되기를 기도한다.

26장

> What is Saving Faith?

정서적인 믿음은 확신을 약화시키지 않는가?

    이번 장에서는, 정서는 강도나 진지함, 진실성의 정도가 늘 달라지므로, 구원하는 믿음의 정서적인 본질은 믿음을 가변적이고 불안정하게 만든다는 우려를 다룬다. 그리스도를 보배롭게 여기는 마음이 그렇게 가변적이라면 누가 구원하는 믿음을 가졌는지 어떻게 알 수 있을까?

이 문제를 만든 것은 내가 아니다

    이 우려에 대한 나의 첫 번째 답변은 내가 믿음을 가변적이거나 변하기 쉽게 만들지 않았다는 것이다. 성경 자체가 믿음이 가변적이며 변하기 쉽다고 말한다.

- 믿음은 커지거나 자랄 수 있다. "오직 너희 **믿음이 자랄수록** 우리의 규범을 따라 너희 가운데서 더욱 풍성하여지기를 바라노라"(고후 10:15). "사도들이 주께 여짜오되 우리에게 믿음을 더하소서 하

니"(눅 17:5). "너희의 믿음이 더욱 자라고"(살후 1:3).

- 믿음은 크거나 작을 수 있다. "여자여 네 믿음이 크도다"(마 15:28; 8:10). "믿음이 작은 자들아"(마 6:30; 참조. 눅 17:6).

- 믿음은 약하거나 강할 수 있다. "[아브라함이] 믿음이 약하여지지 아니하고"(롬 4:19; 14:1). "그는 믿음이 굳세어져서"(롬 4:20, 새번역; 참조. 행 16:5).

- 하나님이 택하신 자의 믿음은 일시적으로 떨어질 수는 있지만 완전히 떨어지지 않는다. "내가 너[베드로]를 위하여 네 믿음이 떨어지지 않기를 기도하였노니 너는 돌이킨 후에 네 형제를 굳게 하라"(눅 22:32). 그 후 베드로는 주님을 세 번 부인했지만(눅 22:54-62) 예수님의 기도에 응답하여 회개했다!

- 믿음은 어느 정도의 불신과 함께 존재할 수 있다. "내가 믿나이다 나의 믿음 없는 것을 도와 주소서"(막 9:24). 조나단 에드워즈는 이렇게 말했다. "복음의 신성한 영광을 보는 영적인 시각을 가진 사람들 가운데서도 믿음의 수준과 강도는 매우 다양해서 이 영광에 대한 시각의 명료함의 정도도 상당히 다양하다."[1]

---

1) Jonathan Edwards, *Religious Affections*, John E. Smith와 Harry S. Stout 편집, rev. ed., vol. 2, *The Works of Jonathan Edwards* (New Haven, CT: Yale University Press, 2009), 306-7.

모든 그리스도인에게 묻는다

이런 우려를 제기하는 사람들에게 묻고 싶다. 당신은 믿음이 약해진 적이 전혀 없는가? 하나님의 약속에 대한 확신이 더 커지거나 작아진 적이 전혀 없는가? 성경이 참되다는 사실이나 자신이 진정한 그리스도인인지에 대해 마음에 의심이 든 적이 전혀 없는가? 내재하는 죄의 속임수가 우위를 점하고, 하나님이 당신을 구원해주실 것을 신뢰하기보다 당신이 혐오하는 일을 하는 날이 더 많았던 적은 없는가? 회심할 때 얻은 믿음은 천국으로 가는 길에 어떤 공격도 만나지 않으며, 따라서 인내하기 위해 온 힘을 발휘해 분투할 필요가 없다고 생각하는가?

"믿음의 선한 싸움을 싸우"고 "영생을 취"하기(딤전 6:12) 위해 노력하는 동안, 충분히 잘 싸웠는지 의문이 든 적이 전혀 없는가? 살아 있고 참된 믿음은 사랑의 선한 행위로 증명된다는 야고보서 말씀(약 2:17, 26)을 듣고 "내게는 그런 사랑의 행위가 충분한가?" 하는 의문을 품은 적이 전혀 없는가? "거룩함을 따르라 이것이 없이는 아무도 주를 보지 못하리라"(히 12:14)라는 히브리서 말씀을 듣고, 당신의 거룩함이 믿음을 확증하기에 충분한가 하는 의문을 품은 적이 전혀 없는가? "여러분이 육신을 따라 살면, 죽을 것입니다. 그러나 여러분이 성령으로 몸의 행실을 죽이면, 살 것입니다"(롬 8:13, 새번역)라는 바울의 말을 듣고 자기 죄를 진정으로 죽여 왔는지 고심한 적이 전혀 없는가?

변하기 쉬운 믿음과 거룩함 때문에 마음이 괴로운 이유가 정말로 내가 구원하는 믿음을 정서적인 것으로 다루었기 때문인가? 정말로 당신의 믿음에 대한 견해는 이런 괴로운 문제를 일으키지 않는가? 정말로 당신은 평생 믿음의 싸움을 면제해줄 그런 믿음을 불신자들에게 전하는가?

무모한 확신은 어디에서 나오는가?

믿음의 싸움에 관심 없이 무심하게 신앙생활을 하는 사람들이 있다. 그런 사람들은 "힘써 너희[그들의] 부르심과 택하심을 굳게"(벧후 1:10) 하지 않으며, "[그것이] 없이는 아무도 주를 보지 못하"는 "거룩함을 따르"지도(히 12:14) 않고, "끝까지 견디는 자는 구원을 받으리라"(막 13:13)라든지 "네가 죽도록 충성하라 그리하면 내가 생명의 관을 네게 주리라"(계 2:10)고 하신 예수님의 말씀을 유념하지 않는다. 내 경험에 이런 부주의한 사람들은 대개 구원하는 믿음에 대한 견해뿐만 아니라 영원한 안전에 대한 견해에도 오류를 보인다.

'한 번 구원은 영원한 구원'이라는 말은 구원에 열렬한 싸움이 없음을 뜻한다고 하는, 이런 피상적이고 비성경적인 개념을 가진 사람이 많다. 이들에게 그리스도를 향한 회심은 죄의 저주스러운 영향에 대한 백신 접종과도 같다. 그들은 백신을 맞았으므로 이제는 해마다 죄의 바이러스를 들이마셔도 괜찮고 지옥에 대해서도 안전하다고 느낀다. 온몸이 죄의 상처로 뒤덮여도 결코 그것을 지옥의 서곡으로 보지 않는다. 백신을 맞았기 때문이다.

하지만 성경은 영원한 안전에 대해 그렇게 가르치지 않는다. 하나님이 택하신 자가 구원을 받는 것은 틀림없다. 하나님이 그들을 구원하시는 것을 어떤 것도 가로막지 못한다. 하나님은 그들을 영원 전에 아들 삼기로 예정하셨으며(엡 1:5), 영원히 자기 소유로 삼으실 것이다. "미리 정하신 그들을 또한 부르시고 부르신 그들을 또한 의롭다 하시고 의롭다 하신 그들을 또한 영화롭게 하셨느니라"(롬 8:30). 칭의와 영화 사이에 낙오하는 사람은 아무도 없다. 그들은 안전하다. 어떤 것도 그들을 그리스도의 사랑에서 끊을 수 없다(롬 8:38-39).

하지만 회심을 백신 접종과 같다고 여기는 것은 참으로 순진하고 비성경적인 생각이다. 회심은 말기 암 환자가 세상에서 유일한 치료법을 가진 놀라운 의사를 소개받는 것과 같다. 이 의사의 치료법은 백신 접종이 아니다. 그보다는 의사와 교제하는 가운데 죄책감과 죄라는 암의 권세로부터 순간순간 보호받는 평생에 걸친 치료이다. 이 보호는 화학 요법이 아니다. 방사선도 아니다. 그것은 의사와의 만족스러운 교제이다. 그 의사 자신이 바로 약이다. 이 위대한 의사는 자신이 치료하고자 하는 환자만 입원시킨다. 그는 전능하며, 그의 의도는 꺾이지 않는다. 회심한다는 것은 그 의사의 놀라운 친절과 신실함, 능력과 구원하는 기량을 발견하는 것이다.

그런데 이 평생에 걸친 치료는 환자의 마음과 생각을 사로잡는다. 아무도 의사와 멀어져서 살지 않는다. 아무도 의사를 잊고 살지 않는다. 아무도 의사의 지시를 무시하며 살지 않는다. 지난 몇 년간의 치료로 충분하다고 판단해 의사를 떠나 사는 사람도 없다. 이 의사는 환자들을 구하면서 치료와 교제는 중요하지 않다고 말하지 않는다. 그는 환자들에게 그와 교제하는 기쁨을, 그의 고통스러운 치료가 그들을 천국으로 데려다줄 것이라는 기쁜 확신을 거듭 회복시킴으로 그들을 구원한다.

전도는 저주를 막는 백신 접종을 권하는 것이 아니다

전도할 때 우리는 저주를 막는 백신 접종을 권하지 않는다. 우리는 그리스도를 권한다. 우리는 위대한 의사를 권한다. 세상의 유일한 구원자와 교제하는 살아있는 관계를 권한다. 죄와 사탄, 세상과 영적 전투를 하는 삶을 권한다. 우리는 믿음으로 말미암은 구원을 권하지만, 이 믿음은 전투하는 믿음이다. 항상 공격받는 믿음이다. 그러므로 믿음은 강함과 약함의 정도가 한없이 다양하다. 계절마다 또는 매일 달라지는 것이 아니라 시시각각 달라진다. 주 예수님을 오래 알고 지낸 사람 가운데 아침 7시에 말씀을 통해 그분과 달콤한 산책을 하며 기쁨의 확신을 얻었다가, 그 확신이 정오가 되자 희미하고 뜨뜻미지근해지고, 해 질 녘이 되자 간신히 손끝으로 붙잡는 정도가 되는 경험을 모르는 사람이 있을까?

전도할 때도, 자신의 삶에서도 우리는 믿음의 싸움을 숨기지 않는다. 우리는 사람들을 전쟁터에서 떠나라고 부르지 않고 전쟁터로 들어가라고 부른다. 우리가 그들에게 제시하는 것은 승리하시고 모든 것을 만족시키시는 그리스도, 동료 전사들, 내주하시는 승리의 성령님, 오류가 없는 지침서, 그리고 도움과 보존에 대한 하나님의 취소할 수 없는 약속이다. "너희 안에서 착한 일을 시작하신 이가 그리스도 예수의 날까지 이루실 줄을 우리는 확신하노라"(빌 1:6). "너희의 온 영과 혼과 몸이 우리 주 예수 그리스도께서 강림하실 때에 흠 없게 보전되기를 원하노라 너희를 부르시는 이는 미쁘시니 그가 또한 이루시리라"(살전 5:23-24). 하나님이 "능히 너희를 보호"하신다(유 1:24). 하나님은 이렇게 약속하신다. "내가 결코 너희를 버리지 아니하고 너희를 떠나지 아니하리라"(히 13:5). "내가 세상 끝날까지 너희와 항상 함께 있으리라"(마 28:20).

하나님은 우리의 구원을 유지하며 우리가 확신하게 하신다

"그리스도를 보배롭게 여기는 마음이 그렇게 가변적일 수 있다면, 어떤 사람이 구원하는 믿음을 가졌는지 어떻게 알 수 있을까?" 하는 문제는 어떻게 되는가? 나는 이 확신의 문제가 구원하는 믿음에 대한 나의 이해에만 국한된 것이 아님을 알았으면 한다. 이것은 우리 모두가 공유하는 문제이다. 모든 참된 그리스도인은 믿음의 가변성을 경험한다. 우리는 모두 때때로 우리가 참으로 하나님의 자녀인지 궁금해한다. 믿음을 갖고 완전한 확신을 유지하기 위한 이 싸움은 새로운 것이 아니고 신약에 이미 있다.

바울은 골로새인들에게 그들이 "확실한 이해의 모든 풍성함과 하나님의 비밀인 그리스도를 깨닫게"(골 2:2) 되기를 바란다고 말했다. 히브리서 저자도 비슷한 바람을 표현했다. "우리가 간절히 원하는 것은 너희 각 사람이 동일한 부지런함을 나타내어 끝까지 소망의 풍성함에 이르러"(히 6:11). 사도들은 우리 모두가 하나님의 자녀라는 것을 확신하는 일에 있어 하나님의 도우심을 필요로 한다는 것을 알았다. 날마다 우리를 지탱해주는 하나님의 전능한 은혜가 없다면, 우리는 믿음이나 확신을 유지할 수 없다. 오직 하나님만이 우리의 믿음을 유지하실 수 있으며, 오직 하나님만이 우리가 구원받았음을 확신하게 하실 수 있다.

바울이 제시하는 확신의 길

이와 관련하여 바울은 가장 정곡을 찌르는 약속을 우리에게 제시한다.

"너희가 육신대로 살면 반드시 죽을 것이로되 영으로써 몸의 행실을 죽이면 살리니 무릇 하나님의 영으로 인도함을 받는 사람은 곧 하나님의 아들이라 너희는 다시 무서워하는 종의 영을 받지 아니하고 양자의 영을 받았으므로 우리가 아빠 아버지라고 부르짖느니라 성령이 친히 우리의 영과 더불어 우리가 하나님의 자녀인 것을 증언하시나니"(롬 8:13-16).

이 본문에서 분명히 알 수 있는 것은 하나님은 자기 자녀들이 참으로 하나님의 영원한 가족이라는 확신을 누리기 바라신다는 점이다. 하나님은 우리가 자기 믿음의 진정성에 대한 계속되는 의문 때문에 불안에 시달리거나 우리의 사역이 마비되기를 바라지 않으신다. 바울은 확신에 이르는 두 가지 길을 제시한다.

하나는 로마서 8장 14절에 나타난다. "하나님의 영으로 인도함을 받는 사람은, 누구나 다 하나님의 자녀입니다"(새번역). 인접 문맥에 따르면 "인도함"을 받는다는 것은 죄를 죽이는 위대한 일, 즉 성령님을 힘입어 우리 자신의 죄를 죽이는 일로 인도되는 것을 가리킨다. 13절은 이렇게 말한다. "영으로써 몸의 행실을 죽이면 살리니 **무릇** 하나님의 영으로 인도함을 받는 사람은 곧 하나님의 아들이라." 13절과 14절의 연결 관계는 14절에 나오는 성령님의 "인도함"이 13절에 나오는 죄 죽임을 뒷받침한다는 것을 보여준다. 다시 말해 성령님을 힘입어 우리 자신의 죄를 미워하고 죄와 싸울 때 우리는 우리가 하나님의 자녀라는 하나님이 주시는 강력한 증거를 경험하게 된다.

바울이 말하는 확신에 이르는 또 다른 길은 어린아이처럼 기쁜 마음으로 하나님을 아버지로 의지하는 진정한 부르짖음이다. 내면에서 진정으로 솟아나는 이 부르짖음은 우리가 하나님의 자녀임을 성령님이 우리 안에서 증언하시는 것이다. "우리가 아빠 아버지라고 부르짖느니라 성령이 친히 우리의 영과 더불어 우리가 하나님의 자녀인 것을 증언하시나니"(롬 8:15-16절). 이것은 고린도전서 12장 3절에서 바울이 한 말과 비슷하다. "성령으로 아니하고는 누구든지 예수를 주시라 할 수 없느니라." 즉 성령님이 내면에서 하시는 증언이 없으면 누구도 진정으로, 마음에서부터 우러나서 "예수님이 내 삶의 주님이십니다!"라는 진실하고 기쁜 순종을 외칠 수가 없다.

성령님이 우리에게 확신을 주신다

이것이 우리가 하나님의 자녀임을 확신하는 길이다. 첫째로 우리는 성령님이 우리 삶에 역사하셔서, 우리가 죄를 미워하며 죄와 싸우고 죄를 죽이게 하신다는 사실을 알 수 있다. 둘째로 우리는 성령님이 우리 안에 역사하셔서, 우리가 "하나님은 나의 모든 것을 공급하는 아버지이십니다!"라고 마음 깊은 곳에서부터 어린아이와 같은 애정을 품고 외치게 하심을 알 수 있다. 셋째로 우리는 성령님이 우리 안에 역사하셔서, 우리 마음이 "예수님은 나의 주권자, 나의 선장, 나의 조종사, 나의 주님이십니다!"라며 진실하고 기쁜 순종을 외치게 하신다는 것을 알 수 있다.

이 세 가지 길뿐만 아니라 성경이 알려주는 다른 길들을 통해 성령님은 우리에게 다음과 같은 사실들을 확신시키신다.

- 그리스도의 진리 되심과 위대하심, 아름다우심과 가치에 대한 우리의 판단, 즉 그리스도께서 참으로 온 세상보다 지극히 가치가 있으시다는 판단은 참이다.

- 우리 마음이 그리스도를 지극히 만족스럽게 받아들이는 것은 마땅하다.

- 우리가 하나님의 자연적이고 초자연적인 선물들을 누리는 것은 우상숭배가 아니라 넘쳐흐르는 감사의 기쁨으로 하나님 자신을 참되게 맛보는 것이다.

- 여전히 죄의 쾌락을 즐기는 우리 옛사람은 그리스도와 함께 죽었으며, 남아 있는 욕망은 옛사람이 마지막 숨을 쉬는 것이고 우리의 진정한 자아(즉 그리스도 안의 새로운 피조물)에서 나오는 것이 아니다.

- 우리의 진정한 자아는 우리가 죄보다 그리스도를 더 기뻐하지 않는 것을 미워하며, 죄에 맞서는 우리의 싸움은 체념에서 비롯된 참전이 아니라 진정한 대항이다.

이것은 하나님이 자기 자녀에게 주시는 선물이다. 하나님은 "[우리를] 약속의 성령으로 인치심"으로 "[성령님이] 우리 기업의 보증이 되사 그 얻으신 것을 속량하시고 그의 영광을 찬송하게" 하셨다(엡 1:13-14). 구원하는 믿음의 정서적인 차원은 비록 이생에서는 결코 완전할 수 없지만, 이 성령님의 "인치심"과 "보증"과 "증언"을 통해 유지되고 확증되며, 그러기에 우리는 평안을 누리며 사랑으로 섬길 용기를 얻는다.

What is
Saving
Faith?

결론

: 구원하는 믿음의 목표는 하나님의 영광이다

지난 50년 동안 내가 쓴 글과 설교 대부분은 "우리가 하나님 안에서 가장 만족할 때 하나님이 우리 안에서 가장 영광 받으신다"는 놀라운 진리에 대한 논증과 설명, 적용과 찬양으로 이루어져 왔다. 이 책도 예외가 아니다.

하나님이 구원하는 믿음에 정서적인 차원들(내가 '그리스도를 보배롭게 여김'이라는 말로 요약하는)을 포함하신 것은 놀라운 일이 아니다. 이런 방식으로 하나님은 그리스도인의 삶에 처음부터 끝까지 하나님을 영화롭게 하는 기쁨을 심어 주셨다. 이 기쁨은 그리스도 안에서 새 생명이 태어나는 처음 순간부터 존재하는데, 이는 구원하는 믿음이 그것을 포함하기 때문이다.

이 기쁨은 완전하지도 않고, 가변성이 없는 것도 아니며, 공격받지 않는 것도 아니지만 실재한다. 또한 그것은 영원히 존재할 것이다. 하나님 앞에는 기쁨이 충만하고 하나님의 오른편에는 영원히 즐거움이 있기 때문이다(시 16:11).

아브라함은 믿음이 견고해져서 하나님께 영광을 돌렸다

존 오웬은 경솔하게 말하지 않는다. 그러므로 "믿음의 본질은 하나님께 마땅히 돌릴 영광을 돌리는 데 있다"라고 한 그의 주목할 만한 말을 쉽게 무시해서는 안 된다.[1] 오웬은 바울이 아브라함의 믿음을 고찰하는 로마서 4장 20절을 묵상하고 있었다.

"[아브라함은] 믿음이 없어 하나님의 약속을 의심하는 것이 아니라, 오히려 **믿음이 견고해져서 하나님께 영광을 돌렸으며**[ἐνεδυναμώθη τῇ πίστει, δοὺς δόξαν τῷ θεῷ, 에네뒤나모데 테 피스테이, 두스 독산 토 데오], 하나님이 약속하신 바를 능히 이루실 것이라고 확신했다"(저자의 번역).

오웬이 바울의 말에서 발견한 것은, 믿음은 사람이 그것을 경험하는 때에 그 안에서 하나님이 영광을 받으시는 특징을 지닌다는 사실이다. 다시 말해, 죄인이 인간의 모든 역경에도 불구하고 하나님의 약속을 의심하지 않는 믿음을 가질 때에 그 믿음은 하나님을 은혜로우시며 능력이 있고 신뢰할 수 있는 분으로 보게 만든다. 말하자면 믿음은 하나님께 영광을 돌린다. "[아브라함은] 믿음이 견고해져서 [따라서!] 하나님께 영광을 돌렸다."

하나님을 우리의 큰 상급으로 신뢰함

내가 이 책에서 하려고 한 일은 하나님을 영화롭게 하는 믿음의 본질을 탐구하는 것이다. 구원하는 믿음이 그리스도를 보배로 받아들이는 정서적인 차원을 가진다는 사실은 믿음이 어떻게 하나님께 영광을 돌리는지 더욱 분명하고 온전하게 보여준다.

---

1) John Owen, *The Glory of Christ*, William H. Goold 편집, vol. 1, *The Works of John Owen* (Edinburgh: T&T Clark, n.d.), 295.

아브라함은 하나님이 자신에게 기적적으로 출생할 아이와 넓은 땅을 주시리라는 것뿐만 아니라 하나님이 자신의 만족스러운 상급, 즉 자신의 분깃과 유업이 되신다는 것을 믿었다. 창세기 15장 1절에서 여호와는 아브람에게 이렇게 말씀하셨다. "아브람아 두려워하지 말라 나는 네 방패요 너의 **지극히 큰 상급**[אָנֹכִי מָגֵן לָךְ שְׂכָרְךָ הַרְבֵּה מְאֹד, 아노키 마겐 라크 세카레카 하르베 메오드]이니라." 이 구절 마지막은 "네 상급이 지극히 클 것이다"라고 번역할 수도 있다. 하지만 그렇게 되면 그 큰 상급은 무엇인가 하는 질문이 남는다.

하나님이 아브라함에게 하신 가장 큰 약속이 답을 제시한다. "내가 내 언약을 나와 너 및 네 대대 후손 사이에 세워서 영원한 언약을 삼고 너와 네 후손의 하나님이 되리라"[창 17:7; לִהְיוֹת לְךָ לֵאלֹהִים, 리흐요트 레카 렐로힘(네 하나님이 되리라)]. 아브라함의 다른 상급이 무엇이든 간에 이 사실, 즉 "내가 하나님으로서 너와 함께 하리라. 내가 네 하나님이 되리라. 내가 네 지극히 큰 상급이니라" 하는 약속이 가장 큰 상급이었다.

하나님을 우리의 보배로 소유하는 것은 구약 성도들의 믿음의 절정이었다. "내 육체와 마음은 쇠약하나 하나님은 내 마음의 반석이시요 영원한 **분깃**이시라"(시 73:26). "여호와여 내가 주께 부르짖어 말하기를 주는 나의 피난처시요 살아 있는 사람들의 땅에서 **나의 분깃**이시라 하였나이다"(시 142:5). "내 심령에 이르기를 여호와는 **나의 기업**이시니 그러므로 내가 그를 바라리라 하도다"(애 3:24). 물론 여호와는 아브라함에게 많은 선물을 주셨으며, 특히 기적적으로 출생한 아들과 약속의 땅을 주셨다. 그러나 가장 큰 선물, 가장 큰 상급, 가장 큰 약속은 "내가 네 하나님이 되리라"였다. "나 하나님이 네 것이 되리라. 네 분깃, 네 큰 상급이 되리라."

하나님으로 만족한 아브라함

아브라함은 하나님이 자신의 분깃임을 삶으로 보여주었다. 그는 친척인 롯에게 땅의 어디든 원하는 편을 선택하게 함으로써 분쟁을 피했다. 롯은 가장 좋은 땅을 취했고(창 13:9-11) 아브라함은 만족했다. 하나님이 그의 분깃이셨기 때문이다. 아브라함은 소돔과 롯의 가족을 살려달라고 하나님께 간청하기까지 했다(창 18:23). 아브라함은 자기 가족을 구하고 되찾은 모든 전리품의 10분의 1을 멜기세덱에게 주었다(창 14:20). 아브라함은 소돔 왕이 제안하는 전리품을 거절했다(창 14:22-24). 여기서 우리는 하나님 그분 자체가 아브라함의 가장 큰 상급이셨다는 것을 볼 수 있다.

그러므로 아브라함의 믿음은 하나님께 영광을 돌렸다. 이는 아브라함의 믿음이 하나님의 은혜와 능력과 신실하심을 보여주었을 뿐 아니라 또한 그 은혜와 능력과 신실하심을 포함해 무엇보다도 하나님이 아브라함의 분깃이시라는 사실을 보여주었기 때문이다. 하나님이 아브라함의 가장 큰 상급이셨다. 가장 귀한 보배셨다.

하나님을 신뢰하면 하나님이 영광을 받으시고, 하나님을 보배롭게 여기면 하나님이 더욱 영광을 받으신다

우리가 하나님을 참되고 의지할 수 있는 분으로 신뢰하면 하나님이 영광을 받으신다. 그런데 이 신뢰가 보배롭게 여기는 신뢰가 되면, 즉 우리가 하나님을 우리의 가장 큰 상급으로 만족해하면 하나님은 더욱 영광을 받으신다. 그리스도의 성육신 측면에서 말하자면, 우리가 예수님 안에서 하나님이 우리에게 베푸시는 모든 것에 만족할 때 더욱 영광을 받으신다. 하나님이 구원하는 믿음을 '보배롭게 여기는 믿음'이 되게 하신 이유는 단지 하나님이 '하신 일 때문에' 신뢰를 받으실 때보다 '하나님 자신'이 보배롭게 여김을 받으실 때 더욱 영광을 받으시기 때문이다. 하나님 자신이 상급으로 보배롭게 여김을 받으실 때, 하나님은 상을 주시는 분으로 신뢰를 받으실 때보다 더욱 영광을 받으신다. 이것이 우리가 이 책에서 본 궁극적인 이유이며, 또한 내가 이 책을 쓴 이유이다.

외적으로 영광을 받으시려는 하나님의 목표

그러나 이 궁극적인 이유, 즉 하나님을 가장 만족스러워하는 믿음을 통해 하나님이 가장 영광을 받으신다는 것은 이보다 더 광범위하며 모든 것을 포함한다.

인간 영혼의 보이지 않는 행위를 통해 하나님께 영광을 돌리는 것은 너무나 제한적이다. 믿음, 즉 예수님 안에서 하나님이 우리에게 베푸시는 모든 것을 신뢰하며 보배롭게 여기는 것은 육체가 아닌 영혼의 행위이다. 그것은 본질적으로 인간에게 보이지 않는다. 우리는 다른 사람의 마음을 볼 수 없다. 하지만 하나님이 우주를 창조하신 이유는 오직 자신만 보실 수 있는 영역에서만 영광을 받으시려는 것이 아니다.

따라서 그날이 오면 "의인들은 자기 아버지 나라에서 해와 같이 빛나"게 될 것이다(마 13:43). 그 의로움은 우리의 광채의 커다란 부분이 될 것이다. 틀림없이 영화롭게 된 우리의 몸은 우리의 광채의 일부가 되며 하나님께 영광이 돌아갈 것이다. 우리의 현재 몸은 "욕된 것으로 심"지만 "영광스러운 것으로 다시 살아"날 것이다(고전 15:43). 그러나 장차 성도들이 그리스도를 높이는 영광의 주된 요인은 우리의 죽지 않는 몸의 광채가 아닐 것이다. 그 주된 요인은 내적인, '그리고 외적인' 거룩함의 완성에서 나타날 거룩한 사고와 목적과 정서를 지닌 죄 없는 영혼의 아름다움일 것이다.

그리스도께서 죽으신 것은 내적으로 정결하지만 외적으로는 평범한 신부를 얻기 위해서가 아니다. "그리스도께서 교회를 사랑하시고 그 교회를 위하여 자신을 주심[은]······ [교회를] 거룩하게 하시고 자기 앞에 영광스러운 교회로 세우사 티나 주름 잡힌 것이나 이런 것들이 없이 거룩하고 흠이 없게 하려 하심"이다(엡 5:25-27). 처음부터 하나님의 의도는 자기 아들이 거룩하고 정결하며 놀랍도록 아름다운 신부를 영원히 갖는 것이었다. 하나님은 자기 백성이 "예수 그리스도로 말미암아 의의 열매가 가득하여 하나님의 영광과 찬송이 되기를" 바라셨다(빌 1:11). 예수님이 "너희 빛이 사람 앞에 비치게 하여 그들로 너희 착한 행실을 보고 하늘에 계신 너희 아버지께 영광을 돌리게 하라"(마 5:16)고 하신 대로, 하나님의 의도는 세상이 우리의 의로움을 봄으로써 하나님께 영광을 돌리게 하는 것이었다.

11장에서 나는 구원하는 믿음이 하나님을 영화롭게 하는 이 모든 변화의 뿌리라는 점을 보여주려고 노력했다. 하나님은 모든 "**믿음의 역사를 능력으로 이루게**" 하셔서 "**우리 주 예수의 이름이······ 영광을 받으시[게]**"(살후 1:11-12) 하는 분이시다. 우리의 모든 거룩함은 이제와 영원토록 "**믿음의 역사**"다. 우리의 외적인 의는 위대하신 구주를 보배롭게 여기는 내적인 신뢰에서 나온다. 하나님은 이 믿음이 보배롭게 여기는 신뢰가 되도록 의도하셔서 "우리 주 예수의 이름이 영광을 받으시[게]" 하신다.

그리스도를 높임, 거룩함이 지닌 아름다움의 열쇠

따라서 하나님은 구원하는 믿음을 정서적인 행위, 즉 보배롭게 여기는 신뢰가 되게 하심으로써 하나님을 영화롭게 하는 두 가지 목적을 함께 이루셨다.

첫째, 모든 것을 만족시키는 그분의 가치로 인해 보배롭게 여김을 받으시는 구주께서는 단순히 그분의 능력으로 인해 신뢰를 받으시는 구주보다 더욱 영광을 받으신다.

둘째, 하나님은 구원하는 믿음을 그분이 주시는 기적적인 믿음으로서 그리스도를 무엇보다도 보배롭게 여기는 것이 되도록 계획하셨는데, 그로써 이 믿음이 죄의 권세를 깨뜨리고 의의 열매를 맺는 열쇠가 되게 하셨다. 즉 그리스도를 신뢰하고 보배롭게 여기는 보이지 않는 행위가 눈에 보이는 의와 사랑을 낳는 힘이 되도록 계획하셨다.

그리스도를 받아들이고 그리스도 안에서 하나님이 우리에게 베푸시는 모든 것을 신뢰하며 그분을 보배롭게 여기는 구원하는 믿음은, 하나님이 우리를 그리스도와 연합시키시는 방법이다. 이 연합에서 하나님은 영원히 우리를 백 퍼센트 위하신다. 하나님은 절대로 우리를 버리지 않으신다(요 6:37; 10:28-29). 우리는 영원히 의롭다 하심을 받는다(롬 8:30).

하나님이 우리를 그리스도와 연합시키는 바로 그 수단인 구원하는 믿음은 또한 죄의 뿌리를 끊어낸다. 죄의 뿌리는 하나님보다 다른 것들을 더 보배롭게 여기는 것이다. 그런데 구원하는 믿음은 그리스도를 하나님이 주시는 그 무엇보다도 보배롭게 여기는 것이다. 그러므로 구원하는 믿음은 죄의 뿌리를 끊어낸다. 그리스도와 그분의 모든 길을 선호하는 긍정적인 힘으로 그렇게 한다. 기적적인 신생을 통해 그리스도께서 우리의 기쁨이 되신다. 그리고 이 기쁨은 의와 사랑으로 넘쳐흐른다(눅 14:14; 고후 8:2; 히 10:34; 12:2).[2]

그러므로 구원하는 믿음은 하나님이 계획하신 것으로서 그리스도를 보배롭게 여기는 내적이고 비가시적인 행위일 뿐만 아니라 또한 몸의 행위를 통해 하나님을 영화롭게 하는 가시적인 열매를 맺는 행위이기도 하다. 보배롭게 여기는 신뢰라는 구원하는 믿음의 본질은 죄의 뿌리를 끊어내고, 의와 사랑이라는 가시적이며 하나님을 영화롭게 하는 열매를 맺는 능력을 준다. 이것이 그리스도의 신부가 하는 단장이다. 그리스도의 신부는 그리스도를 무엇보다도 보배롭게 여기며, 그녀가 하는 모든 일은 그리스도의 가치를 반영할 것이다. 이것이 그녀의 아름다움이 될 것이다. 그녀는 그리스도 안에서 가장 만족할 것이며, 따라서 그리스도께서는 그녀 안에서 가장 영광을 받으실 것이다.

그리스도를 보배롭게 여기는 일은 중단되지 않는다

구원하는 믿음은 절대로 중단되지 않는다. 물론 구원하는 믿음의 능력 가운데 일부는 장차 더 이상 필요가 없을 것이다. "우리가 지금은 거울로 보는 것 같이 희미하나 그 때에는 얼굴과 얼굴을 대하여 볼 것이요"(고전 13:12). 이런 의미에서 보는 것이 믿는 것을 대체한다(고후 5:7). 더 이상 우리

---

[2] *Future Grace: The Purifying Power of the Promises of God* (Colorado Springs, CO: Multnomah, 2012); 『장래의 은혜』(개정판, 좋은씨앗)에서 나는 하나님이 그리스도 안에서 우리에게 베푸시는 모든 것으로 만족하는 믿음이 어떻게 실질적으로 그리스도의 신부를 변화시키고 정결하게 하는지 매우 자세하게 다루며 실제적인 적용을 하려고 노력했다. 이 책의 축약본은 다음과 같은 제목으로 출판됐다. *Battling Unbelief: Defeating Sin with Superior Pleasure* (Colorado Springs, CO: Multnomah, 2007); 존 파이퍼, 『믿음으로 사는 즐거움』, 차성구 역, 좋은씨앗, 2019.

가 죽일 죄도 없다. 죄의 뿌리를 끊어내는 강력한 도끼로서의 믿음은 보호하시고 거룩하게 하시는 하나님의 능력을 기리는 기쁜 기념물로 천국의 벽에 걸려 있을 것이다.

하지만 신뢰하며 보배롭게 여김이라는 구원하는 믿음의 실재, 그것은 절대로 중단되지 않을 것이다. "믿음, 소망, 사랑, 이 세 가지는 **항상 있을 것인데**"(고전 13:13). 구원하는 믿음은 항상 있다. 영원히 남아 있다. 우리는 영원히 하나님을 전적으로 의지할 것이다. 예수 그리스도를 통해 우리는 매 순간 우리의 존재에 대해, 그리고 새 창조의 온갖 좋은 선물에 대해 하나님을 신뢰할 것이다.

그러나 우리는 단순히 하나님을 우주를 유지하는 능력 있는 분이나 창조된 선물을 무한히 베푸시는 분으로만 신뢰하지 않을 것이다. 우리는 하나님을 모든 것을 만족시키는 다함 없는 보배로 신뢰할 것이다. 하나님을 우리의 가장 귀하고 다함 없는 즐거움으로서 영원히 순간순간 맞이할 것이다. 구원하는 믿음은 그 목표에 도달할 것이다. 즉 그리스도의 완전하심과 하나님이 그리스도 안에서 우리에게 주신 모든 것을 영원히 만족해하는 우리로 인해 그분이 영광을 받으실 것이다.

부록
: 여러 논평에 대한 응답과 도전

사전 논평을 통해 이 책이 받은 가장 심각한 비판은 내가 오직 믿음으로 말미암은 칭의가 아닌 '사랑으로 말미암은 칭의'를 가르친다는 것이다. 그런 논평을 읽고서 나는 이 책을 더 명확하고 설득력이 있게 만들려고 노력했다. 나는 현재 상태의 책(특히 3장과 4장)이 이런 심각한 비판이 타당하지 않다는 점을 설득하기에 충분할 만큼 분명하고 진실하기를 바란다. 하지만 한 가지 도전과 함께 확언과 설명을 하나 더 제시하려고 한다.

확언

우리가 오직 믿음으로만이 아니라 사랑으로 의롭다 하심을 받는다고 말하는 것은 잘못이다. 오직 믿음만이 성령님이 우리를 그리스도와 연합시키시는 수단이며, 그리스도의 보혈과 의만이 하나님이 우리를 백 퍼센트 위하게 되시는(칭의) 근거이다. 또한 그리스도를 신뢰하는 것과 그리스도를 사랑하는 것도 같은 것이 아니다. 믿음과 사랑은 서로 바꿔 쓰거나 서로 대체할 수 없다.

설명

그러면 이런 비판은 어디에서 비롯된 것일까?

오해를 불러일으킨 것은 내가 "구원하는 믿음이란 무엇인가?" 또는 "그리스도를 믿을 때 우리는 무슨 일을 하는가?"와 같은 질문으로 구원하는 믿음을 탐구한다는 점이다. 내 대답은 구원하는 믿음이 본질적으로 그리스도를 '받아들임'[영접]이라는 것이다(요 1:11-12). 우리가 의롭다 하심을 받고 마침내 구원을 얻으려면 그리스도를 가져야 한다. 오직 그리스도만이 우리 죄를 지셨으며 우리를 의롭게 하는 의가 되셨기 때문이다. 우리 안에는 우리를 의롭게 하는 의로 인정되거나 간주되는 어떤 차원의 믿음도, 어떤 믿음의 열매도 없다. 오직 그리스도만이 하나님이 영원히 우리를 백 퍼센트 위하는 근거이시다.

믿음은 하나님이 이 칭의를 위해 우리를 그리스도와 연합시키려고 택하신 수단인데, 이는 믿음이 "특별히 **받는** 은혜"(앤드루 풀러의 표현을 다시 사용하자면)이기 때문이다. 믿음이 의롭다 하심을 얻게 하는 이유는, 믿음이 하나님의 용납을 받을 만한 가치가 있기 때문이 아니라 믿음이 그리스도를 받아들이기 때문이다. 오직 그리스도만이 우리가 하나님과 영원히 올바른 관계에 들어갈 수 있는 근거이다.

다음으로 나는 한 걸음 더 나아가 "이 구원하는 믿음은 그리스도를 받아들일 때 그리스도를 '무엇으로' 받아들이는가?"라고 묻는다. 구원하는 믿음은 그리스도를 '무엇으로' 받아들이는가? 이렇게 묻는 이유는 '받아들인다'라는 말 자체는 중립적인 행위로서, 우리가 받아들이는 것이 훌륭한 것인지 아니면 단지 편의를 위한 것인지, 즉 그 자체를 기뻐하는 것인지 아니면 단지 더 기뻐하는 무언가를 얻는 데 유용한 것인지에 대해 아무것도 시사하지 않기 때문이다. 나는 구원하는 믿음이 그리스도를 가치 있고, 귀중하고, 만족스러운 분으로, 즉 보배로 받아들인다고 답한다. 따라서 구원하는 믿음은 보배롭게 여기는 받아들임, 보배롭게 여기는 믿음, 보배롭게 여기는 신뢰, 보배롭게 여기는 확신이다.

'그리스도를 보배롭게 여김'이 구원하는 믿음의 요소라는 주장은 믿음이 "특별히 **받는** 은혜"라는 진리를 떠나지 않는다. 왜냐하면 믿음의 한 측면으로서 '보배롭게 여김'은 또한 특별히 **받는** 은혜, 즉 영혼의 받아들이는 행위이기 때문이다. 보배롭게 여김은 '드리는 은혜'가 아니다.

이 설명은 절대적으로 중요한 지점이다. 비판하는 이들 가운데 어떤 사람이 내가 '받는 은혜'인 믿음을 보배롭게 여김 같은 '드리는 은혜'로 바꾸었다고 지적했기 때문이다. 그러나 그리스도를 보배롭게 여김은, 절대로 '드리는' 은혜가 아니라 '받는' 은혜이다. 보배롭게 여김은 아무것도 드리지 않는다. 그것은 모든 것을 원한다. 목마른 입술이 생수의 잔에 기여하는 바가 없듯이 보배롭게 여김은 그리스도께 드리는 것이 없다. 만족스럽게 마시는 것은 드리는 것이 아니라 받는 것이다. 보배롭게 여김은 "특별히 **받는** 은혜"이다.

게다가 나는 구원하는 믿음의 이런 측면, 즉 그리스도를 '보배롭게 여김'을 묘사하기 위해 다른 말들을 사용한다. 나는 '기뻐하다', '만족하다', '즐거워하다', '사랑하다'와 같은 표현을 사용하는데, 이들은 모두 그리스도가 대상이다. 이 용어들을 사용할 때, 이 말들은 모두 드리는 은혜가 아니라 받는 은혜이다. 이것들은 행위가 아니다. 공허함을 채우기 위한 반사작용으로 그리스도를 바라보는 것이다.

이것이 이 책에서 '그리스도에 대한 사랑'의 의미와 역할을 이해하는 맥락이다. 그리스도를 보배롭게 여김의 다른 이름이 그리스도에 대한 사랑이다. 그러므로 보배롭게 여김과 마찬가지로, 그리스도에 대한 사랑은 그리스도에 대한 신뢰에 '덧붙여지는' 것도 아니고 '그 결과'도 아니다. 그리스도에 대한 사랑은 그리스도에 대한 신뢰의 한 측면이다. 그것은 보배롭게 여김의 다른 이름이며, 따라서 보배롭게 여김과 같은 역할을 한다.

도전

이제 수세에서 공세로 전환하려 한다. 나와 나를 비판하는 이들은 그리스도 안에서 하나님의 위엄과 영광과 전적인 충족성을 높이고자 하는 개신교와 개혁주의의 열정을 공유한다. 칼빈이 종교개혁의 주요 이슈로 하나님의 영광을 어떻게 높였는지를 읽을 때면 내 가슴이 뛴다. 칼빈은 자신의 대적이었던 로마 가톨릭 추기경 사돌레토(Sadolet)에게 이렇게 말했다. "천국의 삶에 대한 [당신의] 열심은 사람이 전적으로 자신에게만 헌신하게 하는 열심이며, 단 하나의 표현조차도 '하나님의 이름을 거룩하게 하도록' 사람을 각성시키는 열심이 아니다." 이것이 로마 가톨릭 신학에 대한 칼빈의 주된 논점이었다. 즉 로마 가톨릭 신학은 구원에 있어서 하나님의 영광의 위엄을 제대로 존중하지 않는다는 것이다. 칼빈은 계속해서 사돌레토에게 우리가 모든 교리와 삶에서 해야 할 일은 "[사람] 앞에 '하나님의 영광을 분명히 보여주려는 열심'을 그 존재의 주된 동기로 제시하는" 것이라고 말한다.[1]

나는 나를 비판하는 이들이 "로마 가톨릭과의 차이점인 그리스도의 의의 '낯선'(alien) 성격을 위태롭게 한다"고 말하는 동기가 바로 이런 심오한 성경

---

[1] John Calvin, *John Calvin: Selections from His Writings*, John Dillenberger 편집 (Missoula, MT: Scholars Press, 1975), 89.

적인 충동이라고 믿는다. 다시 말해 우리의 칭의의 유일한 근거인 그리스도의 영광스럽고 충족한 사역에 우리 자신의 의를 끼워 넣으면 그리스도의 영광이 희미해질 것이다. 나는 그리스도의 사역이 영광스럽고 충족하다는 데 전심으로 "아멘!" 한다. 우리도 이를 위해 기꺼이 목숨을 바치자. 많은 사람이 그랬듯이.

그런데 이제 내가 공세를 취하면서 상황이 복잡해진다. 궁극적인 문제는 그리스도의 영광이다. 우리는 모두 여기에 동의한다. 그렇다면 그리스도께서는 어떻게 구원하는 믿음을 통해 영광 받으시는가? 하나님이 믿음을 칭의의 도구로 정하신 이유는, 우리가 그리스도와 연합하는 다른 어떤 방법보다 믿음이 하나님을 더 영화롭게 하기 때문이다(롬 4:20). 그렇다면 하나님의 칭의에 있어 구원하는 믿음은 어떻게 그리스도를 영화롭게 하는가?

비판자들과 내가 흔쾌히 동의하는 점은 칭의에서 믿음이 하나님을 영화롭게 하는 이유가 믿음은 '받아들이는 은혜'로서 오직 그리스도만 주목하게 하는 데 매우 적합하기 때문이라는 것이다. 구원하는 믿음은 우리 자신에게서 눈을 돌려 오직 그리스도만 바라봄으로써 그리스도를 영화롭게 한다. 구원하는 믿음은 그리스도의 낯선 의를 포함하여 그리스도의 전적인 충족성을 바라보는데, 이것이 없이는 우리가 하나님과 바른 관계를 맺을 수 없다. 여기에 대해서는 우리가 다 동의하며 환호한다.

하지만 그것만이 아니다. 우리가 의롭다 하심을 받기 위해 그리스도를 받아들일 때 그리스도께 돌릴 영광이 더 많이 있다. 분명히 그리스도의 영광은 우리가 자신의 의를 조금이라도 끼워넣어 그리스도의 의의 충족성을 손상시키지 못하도록 보호하는 데 가장 중요한 점이다. 아멘! 우리가 하나님의 용납하심을 받는 유일한 근거가 되는 그리스도의 낯선 의의 전적인 충족성 가운데 그리스도의 영광이 밝게 빛나기를!

그런데 오직 믿음으로 우리를 그리스도와 연합시키시려는 하나님의 계획은 우리에게 더 많은 영광을 보여준다. 그리스도의 사역의 '충족성'뿐만 아니라, 그리스도의 사역의 '가치'와 '아름다움'과 전적으로 만족스러운 '영광' 또한 중요하다. 더 정확하게 말하자면, 우리가 의롭다 하심을 받는 방식에서 중요한 것은 '그리스도' 그분 자체의 가치, '그리스도'의 아름다우심, 그리고 그분의 백성을 의롭게 하는 믿음이 반영하는 '그리스도'의 영광이 밝히 빛나는 것이다.

다시 말해 하나님이 믿음을 칭의의 수단으로 정하신 것은, 그리스도의 낯선 의의 '충족성'뿐만 아니라 그 '무한한 아름다움과 가치'를 높이기 위해서다. 믿음은, 지옥을 피하고 그리스도 없이 행복하고 유익한 천국을 얻기 위해, 자기 편의를 위해 모든 것을 충족시키는 성취를 받아들이는 것이 아니다. 하나님이 그리스도의 낯선 의를 칭의의 수단으로 삼으신 것은, 우리에게 자신을 보배롭게 여기는 지옥의 불행에서 벗어나 자신을 보배롭게 여기는 천국의 즐거움으로 들어가는 티켓을 주시려던 것이 아니었다.

그렇지 않다. 하나님이 믿음을 칭의의 수단으로 삼으신 것은 그리스도의 사역을 그렇게 실용적으로 사용하는 것을 막기 위해서였다. 그러므로 구원하는 믿음은 그리스도를 모든 것을 충족시키시는 분으로 받아들이는 것일 뿐만 아니라 그리스도를 우리의 보배로 받아들이는 것이다. 믿음은 우리의 칭의의 유일한 근거이신 그리스도를 효용이 있는 분으로만이 아니라 영광스러우신 분으로 인식하고 받아들인다. 충족하실 뿐만 아니라 만족스러운 분으로 받아들인다.

그러므로 칭의 사역에 있어 그리스도의 충족성과 영광에 대한 열심을 공유하는 모든 이들을 향한 내 도전은 이것이다. 그리스도의 사역의 충족성의 영광을 찬양하는 믿음의 능력을 보존하는 것은 중요하다. 그렇지만 전적으로 만족스러운 그리스도의 가치의 영광을 찬양하는 능력을 믿음에게서 박탈하지 말자.

그리스도에 대한 '사랑'을 그리스도를 보배롭게 여기는 것이라 정의할 때, 곧 그리스도의 낯선 의의 충족성을 포함해 전적으로 충족하신 그리스도의 영광을 '보배롭게 여기는 것'이라고 정의할 때, 나는 믿음으로 말미암은 칭의를 도덕법 준수로 말미암은 칭의로 변질시키는 것이 아니다. 오히려 나는 하나님이 그분의 말씀에 오직 믿음만을 칭의의 수단으로 정해놓으셨다고 주장한다. 그 이유는 오직 믿음만이 그리스도의 의를 유용할 뿐 아니라 귀중한 것으로 영화롭게 하기 때문이다. 믿음이 그렇게 하는 이유는 믿음이 보배롭게 여기는 은혜로서 전적으로 만족을 주시는 그리스도의 가치를 높이기 때문이다.

사명선언문

너희가 흠이 없고 순전하여……세상에서 그들 가운데 빛들로
나타내며 생명의 말씀을 밝혀 _ 빌 2:15-16

1. 생명을 담겠습니다
만드는 책에 주님 주신 생명을 담겠습니다.
그 책으로 복음을 선포하겠습니다.

2. 말씀을 밝히겠습니다
생명의 근본은 말씀입니다.
말씀을 밝혀 성도와 교회의 성장을 돕겠습니다.

3. 빛이 되겠습니다
시대와 영혼의 어두움을 밝혀 주님 앞으로 이끄는
빛이 되는 책을 만들겠습니다.

4. 순전히 행하겠습니다
책을 만들고 전하는 일과 경영하는 일에 부끄러움이 없는
정직함으로 행하겠습니다.

5. 끝까지 전파하겠습니다
모든 사람에게, 땅 끝까지, 주님 오시는 그날까지
복음을 전하는 사명을 다하겠습니다.

서점 안내

광화문점	서울시 종로구 새문안로 69 구세군회관 1층 02)737-2288 / 02)737-4623(F)
강남점	서울시 서초구 신반포로 177 반포쇼핑타운 3동 2층 02)595-1211 / 02)595-3549(F)
구로점	서울시 동작구 시흥대로 602, 3층 302호 02)858-8744 / 02)838-0653(F)
노원점	서울시 노원구 동일로 1366 삼봉빌딩 지하 1층 02)938-7979 / 02)3391-6169(F)
일산점	경기도 고양시 일산서구 중앙로 1391 레이크타운 지하 1층 031)916-8787 / 031)916-8788(F)
의정부점	경기도 의정부시 청사로47번길 12 성산타워 3층 031)845-0600 / 031)852-6930(F)
인터넷서점	www.lifebook.co.kr